U0330919

李兆忠 著

喧闹的骡子

留学生与中国现代文化

三联书店

图书在版编目（CIP）数据

喧闹的骡子：留学生与中国现代文化／李兆忠著．—修订本．—北京：
生活·读书·新知三联书店，2019.4
ISBN 978 – 7 – 108 – 06327 – 4

Ⅰ．①喧… Ⅱ．①李… Ⅲ．①留学教育－关系－文化史－研究－中国－现代
Ⅳ．① G648.9 ② K270.3

中国版本图书馆 CIP 数据核字（2018）第 101174 号

责任编辑　王海燕
装帧设计　刘　洋
责任校对　张　睿
责任印制　宋　家
出版发行　生活·讀書·新知 三联书店
　　　　　（北京市东城区美术馆东街 22 号　100010）
网　　址　www.sdxjpc.com
经　　销　新华书店
印　　刷　北京隆昌伟业印刷有限公司
版　　次　2019 年 4 月北京第 1 版
　　　　　2019 年 4 月北京第 1 次印刷
开　　本　635 毫米 × 965 毫米　1/16　印张 22
字　　数　254 千字　图 18 幅
印　　数　0,001 – 8,000 册
定　　价　49.00 元
（印装查询：01064002715；邮购查询：01084010542）

目 录

再版序言 001

自序 005

孤独的摩罗诗人
　　——寻访『原鲁迅』 001

从东洋到西洋
　　——丁文江的留学生涯 015

『大中华』与『小日本』的恶性互动
　　——《留东外史》解读 031

设计中国现代文学
　　——胡适文学革命的异域文化背景 045

纵情的极限
　　——《风凰涅槃》诞生始末 061

天堂中的地狱
　　——郁达夫的东瀛之怨 085

沉重的失态
　　——解读成仿吾 103

移根的代价与收获
　　——陶晶孙的世界 115

东亚启示录
　　——丰子恺与日本 138

想象的中华白马王子
——张闻天与他的《旅途》
173

错位的东方『康桥』
——徐志摩与日本
183

寂寞中的诞生
——老舍与英国
194

塞纳河上，是否风光依旧？
——傅雷的留学生涯及意义
211

早熟的世界公民
——巴金的异域题材写作
229

眼泪引发的笔墨官司
——徐志摩与郭沫若的一次碰撞
242

自卑与超越
——留学生写作中的『弱国子民』心态
255

东风与西风
——留日派与留欧／美派之争
282

『假洋鬼子』的沉浮
——中国现代文学中的留学生形象
306

再版序言

在我的研究著述中，《喧闹的骡子——留学与中国现代文化》是自己最得意的一部，尽管它不如《暧昧的日本人》影响大，却是在《暧昧的日本人》的基础上诞生的。

读过《喧闹的骡子》的朋友多认为：此书的精华，主要在留日部分，相比之下，欧美部分显得单薄，"东风"盖过"西风"。我完全同意这种观点。

我曾在日本住过四年，自信与日本有某种文化上的"宿缘"，留日期间就开始相关的研究写作。这一切，后来定格在《暧昧的日本人》一书中。有了这样的铺垫，再来书写《喧闹的骡子》（留日部分），便有举重若轻的感觉。可惜，我没有留学欧美的经历，缺少活生生的感性认识，只能凭借纸上所得，做知性的分析，尽管使出浑身解数，还是感到隔一层。

《喧闹的骡子》2010年由人民文学出版社推出后，在学界引起反响，评论文章登载在《中华读书报》《读书》《文汇读书周报》《时代阅读》《书屋》等报纸杂志上。有意思的是，《喧闹的骡子》中的个案研究，受到学界同行的普遍称道，而序文中关于"骡子文化"的议论，却受到质疑。先有赵京华的《我观骡子文化》，后有董炳月的《多元的留学，多元的文化》。前者认为，"骡子文化"可以涵盖西方"现代性"发源地之外的所有国家和地区，西方现代文明的普世性，造成了非西方国家和地区"骡子文化"的普遍性，因此，没有必要为"骡子文化"担忧，进而指出："在一百年来吸纳和迎拒西方现代性的激烈较量过程中，现代的思想观念、现代的制度文化乃至现代的社会生活方式已然成为内在于我们自身的东西，或者说'现代'已经成了我们的肉身。"笔者以为，这种观点很有道理，并且充满乐观主义精神，但与事实并不完全符合，至少就中国而论，现代的社会生活方式确已为多数人接受，变成"自身的东西"，然而"现代的思想观念、现代的制度文化"，却远未被人们（尤其底层的民众和上层的官员）接受，他们的思想观念，很大程度上停留在"前现代"阶段。唯其如此，当代中国社会，"物质文明"与"精神文明"、"硬实力"与"软实力"失衡，呈现矛盾冲突的状态。这种中国式的"骡子文化"特征，与东亚其他国家（如日本、韩国）的"骡子文化"还是有很大的不同。

列宁同志早就说过："比喻都是跛脚的。"董炳月的《多元的留学，多元的文化》抓住"骡子"比喻的漏洞，对"骡子文化"的"生殖"问题做了机智的阐发，对笔者"骡子文化"难以传承、杂交品种"代际退化"的看法进行了辩驳。在他看来，近代以降，中国的"骡子文化"展示了超强的生殖力，"一直在茁壮成长，在延续，在发扬光大"；进而指出："李兆忠所谓'遗传焦虑'并非'是否能够遗传'的焦虑，而是'遗传之后'的焦虑——即'文化意义上的骡子'及其后代们在诞生之后面临的文化认同、身份认同的焦虑"，可谓精当，与笔者"马骡"（西体）与"驴骡"（中体）相争不休的看法，正好不谋而合，不同在于，笔者有感于中国现代文化根绪断裂、狂悖暴走、主体性缺失的历史状况，看法比较悲观。但愿这是杞人忧天。

与学者高屋建瓴的理论阐发相比，普通读者对《喧闹的骡子》的视角和看法更加切合实际。在当当网上，笔者读到这样的评点："此书快读完了，很值得阅读。这是作为去留学的参考读本开始的。'学术'二字的形容对此书而言过于重了，此书更像随笔，风趣幽默的文字读起来趣味盎然，很容易就进入语境。作者具较深厚的人文功底和心理判断，中肯的批评中应该较真实地还原了光环下的一系列名人留学的历史。推荐给对百年前的历史感兴趣的人、对于人生价值和个人定位有探寻兴趣的人。文中最后结尾很耐人寻味，也非常沉重。历史和当下总是没有缝隙，想起来让人很纠结。"评判之中肯、精到、实在，令笔者惊异，欣喜之余，不禁要向这位素昧平生的评论者致以敬意！

《喧闹的骡子》初版以来，一晃七年过去，重读此书，新鲜感犹在，且平添一种历史的会心，令人欣慰，十年工夫没有白费。承蒙三联书店厚爱，得以再版，在此深表谢忱。同时也感谢责编王海燕女士为此书付出的心血。

还有，本书所引近现代诗文，以目前通行的版本为依据。出于对原作者的尊重，在用字用词上尽量保持原貌，特此说明。

李兆忠

2018 年春

自
序

　　翻开一部中国现代文化史，上面赫然写着两个字：留学。自从
1847 年容闳等三名学子随美国传教士布朗夫妇东渡新大陆，首开中
国人留学的纪录，这一百七十多年来，留学之潮由小变大，奔涌不
息，其间尽管出现反复（如留美幼童中途撤回，"冷战"时期中国停
止向西方国家派遣留学生），总体上呈现着一种不可逆转的趋势，特
别是 20 世纪 80 年代，随着改革开放时代到来，中国出现了蔚为壮
观的"世界大串联"浪潮，至今方兴未艾。

　　从推动中国社会走向现代化、中国文化思想现代转型的角度
看，留学的意义与贡献，怎么估计也不会过分。胡适将留学比作摆
渡西方文明的"舟楫"，将留学生比作"舵手"与"篙师"；季羡林
将留学生比作"中国的普罗米修斯"、现代化的报春花，都是可以成
立的。举凡现代中国的一切，从物质文明到文化思想，几乎没有什
么东西不是莘莘学子从国外引进的。据统计，1900 年至 1937 年在
日本院校注册的中国学生的人数为十三万六千人；1854 年至 1953
年的一个世纪内，中国留美学生达两万一千人；另据 1945 年《联

大八年》的纪念册统计：西南联大一百七十九位教授中，留学生一百五十六名，占总数的百分之八十七。因此我们可以说，没有留学，便没有现代中国。

百年前那场史无前例的五四新文化运动，从表面上看，是中国的社会政治外交危机激荡的结果，种子其实多年前早已布下，且与"留学"有直接的关联。其远因，可以追溯到鸦片战争，当时西方列强的船坚炮利，惊破了中国人的千年迷梦，有识之士开始睁眼看世界，寻求"制夷"之道，遂有后来的洋务运动及中国历史上亘古未有的留学生派遣；其近因，则主要由三件大事构成：以中国的惨败告终的 1895 年甲午战争，在宣告中日国际地位发生逆转的同时，也宣告了中国传统文化的破产、西方近代文化的胜利，第二年，清政府就向日本派出十三名留学生，以此为开端，留学的大门正式开启，有识之士纷纷东渡日本；1900 年八国联军攻入北京，进一步摧毁中国人的文化自信心，其情形正如孙中山先生说的那样："从那次义和团失败之后，中国一般有思想的人，便知道要中国强盛，要中国昭雪北京城下之盟的那种大耻辱，事事便非仿效外国不可，不但是物质科学要学外国，就是一切政治社会上的事都要学外国。所以经过义和团之后，中国人的自信力便完全失去，崇拜外国的心理，便一天高过一天。"（《三民主义第五讲》，1924）在沿海地区的知识界，留学渐成一种风气；1905 年延续千年的科举制度提前废除，釜底抽薪，断绝了中国学子历来的安身立命之路，是年留日狂潮勃兴，五千中国留学生一下子涌到东京，第二年激增到一万三千。至此，出洋留学之潮，已是沛然莫之能御。客观地看，在当时的条件下，中国学子想接受地道的现代教育，成就一番事业，出洋留学几乎是唯一的途径。在这种形势下，中国的现代"新文化"已如开弓之箭。此后十年，正是中国文化发生结构性变化，新学取代旧学的时期，日译的西方新概念、新名词，通过留日学子之手铺天盖地涌入中国；与之同时，留学欧美的中国学子也不断地给故国输入新文法、新学理、新思想，尤其是以胡适为首的一批留美学子，在大洋彼岸酝酿了一场文学革命，不仅在理论上为新文学鸣锣开道，也在操作层面上为新文学的诞生做了示范。至此，中国的现代新文化已是呼之欲出。

缅怀前贤的留学壮举，不由令人感慨万端。莘莘学子在异域度过宝贵的青春岁月，孜孜矻矻，遨游于西方文化科学知识的海洋，含英咀华，为沉疴深重的祖国把脉，并为其设计未来。鲁迅和胡适，是其中的佼佼者。他们留学时代写下的《摩罗诗力说》《非留学篇》，至今依然熠熠闪光。他们都具备文化圣人的气质，一个发誓"我以我血荐轩辕"，一个立志"他日为国人导师"。他们的救国方略都抓住了根本：一个主张"立人"，从精神入手，改造国民性，建设一个外不后于世界潮流，内不失固有血脉的新中国；一个主张"树人"，通过滴水穿石的教育，为未来"造新因"。他们的思想基石，在留学时代就已形成，回国之后，理所当然地成为中国现代新文化的旗手。确实，没有他们的呕心沥血，唤醒国人，开启中国文化思想的现代化进程，使中国与世界及时地接轨，中国人的"球籍"恐怕真的不保。

然而，留学给我们带来的并非都是风和日丽的美景。纵观 20 世纪中国的文化景观，处处带有"半殖民地"的烙印，每一种流行的思潮背后，都有西方的依傍，什么中国的杜威、中国的歌德、中国的席勒、中国的卢骚、中国的左拉、中国的泰戈尔、中国的曼殊斐尔、中国的赫胥黎、中国的毕加索，不一而足，本土的文化圣祖，不是被打翻在地，就是被彻底遗忘；同样，中国思想界、文坛上无休止的争论，多半是西方已有论争的翻版，中国学子们挥舞着从西方师父那儿舶来的利器，打得不可开交，偌大的中国知识界，成了西方思想的跑马场，各种思想、学说、主义在这里冲折较量，消耗着巨大的能量。在这种处境下，中国人失去了自己的价值标准与话语方式，一切唯西方马首是瞻，陷于被言说、被解释、被界定的可悲境地。这一切无疑都是留学带来的副产品。

追本溯源，留学本是西方强势文明在全世界扩张的结果，而落实到中国这样一个具有"超稳定"精神结构的农业文明古国，事情不能不变得格外尴尬。众所周知，中国人对留学的态度曾经历过一个一百八十度的逆转：从将异域西方视若蛮夷鬼域，无人愿往，到对它顶礼膜拜，趋之若鹜。这个极具戏剧性的逆转过程，反映了自鸦片战争到辛亥革命，经受过七十年的挫折和失败，中国人文化自信心失落，由"中体西用"向"全盘西化"倾斜，文化思想主权不得不拱手相让的严峻现实。这对中国知识分子精神上的扭曲和伤害是无法估量的，造成了他们文化人格的分裂，精神定力的丧失。

更何况，"西方"并非铁板一块，而是一个多元的存在，有英国式的，有法国式的，有俄国式的，还有日本式的。因此，如何西化，以哪一国为效仿的样板，便成为一个必须面对的重大问题。从客观的结果看，近朱者赤，近墨者黑，留学国的社会制度、政治模式和历史文化传统，对于年轻的中国学子有着潜移默化的影响力，所谓"留日派""留俄派""留欧派""留美派"，正是在这种背景下产生的。当然，中国学子的家庭出身，固有的知识教养，乃至个人的性格气质，都潜在地制约着他们对异域文化的选择与认同，两者一经契合，便产生各式的西方文化代理人，比如胡适之于美国，丁文江之于英国，瞿秋白之于俄国，周作人之于日本；单独地看，他们自成体系，无懈可击，合到一起，便不免扞格，发生碰撞。这种碰撞到后来，在客观的态势上，形成了以胡适为首的留欧 / 美派和以鲁迅、郭沫若为首的留日 / 俄派壁垒分明的两大阵营；在社会矛盾不断升级、阶级斗争日益激化的背景下，冲突博弈，形同水火；而暗中操纵这一切的，是代表着人类两种不同社会制度的俄、美超级大国。

　　具有反讽意味的是，领导中国革命走向胜利，使中国摆脱半殖民地屈辱地位的，是没有任何留学背景的毛泽东，这位自学成才的伟人一向瞧不起留学生，早在 1920 年给友人信中就这样写道："我觉得求学实在没有'必要在什么地方'的理，'出洋'两字，在好些人只是一种'迷'。中国出过洋的总不下几万乃至几十万，好的实在很少。多数呢？仍旧是'糊涂'，仍旧是'莫名其妙'……"在《改造我们的学习》里，毛泽东对其有更严厉的批判——

　　对于自己的历史一点不懂，或懂得甚少，不以为耻，反以为荣。特别重要的是中国共产党的历史和鸦片战争以来的中国近百年史，真正懂得的很少。近百年的经济史，近百年的政治史，近百年的军事史，近百年的文化史，简直还没有人认真动手去研究。有些人对于自己的东西既无知识，于是剩下了希腊和外国故事，也是可怜得很，从外国故纸堆中零星地检来的。

　　几十年来，很多留学生都犯过这种毛病。他们从欧美日本回来，只知生吞活剥地谈外国。他们起了留声机的作用，忘记了自己认识新鲜事物和创造新鲜事物的责任。这种毛病，也传染给了共产党。

　　毛泽东对留学生的批评可谓一针见血,然而一面倒地否定,却有失公平。毛泽东固然没有留过学,但这并不意味没有受留学的影响,他的思想,他的理论,包括他用的词汇(如上述的"历史""政治""经济""军事"等)很大一部分都是留学生从国外引进的,经过他的天才头脑的整合,变成一套具有中国特色的斗争哲学。广义地说,近代以降的中国知识分子,不管留没留过学,可以说没有一个人能够免受"留学"的影响。覆巢之下,岂有完卵?这是西风东渐历史背景下中国知识分子的集体宿命,其是其非,都包含在其中。

　　打个不恰当的比方:传统的中国好比是驴,近代的西方好比是马,驴马杂交之后,产下现代中国这头骡;现代中国文化从此变成一种非驴非马、亦驴亦马的"骡子文化"。根据生物杂交的一般原理,第一代的杂种兼具双方的优点,品种最佳,之后逐渐退化。这个生物学原理同样符合中国现代留学史的实况。第一代留学生里多出学贯中西、通古博今的文化巨人,如严复、陈寅恪、鲁迅、丁文江、胡适、郭沫若等,他们为中国现代文化奠定了基础,留下了丰厚的遗产。但随着时代变迁,岁月流逝,这种学贯中西、兼具马驴优点的"超级骡子"越来越少,他们的遗产也越来越难以为后人继承。然而仔细想一想,也只好释然:既然产生这种"超级骡子"的环境已经不复存在,"骡子文化"每况愈下也是情理中的事。到后来,"骡子"分成两大派:一派性近驴,姑且称"驴骡",一派性近马,姑且称"马骡";前者号称"寻根派",后者号称"现代派",他们争吵不息,经常上演"关公战秦琼"的大戏,表面上热闹,却少了祖先的眼光和气魄。"驴骡"个头小,势单力薄,长期以来一直处于被打压的地位,由于血液里文化基因的作用,时时萌发返本的冲动，弄出一些似是而非的新古董，让辉煌的古典传统重新闪光一把；"马骡"个头高大，气宇轩昂，在现代的历史语境中一直占据优势，隔三岔五从西方师父那儿批发些新鲜玩意儿，各领风骚三五天，其语言是中式鸟语，深奥如天书，故只能在一个极小的行家圈子里通行。有意思的是，近些年来，随着改革开放，国运昌盛，国粹行情日渐看涨，"马骡"们也纷纷鼓吹起中国传统文化来，用的却是他们的洋腔洋调。真是叫人哭笑不得。

应当承认，中国现代的"骡子文化"是一种不自然的、主体性欠缺的文化，它摇摆多变，缺乏定力，在外部世界的影响刺激下每每陷于非理性的狂奔。过去不到一百年的时间里，中国的文化语境至少经历了六次剧烈的变化，令人眼花缭乱，无所适从。

作为一种无法抗拒的历史命运，我们无法对此做简单的臧否，只能心怀忧思，静观其变。众所周知，现实中的骡子不能生殖，故而性情暴躁。那么文化学意义上的骡子又怎么样呢？这一百年来接连不断的喧哗、骚动与争斗，是否就是"骡子文化"遗传焦虑的一种表征呢？

二十几年前留日归来，在反刍四年异域生活，写《暧昧的日本人》的时候，萌生了研究留学生文学的念头。当时只觉得这个题目有趣而且重要，上手之后，才发现自己掉入一个陷阱。凭自己可怜的知识学养，要想说清楚这个涵盖古今中西的题目，简直太难了。起初真是无从措手，中间几次都想放弃。能够坚持下来，完全是出于职业道德的鞭策，那种艰难，犹如西绪弗斯推着巨石上山。由于不擅长理论思辨，只好采取最笨拙的办法：一遍又一遍地细读文本和相关历史文献，发现蛛丝马迹，摸着石头过河。惨淡经营十余年，弄出这么一个东西。本书解读十余位中国现代文学／文化史上重量级的"骡子",试图通过对他们的异域留学生涯及其结果的阐述,拂去历史的尘埃,还原一幅真实的历史图景。如果这本书有助于大家思考和理解今天中国人的文化处境,并且做出积极的反应,我的力气就算没有白费。

李兆忠

孤独的摩罗诗人

——寻访「原鲁迅」

1918 年，中国文坛发出一声惊天动地的霹雳：《狂人日记》诞生。

这是鲁迅出手的第一篇白话小说，也是中国现代小说的开山之作，艺术上却是如此的精粹，令人惊叹。它取法于俄国作家果戈里的同名小说，却以忧愤深广的意境和炉火纯青的现代汉语，青出于蓝；西方的神韵，中国的气派，两者水乳交融，无迹可求。

按照法国批评家丹纳的艺术哲学之说，一座艺术高峰的周围，必有许多略低的次高峰簇拥，然而事情到了中国却有点例外，鲁迅这个中国现代文学的"第一"，与其他的"第二""第三"比起来，明显高出一大截。或许是上苍对中国的垂怜，像中国这样一个历史悠久的泱泱大国，不出一个鲁迅这样的文学巨人，岂不太煞风景？

这一切当然不是空穴来风。鲁迅的特殊性在于：他艺术上的成功是厚积薄发、水到渠成的结果，不像创造社诸公现炒现卖西方的新浪漫派，文名大振的同时，也留下许多遗憾；鲁迅是经过充分准备、漫长潜伏之后登上文坛的，丰沛的天才此时已磨砺得锋利无比，只等一声令下，便扬眉剑出鞘，摧枯拉朽，替中国的新文学开辟道路。

这一切都不能不追溯到鲁迅的留日生涯。日本著名汉学家伊藤虎丸在《鲁迅与日本人》一书中写道：第一次读到鲁迅留日时代的文章时，内心受到强烈冲击，原先认为那不过是一个中国留学生的习作而已，读后才发现：过去一直讨论的鲁迅的思想或小说主题，都可以在这一时期的文章中找到原型，也就是说，一个"原鲁迅"已经存在。这个"原鲁迅"，无疑是留日七年刺激培养的结果，在这个过程中，鲁迅以自己的方式认识了世界，发现了自我，诊断了中国的病脉，锁定了人生奋斗的目标，为十年后在中国文坛的崛起做了铺垫。

1902 年 3 月鲁迅东渡日本，开始了长达七年的留学生活。清末的东瀛，由于特殊的地缘政治背景与地理位置，成了近代中国革命运动的大本营，小日本的压迫，列强的威胁，清政府的腐败，使留学生奔走呼号，无法安心于学问，鲁迅也不例外。然而，与其他人不同，鲁迅是以特立独行的方式加入救国行列的。

一提起鲁迅的留学生活，人们马上就会想起著名的"弃医从文"的故事，这个故事经过文学史家的反复演绎，已成为青年时代鲁迅的精神标志。鲁迅弃医从文的契机，是所谓"幻灯事件"，在《呐喊·自序》里鲁迅解释了过去仙台学医的背景之后，这样写道——

我的梦很美满，预备卒业回来，救治像父亲似的被误的病人的疾苦，战争时便去当军医，一面又促进了国人对于维新的信仰。我已不知道教授微生物学的方法，现在又有怎样的进步了，总之那时是用了电影，来显示微生物的形状的，因此有时讲义的一段落已完，而时间还没有到，教授便映些风景或时事的画片给学生看，以用去这多余的光阴，其时正当日俄战争的时候，关于战争的画片自然也就比较的多了，我在这一个讲堂中，便须常常随喜我那同学们的拍手和喝采。有一回，我竟在画片上忽然会见久违的许多中国人了，一个绑在中间，许多站在左右，一样是强壮的体格，而显出麻木的神情。据解说，则绑着的是替俄国做了军事上的侦探，正要被日军砍下头颅来示众，而围着的便是来赏鉴这示众的盛举的人们。

这一学年没有完毕，我已经到了东京，因为从那一回以后，我便觉得医学并非一件紧要事。凡是愚弱的国民，即使体格如何健全，如何茁壮，也只能做毫无意义的示众的材料和看客。病死多少是不必以为不幸的。所以我们的第一要著，是在改变他们的精神，而善于改变精神的是，我那时以为当然要推文艺，于是想提倡文艺运动了。

从"鲁迅发生史"的角度看，"幻灯事件"意义非常重大，正是它，促使鲁迅弃医从文，如果没有这一专业的"转向"，也许就不会有后来的鲁迅，中国现代文学的版图将因此而大大地改观。仔细考量这件事，很有值得玩味的地方，因为"善于改变精神的"，并非只有"文艺"，教育也是一种行之有效的途径，比如留美时代的胡适就认为：树人之道，首在教育，并且希望归国后能以一张苦口、一支秃笔从事社会教育；而鲁迅认为善于改变精神的当然要推文艺，没提教育，说明鲁迅与"文艺"更有缘分。

值得一提的是，擅长保存文物、搜集资料滴水不漏的东瀛学者，至今尚未找到这些幻灯片，不得不使人对鲁迅的讲述产生疑问。日本鲁迅研究大家竹内好、丸山升等人都认为，这些幻灯片实际上并不存在。然而，鲁迅讲述的"幻灯事件"是否属实其实并不重要，重要的是它是否符合事物的真相。鲁迅显然没有凭空虚构，而是在事实的基础上做了一次合理的嫁接。鲁迅在仙台医专就学时，日俄两国的虎狼之师在中国的土地上正打得不可开交，大清帝国躲在一旁大气不出一口，作为战胜国的日本，那个勇于进取、以小搏大的日本，凭什么不蔑视中国？而身处东瀛狂热爱国氛围中的孤独中国学子，又怎么可能不受到刺激？同样值得注意的是，鲁迅讲述此事时，已是归国十多年之后，十多年暗淡的人生经历，遭遇的一切挫折，写下的啼血文字，都在强化同一个意念：改造国民劣根性。在这样的心理背景下，鲁迅再一次发挥自己的艺术本能，虚构一个"幻灯事件"，为自己的专业"转向"找一个合理的解释，不是很顺理成章的吗？

其实，对于鲁迅的弃医从文，本不应做太狭隘的理解，更不应将两者视为彼此孤立，或者非此即彼。事实上，医学与文学，或者说科学与文学，在鲁迅那儿始终是一种互动的关系，好比一个车轴上的两只轮子。鲁迅天性虽然更近文艺，对科学同样感兴趣，并且极为重视。鲁迅成长的时代，正是达尔文的"物竞天择"学说通过严复编译的《天演论》风靡中国知识界，给新一代学人带来空前震撼和希望之时，正是在这种背景下，鲁迅先是进江南水师学堂，后来又进南京矿路学堂读书，在那里接触了初步的自然科学知识，毕业后才有机会作为官派留学生到日本留学，鲁迅后来选择医学，仍然是沿着科学的路子。而且，即使鲁迅决定"弃医从文"，从仙台回到东京开始文学活动，对医学依然关注，这从鲁迅 1906 年的"拟购德文书目"购书单上列有大量医学书籍就可以得到证明。同样，即便从文学的角度考虑，医学对于鲁迅也有重要的意义，鲁迅自己就说过，他能够写出《狂人日记》，仰仗的是过去读过的百来篇外国作品和一些医学上的知识。医学与文学最具互补性，一个着眼于人的身体，一个关注人的精神，唯其如此，作家中不少出自医生。当然必须看到的是，在鲁迅的医文互动中，"文"占据主导地位，据许寿裳回忆：鲁迅初到日本就读弘文学院时，就买了不少日文书籍，藏在书桌抽屉内，其中有拜伦的诗，尼采的传，古希腊、古罗马神话等。这一阶段鲁迅写了《斯巴达之魂》，翻译了儒勒·凡尔纳的科幻小说《月界旅行》、雨果的随笔《哀尘》，其中慷慨激昂、洋洋数千言的《斯巴达之魂》，是应许寿裳接编《浙江潮》之约，一日之内挥就的，剑拔弩张的风格虽后来颇令鲁迅耳朵发热，却显露了他的丰沛的文学天赋。如此看来，鲁迅的"学文"是在"学医"之前，证明鲁迅天生嗜好文学。许寿裳这样描绘鲁迅的相貌："鲁迅的身材并不见高，额角开展，颧骨微高，双目澄清如水精，其光炯炯而带着幽郁，一望而知为悲悯善感的人。两臂矫健，时时屏气曲举，自己用手抚摩着；脚步轻快而有力，一望而知为神经质的人。赤足时，常常盯住自己的脚背，自言脚背特别高，会不会是受着母亲小足的遗传呢？总之，他的举动言笑，几乎没有一件不显露着仁爱和刚强。"（《亡友鲁迅印象记》）这是一幅未来大文豪的真实肖像，这样的人不从事文学，岂不是天大的误会？

同样我们应该看到，鲁迅选择医学，背后有着深切的人文关怀，这与一般人仅将医学当作谋生职业是很不一样的，正如作者在《呐喊·自序》中表白的那样，他学医的动机如下：第一，救治像他父亲那样被中医耽误了的病人；第二，战时当军医救死扶伤；第三，有感于明治维新大半发端于西医的事实；然而据许寿裳透露，除此之外还有一个宏愿：拯救中国女子的小脚，将所谓"三寸金莲"恢复到天足，后来经过实际人体解剖，发现已断的筋骨无法复原，只好断念。据多位留日同人回忆：鲁迅在仙台医专学习时曾解剖过尸体，男女老幼都有，最初动手时，颇有不安之感，尤其是对于年轻女子和婴儿的尸体，常产生一种不忍破坏的情绪，非鼓起勇气不敢下刀；鲁迅还向他们描述过胎儿在母体中如何巧妙，矿工的肺如何墨黑，两亲花柳病的贻害于小儿如何残酷，等等。由此可见，鲁迅对待医学本身就带着极强的"文学性"。

鲁迅对待医学的这种高度的人文性、精神性和理想性，显示了他人格结构中道德超人的一面。从这个角度看，无论从医还是从文，对于鲁迅来说目标完全一致。其实，早在弘文学院时，鲁迅就注意到中国人的精神的问题，他与许寿裳经常讨论三个相关的问题：一、怎样才是理想的人性？二、中国民族中最缺乏的是什么？三、它的病根何在？他们认为中国民族最缺乏的是诚和爱，换言之，是深中诈伪无耻和猜疑相贼的毛病，造成这种结果的原因有很多，历史上两次奴于异族是最大最深的病根，唯一的救济办法是革命。革命的方式固然有多种多样，然而对于鲁迅来说，最适合的莫过于文艺，《斯巴达之魂》正是这样的产物，它歌颂斯巴达的尚武精神，强调的是"魂"。值得一提的是，在这个过程中美国传教士亚瑟·亨·史密斯的《中国人气质》一书也起了重要的触发作用。此书于 1894 年在美国纽约出版，两年后日本就有译本（译为《支那人气质》）。作者根据二十余年的中国生活经验，以西方的价值观念和思维方式，对中国人的国民性做了全面的批判揭露，误读与偏见之中不无中肯犀利的分析。鲁迅刚到日本时，此书正流行于日本的知识界，它与鲁迅产生了深刻的精神共鸣。

鲁迅最终选择了文学，表面上看，是"幻灯事件"刺激的结果，深层地看，则是文学家的天赋与超人气质的作用，证明理性意志终究敌不过天赋的本能。鲁迅在仙台医专读书时的一份考试分数单，完全证明了这一点：解剖 59.3 分，组织 73.7 分，生理 63.3 分，伦

理 83 分，德文 60 分，物理 60 分，化学 60 分，各课成绩平平，唯
独伦理一枝独秀，获 83 的高分，证明鲁迅超常的人文修养和文胜于
理的智能结构。这也可以从另一件事得到证实：在上藤野先生的解
剖课做笔记时，出于本能的爱好，鲁迅信手对下臂血管的位置做了
大胆的移位，解剖图几乎成了美术图，后来受到藤野先生纠正时，
他还不服气，口头答应着，心里却想："图还是我画的不错，至于实
在的情形，我心里自然记得的。"（《藤野先生》）其实，那首《自题
小像》（1903）早已暗示了鲁迅的这种精神价值取向："灵台无计逃
神矢，风雨如磐暗故园。寄意寒星荃不察，我以我血荐轩辕。"气魄
如此宏大，境界如此深邃，堪称千古绝唱，预示着鲁迅将以振聋发
聩的文学之音承担医国的神圣使命。

　　1906 年春鲁迅从仙台医专退学，回到东京，开始了另一种生活。
之后的三四年时间里，据朝夕相处的胞弟周作人的描述，鲁迅"过的
全是潜伏的生活，没有什么活动可记"，博览群书，凝思默想，逛书
店，收集书报杂志，翻译，写作，构成了他生活的全部内容。这期间，
鲁迅发表了《人之历史》《科学史教篇》《文化偏至论》《摩罗诗力说》
等文。在这些文章中，鲁迅吸收当时最先进的自然科学、人文科学精
神成果，思接千载，神游万里，追本溯源，形成了自己对人类文明史，
对东西方文化，对文艺的看法，在这个基础上开出了救世良方。

　　《人之历史》介绍西方科学界从古至今对"人"的认识成果，向
人们展示了"人"的进化历史，表明鲁迅关注的焦点是"人"，而不
是一般的社会问题；《科学史教篇》从西方科学发展的历史中引出一
个极其重要的教训：西方科学发达并非孤立的现象，而是人文演进的
一个方面，科学不仅与人文难以割裂，而且它的发展有赖于人文的发
达，因为"科学发见，常受超科学之力，易语以释之，亦可曰非科学

的理想之感动",因此,作为一位科学者,"必常恬淡,常逊让,有理想,有圣觉",所以国人不可只求其枝叶,忘了根本;《文化偏至论》沿着这个思路阐发,认为科学发达的西方到了现代,文化上出现两种严重的"偏至",一是重物质而轻精神,一是重"众数"而轻"个人",对此,鲁迅针锋相对地提出"尊个性而张精神"的主张,并将这种主张概括为"立人"。鲁迅认为欧美强盛,无不以物质和多数向世界炫耀,其实强盛的根本还是在于人,因此要在世界上生存,和各国竞争,"其首在立人,人立而后凡事举";而"立人"的关键,首先在立人的"心",即努力使人的"精神"变得深邃壮大,而要做到这一点,不能不依靠涵养"神思"的文学。而最能承担这一使命的,是那批"立意在反抗,指归在行动"的摩罗诗人,他们是英国的拜伦、雪莱,俄国的普希金、莱蒙托夫,波兰的密茨凯维支,匈牙利的裴多菲等,这些人无不志向远大,人格高迈,不畏强暴,骁勇善斗,秉有唤醒民众的神奇能量,即摩罗诗力,"摩罗"意即恶魔,上帝的死对头。在鲁迅看来,恶魔是人类文明进步的恩人,所谓摩罗诗人,就是被正统保守社会视若洪水猛兽的精神界斗士;鲁迅推崇这批诗人,是有感于千年古国的萧条沉寂,求新声于异邦,希望打破死水一潭的僵局。在他眼里,上下几千年,纵横几千里的华夏,找不出一个西方那样的"摩罗诗人",甚至连他十分喜爱的诗人屈原都不够格,因为他的诗篇"多芳菲凄恻之音,而反抗挑战,则终其篇未能见,感动后世,为力非强。"鲁迅进而发出这样的追问:"今索诸中国,为精神界之战士者安在?有作至诚之声,致吾人于善美刚健者乎?有作温煦之声,援吾人出于荒寒者乎?家国荒矣,而赋最末哀歌,以诉天下贻后人之耶利米,且未之有也。"这些慷慨激昂之论,发自鲁迅内心深处,表明鲁迅决心追随西方"摩罗诗人",做一名精神界的斗士,实现"我以我血荐轩辕"的誓言。

　　确定了人生目标之后，鲁迅开始付诸行动，先是创办《新生》杂志，刊名取自但丁的《神曲》，又与弟弟周作人一起翻译介绍东欧各国被压迫民族的文学，印出《域外小说集》上下集，然而这些努力都未获成功。《新生》还没问世，资本已经逃走，撰稿人云散；《域外小说集》总共只卖出去二十本；甚至连呕心沥血著成的《文化偏至论》《摩罗诗力说》等文，发表后也没有什么反响。这对鲁迅无疑是沉重的打击，如他后来哀叹的那样："凡有一人的主张，得了赞和，是促其前进的，得了反对，是促其奋斗的，独有叫喊于生人中，而生人并无反应，既非赞同，也无反对，如置身毫无边际的荒原，无可措手的了，这是怎样的悲哀呵，我于是以我所感到者为寂寞。"（《呐喊·自序》）

　　今天看来，鲁迅的《摩罗诗力说》过分夸大了文学的作用，夸大了精神的作用。道德超人的气质，艺术家的气质，使鲁迅对"精神"格外重视，认定只有它才是根本，才是一切，因此对洋务派"竞言武事"，追求船坚炮利，对改良派热衷于"制造商估""立宪国会"，都不屑一顾。然而，精神与物质、内容与形式本是一个互相制约的整体，精神的改良，离不开对形成这种精神的环境制度的改良，文艺固然重要，政治、经济、法律、军事、教育同样不可缺少。这个道理，作为思想家的鲁迅不可能不明白，问题在于，由于特殊的人生经历和气质性格，鲁迅被社会的黑暗、历史的黑暗、人性的黑暗深深地攫获，不相信通过任何外在的手段能把中国改造好，唯其如此，他对维新志士提出的各种改良方案都不看好，而宁愿用"摩罗诗力"这一剂西方的猛药来唤醒国人麻痹的灵魂。因此，他对当时留日学生一窝蜂"学法政理化工业警察"，无人问津文学艺术很不以为然。一份保留至今的"拟购德文书目"（1906）清楚地显示了鲁迅当时的精神价值取向：上列的一百二十三种书目中，自然科学（以地质、生物、医学、人种为主）、人文科学（以文学、哲学、美术为主，其中文学史、文学作品占绝对多数）平分秋色，政治、经济、法律、社会、军事等社会科学的书几乎没有。从这份购书单中，可以看到鲁迅博大的知识结构中的某种不平衡，这深刻地影响了鲁迅的思维方式，使他的注意力总是集中于事情的"内面"和"根本"，而对"外部"和"枝叶"则相对轻视。然而事实却是，鲁迅留日时代的作品精神内涵虽然超拔，却因文字的古奥晦涩无法普及于世，恰好证明"外部""枝叶"也很重要。不过客观地看，这一次失败反而成全了鲁迅，使他大器晚成，潜伏十年之后，乘着新的历史机运再度出山，向黑暗发力，一鸣惊人，这回当然是用白话文，也就是鲁迅当年不曾在意的属于"枝叶"的白话文。

《呐喊》《彷徨》无疑是《摩罗诗力说》的延伸与形象的演绎，将两者互文地阅读，人们在发出会心微笑的同时，定会沉重地叹息，《狂人日记》中的狂人、《头发的故事》中的 N 先生、《孤独者》中的魏连殳，无疑都是作者自己的化身，这些中国的摩罗诗人们，处境是如此的惨淡，他们不是疯掉，就是惨死，在现实生活中没有立锥之地；洋溢在《摩罗诗力说》里的那份自信与豪情，此时已不复存在，取而代之的是一种深深的绝望，正如作者在《呐喊·自序》中沉痛表白的那样："我在年青时候也曾经做过许多梦，后来大半忘却了，但自己也并不以为可惜。所谓回忆者，虽说可以使人欢欣，有时也不免使人寂寞，使精神的丝缕还牵着已逝的寂寞的时光，又有什么意味呢，而我偏苦于不能全忘却，这不能全忘的一部分，到现在便成了《呐喊》的来由。"这番话实际上宣告了"摩罗诗力救国论"的破产，但这丝毫也无损这些小说的艺术价值，而且它们完成了自己的使命——那场伟大的破坏。

　　鲁迅在东瀛度过了整整七年的青春岁月，留下了洋洋大观的文字。令人惊讶的是，在这些文字中，七年的留学生涯几乎是空白，作者目光所及是西方，思虑所在是中国，对眼皮底下的东瀛仿佛视而不见，甚至连"日本"两个字都看不到。归国之后，鲁迅也很少回忆那段生活，除了在少数几篇文章里略有涉及；写留日生活的只有《藤野先生》一篇，那也是在时隔二十年之后，并且有特殊的背景（当时鲁迅在厦门大学，正受"现代评论"派人士的压挤，心情郁闷，作了一系列怀旧文章，名为《朝花夕拾》，《藤野先生》是其中之一，结尾还特意点出：藤野先生是作者抨击"正人君子"的自勉力量）。一个人不怀旧，无非两种理由：一是往事不堪回首，另一是往事懒得回首，都证明着那段生活并不愉快。

　　确实，对于留日时代的鲁迅来说，日本只能是一个冷漠的、令人感到屈辱的存在，其中虽有藤野先生那样的有正义感的日本教授的亲切关怀，但这只不过像漫漫暗夜里的一支微烛，反而将黑暗衬托得更加清楚。关于这一点，"幻灯事件"已有形象的说明，然而比起"幻灯事件"来，"泄题事件"更具杀伤力。鲁迅的学医成绩并不出色，第一学年考试分数平均为 65.5 分，一百四十二人中排名第六十八，结果还是引起日本同学的疑心，以为藤野先生事先给他泄了考题，使他解剖学得了高分，于是又是写匿名信，逼他忏悔，又是查他的课堂笔记，使他饱受屈辱。关于这件事，二十年之后鲁迅这样写道："中国是弱国，所以中国人当然是低能儿，分数在六十分以上，便不是自己的能力了；也无怪他们的疑惑。"（《藤野先生》）鲁迅在仙台医专读了一年半，就不辞而别，连退学手续都是委托他人经办的。

　　然而，对于鲁迅这样的精神强者，小日本的歧视并不足以构成真正的伤害。作为一个泱泱大国的文化英雄，鲁迅不会为这类事耿耿于怀，事实上，对日本的岛国根性，鲁迅从未给过以牙还牙的抨击，这一点他与郭沫若很不一样；相反，他对日本的观察总是着眼于正面，结合鲁迅后来有关日本的零散的论述，有两点值得注意：第一，日本是一个与时俱进的"新发户"，虽然没有卓越的伟人与独创的文明，却比僵化的破落户的中国更有生存的希望，在一篇文章中，鲁迅借厨川白村对日本国民性的批判这样写道："著者呵责他本国没有独创的文明，没有卓越的人物，这是的确的。他们的文化先取法于中国，后来便学了欧洲，人物不但没有孔，墨，连做和尚的也谁都比不过玄奘。兰学盛行之后，又不见有齐名林那，奈端，达尔文等辈的学者，但是，在植物学，地震学，医学上，他们是已经著了相当的功绩的，也许是著者因为正在针砭'自大病'之故，都故意抹杀。但总而言之，毕竟并无固有的文明和伟大的世界人物，……然而我以为惟其如此，正所以使日本能有今日，因为旧物很少，执著也就不深，时势一移，蜕变极易，在任何时候，都能适合于生存。不象幸存的古国，恃着固有而陈旧的文明，害得一切硬化，终于要到灭亡的路。中国倘不彻底地改革，运命总还是日本长久，这是我所相信的；并以为旧家子弟而衰落，灭亡，并不比新发户而生存，发达者更光彩。"（《出了象牙塔·后记》）第二，日本人有种打破砂锅问（璺）到底的、做事认真的气质，这种气质可以医治中国人的毛病。据日本友人回忆，鲁迅有一次同内山完造谈话时这样说："中国的四亿人于今都害着病。这病叫作'马马虎虎病'。这病如果治不好，中国是很难得救的，想找一找医这种病的药，却发现在日本人那里有，这就是日本人的'认真'。我们不妨排斥日本人，但必须买到这种药。"（内山完造《我所认识的鲁迅先生》）临终前，鲁迅还留下这样的话："我怀念日本。那些日本人有种打破砂锅问（璺）到底的气质。我是羡慕日本人这一点的。中国人没有这种气质。不管什么，总是用怎么都可以来对付过去。不改掉这'怎么都可以'，是无论如何不能革新中国的。"（岛崎藤村《鲁迅的话》）必须指出的是，鲁迅总结的这两点有特殊的语境，他对日本的肯定赞美并不是出于特别的喜爱，就像其弟周作人那样，而是另有一个令人绝望的参照——中国的存在。由此可见，日本在鲁迅笔下的空白，既不是出于通常的"大中华"对"小日本"的文化优越感，也不是由于狭隘的民族情感，而是鲁迅特殊的思维方式所然。确实，相对于鲁迅那样的博大深邃的胸怀，日本毕竟小了一点，也浅了一点，无法从根本上给中国提供充足的精神资源，这个国度里既不出尼采、叔本华这样的文化超人，也没有拜伦、雪莱那样的摩罗诗人，闻名于世的，只有那种接近"兽性爱国主义"的武士道、泯灭个性的集团性和礼仪烦琐的"人情美"，那些都是鲁迅不喜欢或者不感兴趣的东西。

日本鲁迅研究大家竹内好认为：鲁迅留学时代的文学运动与日本文学并无干系，这一点与后来的创造社形成鲜明的对照。周作人的叙述证实了这一点，据周作人介绍，留日时代的鲁迅对于日本文学殊不注意，对森鸥外、上田敏、二叶亭四迷诸人，只重其批评或译文，只有夏目漱石的讽刺小说《我是猫》《虞美人草》他比较爱读，对岛崎藤村的作品从不问津，自然主义文学盛行时只取田山花袋的《棉被》，佐藤红绿的《鸭》一读，但并不感兴趣。（《关于鲁迅之二》）这透露了两个重要信息：一、鲁迅感兴趣的日本作家（前四位）都有留学西方的背景，关注的是他们的翻译评论而不是创作；二、鲁迅对那些本土趣味浓郁的日本作家没有什么兴趣；这证明鲁迅读日本文学，为的是了解西方文学，日本文学对于鲁迅充其量只有媒介的作用。

　　然而，这绝不意味日本文化对鲁迅无足轻重，事实恰好相反，七年的留日生涯对鲁迅精神世界的影响至深，这主要表现在两个方面：第一，日本为鲁迅提供了一个认识世界的窗口、一个平台，通过这个平台和窗口，鲁迅了解了世界，发现了自我，形成了"立人"与"摩罗文学救国"的思路；第二，东瀛岛国的文化风土——那种非理性的悲情，对鲁迅的精神气质也有某种潜移默化之力。鲁迅本是一个理性丰沛的人，家道中落后饱尝世态炎凉所带来的心理创伤，给他的性格蒙上一层阴影，加上留日后受"弱国子民"的屈辱与岛国悲情的双重刺激，使精神天平倾向于非理性，形成了他特有的冷峻、深邃与虚无的思想风格；在此基础上鲁迅创造了自己的文学世界，遥遥领先于当时的中国文坛。然而，相对于鲁迅博大的胸怀与深邃的气质，东瀛岛国毕竟小了些，假如有机会到欧美留学，亲炙原汤原汁的西方文化，鲁迅定当有更大的收获。

从东洋到西洋
——丁文江的留学生涯

中国现代留学史上，丁文江是颇具传奇色彩的一位，他的留学横跨东西，历时九年，其过程也是一波三折，充满变数，有心栽花的失落，与无意插柳的收获，相随相伴，让人领略到"条条大道通罗马"的精彩。他不仅是中国近代地质学的创始人，古生物学的奠基人，也是中国现代文化思想的重镇之一；他被后人誉为"中国的赫胥黎"，是一位百科全书式的通才，一位新型的公共知识分子。所有这些，与他早年的留学生涯是分不开的，那是丁文江的天赋与异域环境——借用他自己的话来说，就是"知识"与"情感"——积极互动的结果。他有一段著名的理论：情感完全由于天赋，而发展全靠环境，知识大半得之后天，而原动力仍在遗传，"情感譬如是长江大河的水，天性是江河源头，环境是江河的地形，情感随天性环境发展，正如江河从源头随地形下流，知识是利用水力的工作，防止水患的堤岸，根本讲起来也是离不开地形的"。那么，异域的"环境"和"地形"究竟给了丁文江什么样的塑造？

　　1902 年春丁文江负笈东瀛时，只有十五岁。在今天的中国社会，这是一个还在父母膝下撒娇、备受呵护的年龄，而在素有"父母在，不远游"传统的古代中国，这更是一件无法想象的事情。唯有在那个风雷激荡、一切都逸出常规的时代，才会出现这样的事情。

　　丁文江的留日之举，由他的恩师龙璋一手促成。龙璋为何许人？丁文江的出生地泰兴县的父母官是也，一位思想开明、胆识过人的维新派官员。关于他的为人与性格，只需举一件事就能说明：郭嵩涛出使归来，被乡人视为汉奸，房子被烧，胆小怕事者避之唯恐不及，龙璋却专程去拜访他，与他相谈甚欢，被郭引为知己。1901 年，丁文江准备投考上海南洋公学，须经地方官保送，于是就有知县面试的一幕，龙璋出的论题是"汉武帝通西南夷论"，丁文江下笔迅捷，议论豪畅，龙知县大为诧异，许为国器，收为弟子，他劝丁文江不去上海，而去日本。当时留学之风尚处萌芽，世人受根深蒂固"华尊夷卑"观念的影响，对于异域的想象，尚停留在荒诞不经的阶段，而在滨江偏邑、风气闭塞的泰兴，就更可想而知了。丁文江欲留学日本的事一传开，就遭到亲友的反对，老父亲也十分犹豫，龙璋便以父母官和恩师的双重力量加以开导，甚至连丁文江赴日监护人的事宜，都做了妥善的安排，终于说服了丁老先生，举债以成其行。胡适认为龙璋先生对丁文江一生最大的造就，是他劝丁家父兄送丁文江到日本求学，丁文江自己也说，他若不遇见龙先生，他一生的历史或许完全不同，至少不能够那样早出洋留学。对于龙先生的知遇之恩，丁文江终生感念。仿佛冥冥之中有某种感应，就在去世前一个月，也就是煤气中毒的前三天，丁文江徒步登上海拔一千多米的衡山，拜谒龙研仙先生纪念亭，作怀师诗两首："十五初来拜我师，为文试论西南夷。半生走遍滇黔路，暗示当年不自知。"海外归来初入湘,长沙拜谒再登堂。回头廿五年前事,天柱峰前泪满腔。"

然而,或许会让他的恩师感到意外,丁文江在日本住了两年,并没有进正式的学校读书,他的好友汤中这样回忆——

当时在君只有十八岁(按:实际应为十六岁),和我同住在神田区的一个下宿屋,他那时候就喜欢谈政治,写文章。我记得东京留学界,在1904年前后,出了好几种杂志……如湖北留学生之有《湖北学生界》,浙江留学生之有《浙江潮》,江苏留学生之有《江苏》。……《江苏》杂志第一次的总编辑是钮惕生(永建)先生,第二次是汪衮甫(荣宝)先生,后来轮到在君担任。

在君的文章也很流畅,也很有革命的情调(当时的留学生大多数均倡言排满革命)……在君在下宿屋,同我天天见面,他谈话的时候,喜欢把两手插在裤袋里,一口宽阔的泰兴口音,滔滔不绝,他的神气和晚年差不多,只少"他的奇怪的眼光,他的虬起的德国威廉皇帝式的胡子"而已。(胡适《丁文江传》)

这段文字生动地勾画了丁文江留日生活的状态,那是一个激进革命少年的形象。值得说明的是,这种名不副实的"留学"在当时留日界具有相当的普遍性。清末的东瀛,由于特殊的地缘政治背景和地理位置,成了现代中国革命运动的大本营,留学生们无心读书,有心救国,整天忙于集会、讲演、办报办刊、写文章。年纪轻轻的丁文江,自然无法避免时代潮流的裹挟;但尽管如此,仍显示出一种少年老成的定力。他主编的《江苏》杂志,虽然倾向共和,主张排满革命,但也经常刊登不同观点的文章,包容各种主张;对改良派的报刊，他也不排斥，比如到东京不久，他就成了梁启超主编的改良派刊物《新民丛报》的忠实读者，每期必读，读完后还寄给远在家乡的大哥。丁文江不过激、不狂热的性格由此可见一端。

丁文江在日本没进正式学校，另有一个重要原因：他对军事很感兴趣，而周围的朋友不少都习军事，如史久光、蒋百里、蔡锷、朱先志、翁之谷，大多进了日本的士官学校，对他更是有直接的影响。这从丁文江学骑马这件事也可看出，后来他这样回忆在日本学骑马的情形——

我十几岁在日本的时候，就到体育会学骑马。教授站在场子中间，拿一根长绳子拴住马，再拿一根很长的鞭子，把马打了转圈子跑，初学时，马跑得慢。以后逐渐地加快。等到练习了许多时，马跑快了也掉不下来，教授就叫你把脚蹬去了骑。再等几天，不但脚蹬去了，缰绳也得放下，两只手先交叉在前胸，再交叉在后背，单靠着两条脚夹住马背，我起初的时候进步得很快，但是到了把脚蹬去了的时候，就常常要摔下来。等到把缰绳放下，一两分钟之内一定躺在地下。学来学去，一点进步没有，一失望就不再学了。

然而出于对革命派扩充军事力量的惧怕，清政府与日本当局达成默契，做出一条规定：凡自费生不得学军事。丁文江是自费留学生，学军事的梦想遂成泡影。丁文江后来赴英国留学，最初也是抱着习海军的志愿，可惜也没实现。尽管如此，丁文江对军事的兴趣终生未减，从他日后写下的不少涉及军事的时政评论文章中，可以领略他战略家的眼光和十分内行的军情分析。丁文江的一大理想，就是在中国创办一所现代化的高等军官学校。丁文江经常向朋友津津乐道一件事：民国十四年孙传芳请他出任淞沪总办，两人这样对话——

孙馨远说：丁先生，请你想想，你在哪一个方面可以帮我顶多的忙？

我说：我早已想过了。

孙问：哪一个方面？

我说：我曾想过，这时候中国顶需要的是一个最新式的、最完备的高级军官学校。现在的军官学校，甚至于所谓"陆军大学"，程度都很幼稚。里面的教官都太落伍了，不是保定军官学校出身，就是日本士官出身。这些军官学校的专门训练当然比不上外国同等的学校，而且军事以外的普通学科更是非常缺乏。所以我常说：中国的军事教育比任何其他的教育都落后。例如用翻译教课，在中国各大学已经废弃了二十年，而现在陆军大学的外国教官上课，还用翻译；学生没有一个能直接听讲的。足见高等军事教育比其他教育至少落后二十年。现在各地军官学校教出来的军官都缺乏现代知识，都缺乏现代训练，甚至于连军事地图都不会读！所以我常常有一种梦想，想替国家办一个很好的、完全近代化的高等军官学校。我自信可以做一个很好的军官学校校长。

孙馨远听了大笑。他说：丁先生，你是个大学问家，我很佩服。但是军事教育，我还懂得一点，——我还懂得一点。现在还不敢请教你。

他说了又大笑。他当我说的是笑话！

从这番谈话中，也可看出丁文江对军事的热爱和超前的目光，可惜这一志向终生未竟——这些当然都是后话。

丁文江在东瀛不务正业的"游学"，与后来在英国刻苦攻读、潜心学问形成了耐人寻味的对比。作为后人，我们现在看得比较清楚：日本不是丁文江理想的求学之地，丁文江的个性气质与东瀛岛国文化风土和环境并不对路，事实上两年留日生活在他身上并没有留下什么明显的印记。从这个角度看，丁文江后来离开日本，远走英伦，有他的必然性。但这并不是说留日对于丁文江毫无意义，留日两年，丁文江虽然没进正式学校读书，却通过"游学"的方式初步接触了现代科学文化知识，打开了眼界，如后来他回忆的那样——

我第一次看见中国地图是在日本……三十年前的青年只知道读死书，不知道观察事物。中了这种教育的毒，对于科学就根本学不会的。我第一次在日本学几何的时候，只觉得教员讲的一个点，一根线，是一种毫无意识的举动。凡是近年来在大学校教过书的人都知道这种毒渐渐地消灭掉了。

丁文江后来留学英国，能在英国的乡村中学连连跳级，两年读完六年课程，考入英国高等学府金字塔顶尖的剑桥大学，与他在日本的"游学"不能说没有关系。两年的留日生活，某种程度上为他后来的留英做了必要的铺垫。

客观地看，日本确实不是一个能够让人安心读书的地方，风起云涌的种族革命潮流，小日本杀师背主、忘恩负义的恶行和对中国肆无忌惮的蔑视，还有东瀛岛国"人情世界"无处不在的诱惑，这些因素加起来，往往使中国学子失去定力，难以安心求学。这样的状况，驱使一些目光远大的好学之士，把眼光转向欧美。话再说回来，中国学子对日本这个西洋文明的二道贩子本来就看不上，欧美因为路途太远、费用太昂去不了，只好退而求其次到日本来将就，心中向往的，还是原汤原汁的西洋文明。正是在这样的背景下，吴稚晖几封来自英国爱丁堡的信，在东京留学生中产生了强烈共鸣。这位曾为抗议《留学生取缔规则》大闹清公使馆，被日本内务省以妨碍治安罪驱逐出境的留日前辈，如今现身说法，这样开导与丁文江的好朋友李祖鸿同住一处的庄文亚："日本留学生终日开会，吃中国菜，谈政治，而不读书。"又介绍在英国留学的种种好处，生活费用又是如何地便宜，一年只要五六百元就够敷衍。这封信点燃了三位少年的激情，当场做出了重大的抉择。他们各自给家里写信请求援助，互通有无，勉强凑足了路费。经过几个月的英语补习，在经济实力极不充分的情况下，义无反顾地登上了赴伦敦的轮船，幸亏一路上有贵人相助。1904 年 5 月 19 日晚上到达英国爱丁堡时，他们的旅费只剩五英镑——如果中途没有康有为的慷慨解囊，他们真的到不了爱丁堡！吴稚晖好作夸张之语，且有超常的刻苦耐劳能力，那番关于英国留学生活水准的描述，其实并不客观，正如丁文江后来讲述的那样："我是一九〇四年到英国去的，当时听见吴稚晖先生说英国留学有六百元一年就可以够用，所以学了几个月的英文就大胆的自费跑了出去。到了苏格兰方始知道六百元一年仅仅够住房子吃饭，衣服都没有着落，不用说念书了。"然而，如果没有吴稚晖的这一劝诱，也许就不会有丁文江的英国之行，当然不会有后来的中国地质学、古生物学的创始人丁文江了，就这一点而言，吴稚晖实在功不可没。

丁文江在英国一住七年，前两年是在英国东部司堡尔丁一个乡村小镇度过的。关于这段经历，丁文江二十多年之后故地重游，在一篇游记中有概括的叙述——

　　幸亏无意中遇见一位约翰·斯密勒医生。他是在陕西传过教的，知道我是穷学生，劝我到乡下去进中学，于是我同我的朋友李祖鸿同到英国东部司堡尔丁（Spalding）去。这是一个几百户的乡镇，生活程度很低；我一星期的膳宿费不过十五个先令（合华币不过三十元一月），房东还给我补袜子，中学的学费一年不过一百余元，还连书籍在内。我在那里整整的过了两年：书从第一年级读起，一年跳三级，两年就考上了剑桥大学。斯密勒先生是本地的绅士，他不但给我介绍了学校，而且因为他的关系，所有他的亲戚朋友都待我如家人一样。每逢星期六和星期天，不是这家喝茶，就是那家吃饭，使我有机会彻底的了解英国中级社会的生活。

　　细读这段话，颇有可圈可点之处。应当看到，丁文江就读司堡尔丁乡镇中学时年龄已经偏大，深厚的国学功底，加上游学东瀛的收获，理解能力肯定超过他的英国同学；然而，一年跳三级，两年考上英国名牌大学——剑桥大学，这样的事，发生在一个入学前没有多少英语基础，对西方文化并不十分了解的中国学生身上，依然像是天方夜谭，除了证明丁文江的天分和刻苦，还有学校的培养，环境的适宜。据李祖鸿回忆，丁文江的学习成绩优秀，颇受校长特威德（Tweed）的青睐，虽然遽然间同时必须学那么多门新功课，但第一学期结束时还是都得了奖；教师格灵胡（Greewood）对丁文江也格外器重，后来丁文江学业突飞猛进，与他的教导分不开；丁文江考了第一后，以前成绩最好的同学司金诺不服气，到教员桌上偷看丁文江的卷子，从此和丁文江特别地要好起来。这不由令人想起差不多同时在日本仙台医专读书的鲁迅，两者形成多么鲜明的对比！鲁迅学习成绩远不如丁文江出色，第一学年考试分数平均为

65.5 分，在一百四十二人中排名第六十八，结果还是引起日本同学的疑心，以为藤野先生事先给他泄了考题，又是写匿名信逼他忏悔，又是查他的课堂笔记，使鲁迅备受屈辱，以至于日后发出这样的感慨："中国是弱国，所以中国人当然是低能儿，分数在六十分以上，便不是自己的能力了；也无怪他们的疑惑。"从这个对比中，可以看到日本文化与英国文化，乃至东方文化与西方文化的深刻差异，令人庆幸丁文江弃日就英的留学之路。读完丁文江的这篇游记，司堡尔丁小镇古朴的民风、淳厚的人性，历历在目，其中有一段描写，可以给人深刻的启示——

吃了午饭，他（法诺）同我去参观他的农具公司。各处打电话问我旧日女房东的踪迹，不得要领。他又逼着我写了许多明信片给旧日的校长，和同学，然后同我到顾克家里去。顾克先生完全变了疯子，在屋子里走来走去："我要破产了！我受了儿子的累！"他的夫人也将近七十了。见着我完全不认得。我对她说道："二十九年前我在这里读书。你待我极好，所以来谢谢你。""啊！是真的吗？你不要谢谢我；我要谢谢你和上帝，给了我一个机会做点好事。"我们惘然的走了出来。到了门口，一个白头的老仆对我说道："老太太不认得你了。我却没有忘记你。你记得我在这边草地上教过你骑马吗？""怎么记不得！你故意的把马打了乱跑。几乎把我摔死！""哈哈，他们那时候都说你如何聪明。想不到你骑马那样不中用！"

这段描写提示我们，司堡尔丁小镇的温馨与魅力，植根于悠久的基督教文化传统和"上帝面前人人平等"的信念，对少年丁文江的精神世界有潜移默化的影响。众所周知，丁文江是一位坚定的科学主义者，但这种对科学的信仰中，却有深厚的宗教情怀。因为这个缘故，丁文江反对神学的基督教，对基督教所包含的宗教精神却不反感，甚至殊途同归。也因为这个缘故，丁文江才能够融入当地的生活，"有机会彻底的了解英国中级社会的生活"。这里不妨再引李祖鸿的回忆作为补充："我们在此地，中国人一个不见，终日所交际的都是诚意的村人，且司密士（斯密勒）的家庭亲友，经司密士介绍后，都把我们当自己人看待，家庭琐碎决不对我们有所隐瞒，更兼格灵胡（Greewood）为尽其教育的责任，对所见所闻，处处对在君加以解释和指示，所以在君此后可以对英国人的心理和思想，用正当的眼光去观察，不至于误解他们了。"这无疑是丁文江留英生涯的一个重要收获。丁文江日后能够在处理中英国际纠纷时发挥关键性作用，力挽狂澜，化解危机，替中国争回利权，完全得力于对英国文化的正确的理解和得当的举措。

然而，真正对丁文江的精神结构、思维方式产生决定性影响，使他由一个传统中国士人蜕变为一个具有现代理性与科学思维的新型知识分子的，是1908年进入格拉斯哥大学后的求学历程。在此之前，有一系列的插曲，也值得一提。

1906年丁文江以优异的成绩毕业于司堡尔丁小镇的中学，考入了多少人梦寐以求却因入学考试高难度而进不去的英国名牌大学——剑桥大学，为中国人争得了荣誉。据李祖鸿回忆：丁文江在剑桥大学读的是文科，受业于名师，英语写作水平突飞猛进，不时有文章在杂志上发表。这段生活令人想起丁文江的东瀛生涯，说明他天性秉有一种积极入世的人文情怀，遇到合适的环境就会表现出来，假如沿着这条路走下去，他也许会成为林语堂这样的人物。然而好景不长，由于缴纳不起昂贵的学费，丁文江半年后不得不辍学。

此时至改入别的学校，有半年多时间，丁文江就利用这段时间到欧洲大陆游历，考察各国的政治，到过德国、法国、瑞典、瑞士等国，攀登过阿尔卑斯山。其中丁文江在瑞士洛桑住得最久，在这里学会了法语。

1907年夏天，丁文江来到苏格兰的格拉斯哥，先是在一所工科学院选修有关课程，预备报考伦敦大学医科。一年后，他前往伦敦参加伦敦大学医科的考试，不料因一门功课不及格而未被录取。伦敦大学入学考试的难度在英国是数得上的，并且有这样的规定：各门功课都必须及格，有一门不及格，其他成绩全部作废。这是丁文江求学生涯中唯一的一次走麦城。然而塞翁失马，焉知非福，像丁文江这样的通才，是不会被一块石头绊倒的，以此为契机，他放弃学医志向，转向地质。

1908年秋，丁文江改入格拉斯哥大学，专修动物学，兼修地质学。由动物学丁文江接触了达尔文的进化论，培养了对古生物学及人类学的兴趣。不久他对地质学显示出更大的兴趣，1910年把地质学由副科改为正科，把地理学作为副科。英国本是地质学的发祥地，创建于1451年的格拉斯哥大学，更是英国地质学的重镇，其中有大名鼎鼎的教授格里哥里，人品学问俱属一流，是一名探险型地质学家，深得丁文江钦佩。当然，丁文江转向地质学还有一个最重要的原因：地质学可以直接应用于中国的采矿业，对于中国的工业化来说不可缺少，是实现"科学救国"理想的最佳途径。

格拉斯哥大学两年多的专业训练，使丁文江的精神气质、思维方式发生了重要变化，传统的人文理性经过西方现代科学的洗礼，戴上了严密的逻辑盔甲，铸就了丁文江科学化的人格。与丁文江朝夕相处的李祖鸿目睹了这个过程，这样回忆："我记得他有一次不知在哪一个实验室里工作觉得很难，颇感棘手，他归家对我一方面表示对他师长的佩服，一方面自励说：'我必须养成这种好习惯，方始有真正求学和做事的才能。'"在此期间，丁文江博览群书，遨游于现代科学知识的海洋：经济学方面酷爱凯恩斯的著作，几乎每本必读；科学方面，他对达尔文、赫胥黎、皮尔逊的理论最佩服，其他的如威尔逊、摩根、康克林、托姆森、爱因斯坦、索迪、詹姆斯、马赫、罗索、杜威等人的重要著作，他都认真研读过。1911年4月，丁文江带着格拉斯哥大学动物学和地质学的双学士学位，踏上归国之路。

七年留英生活对丁文江意味着什么？丁文江的知交，同样也是留英的知识精英傅斯年有一段恰当的总结——

在君留学英国，在欧战前若干年（一九一一以前），那时候自由党已起来当政，早年的理论急进派（Philosophical Radical）若干主张，修改后依然为实际政治上争议之点。以在君的思力敏锐与多才，在这时候好看报，特别是《泰晤士报》，自然要受这个空气的影响。我知道在君是好看经济学书的，我尤知道他关于 J.M.Keynes 的书每本必看，所以我敢说，他纵不是柯波登，边沁，穆勒之研究者，他必是受这一派思想的影响者。聪明人嗅着空气便可得坚实的益处，原不待咬文嚼字如专家然。在君又是学科学的，他在英时的科学兴趣，由动物学到地质学。恰恰这一行的科学在英国有圣人达尔文，有护法赫胥黎，有游击名将葛尔登（Francis Galton），所以在君苦于研究这一行学问时越过实验室而寄兴趣于词辩，大有精神的安顿处，连宗教都有一个。在君必是一个深刻的受赫胥黎影响者（严复并不是），他也在中国以他的科学玄学战做成了赫胥黎（只可惜对方太不行了）。在君所在的英国又是利用科学造成福利的最前进国，在若干意义上最近代化的地方。本来天才是生成的，在君思力敏而锐，在最短时间中能抓住一个最扼要点而略去其不重要点，自然不是英国人教会他的。但是他的天才所取用的资料，所表现的方式，所锻炼成的实体，却不能不说一部分由于英国的思想与环境，英国有很多极其可恶的思想，不过在君所受者却是最上层精粹。因为在君能读法德文书，走过大陆，他对于英国人之守旧，自大，摆架子，不自觉的自欺，必然看穿。他绝看不起中国人学来一个牛津架子，或者他对于圜桥清谈，也不尽看重吧。（《我所认识的丁文江先生》）

　　傅斯年进而将丁文江留英思想收获的内容概括为七个方面：一、行为思想要全依理智，不可放纵感情压倒了理智；二、是是非非要全依经验，不容以幻想代替经验；三、流传的事物或理论，应批评之后接受，不容人云亦云；四、论事论人要权衡轻重，两害相衡取其轻，两利相衡取其重；五、一切事物的价值，全以它对社会福利和人类知识上的关系而定；六、社会是一个合作团，人人要在里边尽其所有之能力；七、社会之不公、不合理，及妄费之处是必须改革的（虽然要用演进的方式），社会上没有古物保存之必要。

　　由此可见，丁文江留学英国的最大收获，莫过于文化人格的科学化、理性化，具体地说，就是中国传统的人文理性受到西方现代科学理性的整合，即"先天下之忧而忧"的救世情怀与"科学主义"的结合，结晶为"科学救国"的蓝图。丁文江回国后的一系列活动，如参与创办地质研究所、地质调查所、北大地质系、中国地质学会等机构，组织并参与多次大规模的地质考察活动，1923 年作为科学派的旗手挑起"科玄论战"，甚至包括他涉足政治，鼓吹"好政府主义"、倡导"少数人责任"，主张停止内战、一致御侮，提出以"坚决抵抗"和"有条件妥协"为核心的"低调"抗日策略，都是按照"科学救国"的思路进行的。

丁文江是公认的科学化最深的中国人，胡适这样回忆："他的生活最有规则：睡眠必须八小时，起居饮食最讲究卫生，在外面饭馆吃饭必须用开水洗杯筷；他不喝酒，常用酒来洗筷子；夏天家中吃无外皮的水果，必须先在滚水里浸二十分钟。"这同样体现在丁文江对西医的信奉上："他早年有脚痒病，医生说赤脚最有效，他就终身穿有多孔的皮鞋，在家常赤脚，在熟朋友家中也常脱袜子，光着脚谈天，所以他自称'赤脚大仙'。他吸雪茄有二十年了，前年他脚有点发麻，医生劝他戒烟，他立刻就戒绝了。"而对于中医，则不屑一顾，夫人常年有病，胡适曾让丁文江带回几贴膏药，丁文江却不让她用。有一次老朋友陈伯庄故意同他抬杠："假如你到穷乡僻壤考探地质，忽然病了，当地无一西医，更无西药，你会让中医诊治你吗？"丁文江断然回答："不！不！科学家不得自毁其信仰的节操，宁死不吃中药不看中医。"然而具有讽刺意味的是，丁文江是煤气中毒后，被当地的庸医（当然是西医）误诊误治，受尽折磨致死的。

丁文江有一段话十分关键："科学教育能使宗教性的冲动，从盲目的变成功自觉的，从黑暗的变成功光明的，从笼统的变成功分析的。我们不单是要使宗教性发展，而且目的，是因为方法：回教徒同耶教徒都想进天堂，冲突起来，使世界变成地狱；新旧教都讲兼爱，都信耶稣，三十年的宗教战争，把德国人杀去了四分之三。这种历史上的教训，举不胜举。要免除这种恶果，规律的神学，格言的修身，文字的教育，玄学的哲学，都曾经试过，都没有相当的成绩。惟有科学方法，在自然界内小试其技，已经有伟大的结果，所以我们要求把他的势力范围，推广扩充，使他做人类宗教性的明灯；使人类不但有求真的诚心而且有求真的工具，不但有为善的意向而且有为善的技能！"这番话，将科学视作拯救人类的唯一的灵丹妙药，拔高到"宗教之宗教"的高度，具有统摄一切的万能之力，其理论根据在达尔文、赫胥黎的进化伦理，即人类动物共有的"为全种万世而牺牲个体一时的天性"，通过先天的改良（优生）和后天的培养（教育）发扬光大，人类文明的危机由此可望得到根本的解决。

丁文江的"科学万能主义"，实际上是他的科学化文化人格的反映，本身已经带有某种非理性的成分，难怪看到张君劢的诋毁科学之论，丁文江按捺不住地站出来予以抨击，挑起一场现代文化思想史上著名的"科玄之争"。公平地看，张君劢的理论本身存在较大的偏颇，而最主要的是，在科学还很落后，国家还很贫弱，国民还很愚昧的当时的中国，贬低科学的价值，批判物质文明，鼓吹精神文明，确实不合时宜。但这并不意味着"科学万能主义"绝对正确，甚至在"科玄之争"中全力支持丁文江的胡适，对他的"为全种万世而牺牲个体一时"的信念也提出异议，认为它"只可以做一个感情特别丰富的人用来律己的信条，而不可以用作律人或治人的宗教"，因为它含有轻视个体、以众凌寡、为专制暴政提供借口的危险。

丁文江的科学化人格在英国养成，并非空穴来风，从那篇重游司堡尔丁小镇的随笔中，也可发现一些蛛丝马迹：跟奈尔夫人的五姑娘学钢琴，丁文江两个星期就能弹《甜蜜的家》，后来五姑娘再弹这首曲子时，丁文江却一点都听不出来。这段描写被胡适引为同调，称"在君和我都没有音乐耳朵"。这个细节证明丁文江没有多少艺术细胞，艺术细胞缺乏的人，往往具有较强的逻辑思维能力，这对于科学化人格的养成，当然是有好处的。如此看来，丁文江当年离开"人情"格外发达、充满伤感氛围的日本，来到以"绅士"风度著称的英国，冥冥之中仿佛有一种力量牵引。

『大中华』与『小日本』的恶性互动

——《留东外史》解读

作为中国近代"留学生文学"的开山之作，《留东外史》的问世，无论对中国还是对日本，都是一个极大的尴尬。这部洋洋一百余万言的巨著，在对日本的不可救药的误读中，凸显了中国人精神的负面与深刻的道德危机，还有恶劣的中日关系下两种文化令人遗憾的互动。

这部以东京为舞台、以中国留学生和海外亡命客为暴露对象的异域小说，主要写了两件事："嫖"与"侠"；共同的寓意不外乎"大中华"摆平"小日本"。中国自甲午战争以来所遭受的种种耻辱，由不肖生的如椽之笔，得到了想象性的洗刷。

先说前一件。

整部《留东外史》不遗余力演绎的，是"日本是个淫卖国"这个神话，翻来覆去捣鼓的，就是"嫖界指南"的那些劳什子。号称"南周北黄"的嫖界领军人物周撰与黄文汉，一个仗着"顾盼多姿"的容貌，随心所欲地玩弄日本女子，自吹"除了皇宫里没有去嫖过，其余都领略过来"；另一个嫖侠结合，将痞子精神引入风流情事，发明了超越嫖界老祖宗施耐庵的嫖经，仗着一身蛮力和"日本通"的优势，在东瀛嫖场上生龙活虎，如鱼得水。

既然日本是个淫卖国，放纵和堕落也就变得天经地义，正如作者在小说中所宣称的那样："年轻的人，在日本这种淫卖国，怎免得了嫖这一个字？"周撰带连成生去浅草嫖艺妓，见连问话不得要领，就这样开导他："到这浅草来的女人，不要问她卖不卖，只看你要不要。莫说是下女，便是她日本华族的小姐，只要她肯到这里来，你和她讲价钱就是，决不要问她肯不肯。这浅草，是日本淫卖国精神团聚之处。淫卖国三个字的美名，就以这里为发祥之地。你试留神看街上往来的女子，哪个不是骚风凛凛，淫气腾腾？……不晓得日本情形的，必以为那些大户人家的小姐，都是贞静幽娴的。殊不知那淫卖国的根性，虽至海枯石烂，也不得磨灭。"此公甚至编出这样的故事：日本著名女教育家下田歌子在女子爱国讲演会上，号召日本妇女卖淫报国，"以当淫卖妇为女子第一要义"，底下的女子听了，个个"都拍手赞叹"。（第十四章）这无疑是典型的嫖客的眼光与逻辑。

在中国浪子的眼里，日本女子的"淫"，总是与"贱"不可分割地联系在一起，那种在郁达夫、陶晶孙笔下常出现的温柔而高贵的东瀛丽人，在《留东外史》里一个也找不到，即使是偶尔写到一两件清雅的情事，也显得十分勉强，压不住底子的恶俗。这个差异，显示了西风东渐历史潮流下留日学子不可避免的分化：在思想先进的创造社作家的眼里，日本女人已被赋以崭新的时代内涵和价值，类似西方的"女神"而不能冒渎；而在思想陈腐、受道学毒害的中国浪子的眼里，日本女人终究不过是泄欲的工具。第九章，粗鲁无文、品位低劣的郑绍畋这样贬低日本女子："日本不是世界公认的淫卖国吗？日本女子除淫卖而外，有什么教育？你到日本这多年，你见日本女子除了淫卖、当下女、充艺妓、做苦工几种,有几个能谋高尚的生活的?"——事实上,中国浪子的"嫖经",大半与日本女人的"贱"有关,周撰声称:"日本女子有种特性,只怕不能时常看见,凡是时常看见的,只要自己不十分丑陋,就没有弄不到手的。""日本女子的特性,就是不肯太给人下不去。"(第二章)作者甚至这样一口咬定:"日本人有一种特性,无论什么人,只要有钱给他,便是他自己的女人姊妹,都可介绍给人家睡的。"(第三十七章)

把日本女人的人格贬得越低,自己放纵起来就越没有心理负担和道德压力;反过来说,为了更轻松地堕落,就必须把日本女人贬得一钱不值。中国浪子在东瀛的狂嫖滥狎的变态行为,令人想起日后日本军人在中国领土上匪夷所思的凶残,其心理动因,应当说有相似的地方,那就是:都不把对方真正当"人"。正因为如此,小说中登场的日本女子尽管多如牛毛,能给人留下点印象的,却寥寥无几;她们成了简单的泄欲的工具。

应当承认,"日本是个淫卖国"的神话并非空穴来风,东瀛岛国绵延不绝的母系社会遗风,充满"人情美"的文化风土,堪称世界之最的发达的色情产业,凡此种种足以刺激中国浪子的这种想象,而真正制约其后的,却是一种根深蒂固的"大中华"观念和日趋恶化的中日关系。

所谓"大中华",是地处东亚中心、拥有悠久文明历史的中华民族对周边少数民族(或国家)的一种文化心态,它带有强烈的文化优越感和"华尊夷卑"意识,将不在天朝帝国版图之内的异族视为"化外之地",而"日本是个淫卖国",正是这种想象的派生物。然而,在近代以降国际秩序发生根本性逆转、中国沦为西方列强的半殖民地的背景下,"大中华"意识面临危机,不得不变形为鸵鸟式的自我陶醉和阿Q式的精神胜利法，具体到小日本，更添一层复杂的况味。小说第四章写到黄文汉大白天带人去嫖娼，在那里遇上日本兵士，兵士问他："大远的到敝国来求学，为何礼拜一的不去上课，却来这里胡闹？"黄文汉勃然作色道："这话是谁教你说的？你知道我是来求学的吗？我说句失礼的话你听，我在国内的时候，听说贵国美人最多，最易勾搭。我家中祖遗了几十万财产，在中国嫖厌了，特来贵国研究嫖的。今日就算是我上课的时间，难道你可说我来坏了吗？"完全是一副无赖的派头。胡庄等聚集赌博，被警察当场拿住，捉去关了一夜。第二天早晨，日本警察板着脸教训了他们，对中国留学生的"过于不自爱"和"柔和的性情"做了一番揶揄，不料遭来一大篇理直气壮的反驳。胡庄的嫖家赌客理论言之凿凿，不容置疑："这赌博的事，在世界各国，也就止贵国禁得不近情理。至于一个月有二十多件嫖淫卖妇案，更不能专怪敝国人不自爱。男女之欲，越是文明国的人，越发达。敝国国人到贵国来求学，远的万余里，近的也有数千里，至多也须一年方能回去一趟，况都在壮年，此事何能得免？"然后对日本的公娼制度、艺妓和铭酒屋进行一番抨击，强调中国留学生嫖淫卖妇的理由，最后得出这样的结论："贵国不是从有留学生才有淫卖妇的，是留学生见贵国有淫卖妇可嫖才嫖的。这样看来，贵国的淫卖妇，也就未免太多，贵国的人也就未免太不自爱。敝国人性情柔和，诚如尊言。大国民气象，自是如此。敝国虽弱，只要贵国少怀点侵略主义，则东亚和平，想不得由西洋破坏。"（第十一章）这种恬不知耻的劲头儿，到了令人喷饭的程度，假如没有"大中华"作后盾，是不可想象的。当"大中华"思想与粗鄙的爱国主义直接挂钩时，作恶更有了堂而皇之的借口，比如周撰就这样对人解释自己对松子的始乱终弃："日本鬼子欺负我们中国人，也欺负够了，我何妨骗骗她。我这种行为止限于日本女人。凡是上过日本淫卖妇当的人，听了我对松子的举动，无有不说做得痛快的。"（续集第五十八章）

具有讽刺意味的是，汹汹叫嚷"日本女子贱"的中国浪子，偏偏在东瀛女子身上尝到了在自家不曾尝过的甜头，犹如老鼠掉进白米缸，大有乐不思蜀的劲头儿，正如书中一位小亡命客说的那样："几多伟人学士，和下女发生了关系，还公然正式结婚，大开贺宴。"看来，无论是"三从四德"的旧式中国女子，还是"全盘西化"的新式中国女子，魅力都无法与东瀛女子抗衡。事实上，《留东外史》里登场的中国女子，几乎个个都飞扬跋扈，已经看不到一点中国传统女性的美德，无形中成了日本女子的反面陪衬。小说写到亡命客熊义与上司的女儿秦次珠之间争斗不息的恋爱闹剧，秦泼妇式的无理取闹，使熊义大吃苦头。熊义后来钓上了日本女子鸠山安子，尝到了甜头，立刻弃旧就新，与鸠山做了夫妻。小说这样写道："熊义自娶了鸠山安子来家，每日温存厮守。日本女子的性格，但是受过些儿教育的，无不温柔和顺，唯一的尊敬丈夫。熊义曾被秦次珠凌轹欺侮过的，忽然改受鸠山安子这般恭顺，更觉得有天堂地狱的分别。"（续集第二十九章）

中国浪子的矛盾与混乱，由此暴露无遗：对日本女子观念上的蔑视与生理上的吸引，民族情感上的排斥与两性趣味上的迷恋，两种相反的力量在他们身上冲突。封建道学养成的"色情狂"心理，在粗鄙的爱国主义的推波助澜下，驱使他们狂嫖乱狎、坑蒙拐骗，毫无良心与道德的压力；而两性的自然规律，又让中国浪子沉迷于日本女子的风情与温柔，不可自拔。张思方对节子的恋情，苏仲武不惜一切代价对梅子的追求，张孝友挥金如土取悦波子，黄文汉与青楼女子圆子以嫖始，以爱终，最后居然结为夫妻，都是很好的证明。由此看来，究竟是中国浪子征服了东瀛女子，还是东瀛女子征服了中国浪子，恐怕还是一个悬念。

平心而论，比之于"嫖"，《留东外史》在"侠"的描写上更有独到之处。作为中国现代武侠小说的开山始祖，平江不肖生此时显示了自己的真正绝活儿。第三十三章，黄文汉、郭子兰一行到一家弓场练习射箭，遇到年迈的神箭手见尾入农。见尾向众人介绍自己的射箭方法："我历来习箭不求中的，成了一种习惯，拿起弓就觉得不中不要紧，只要姿势一丝不错。"有人附和："姿势一丝不错，哪有不中的呢？"见尾摇头说："不然，中的别是一问题。中的有偶然，姿势没有偶然。"这番话意味深长，道出了日本文化的精髓，由此可以领略日本人特有的"形式"崇拜。这种"形式"，一言以蔽之，就是以"美"为前提的最合理的程序，也是"美"与"力"的完美结合，甚至连黄文汉这样不知天高地厚的浪人，都情不自禁地对见尾的高超技艺发出赞叹："你看他的姿势，何等闲雅！"对喜欢用重弓的郭子兰，见尾这样开导："射箭不必求增长气力，越软弓越能射远箭，越是真力量。一支箭原没多重，只要力不旁漏，顺着势子吐出去，哪里射不到靶的？弓硬了，纵有力量能和开软弓一样，一般的箭，怎能受得住？若再加以势力旁漏，便永远没有走直道的日子了，不是弄巧成拙吗？"郭子兰听了，恍然大悟，敬佩之心油然而生。

可惜的是，这一类的描写在《留东外史》里只是偶尔一闪的火花。其实，依不肖生对武术的精通程度，如果能有一副正常的心态，是不难写出一部表现中日武术对话的精彩之作的。由于"大中华"观念与反日心理，这种描写步入偏道。郭子兰这样评价日本的"弓道"："日本的射法流仪太多，闹不清楚，其实没有什么道理，拈弓搭箭,手法微有不同,又是一个流派。"黄文汉对此的评判更是高屋建瓴:"大凡一样技艺,习的人一多,就不因不由地分出流派。其实不过形式上罢了,精神上哪有什么区别。都是些见识小的人,故意标新立异地立门户。"(第三十二章)这些见解虽不无道理,甚至击中了要害,然而仅着眼于负面。这种"大中华"的优越感在粗鄙的爱国心推动下,必然导致浅薄的夜郎自大,派生出敌劣我优、敌愚我智、敌魔我神的一厢情愿的想象。《留东外史》在这方面,可以说走到了极致。黄文汉在与日本武士的交手中,总是占上风,永立不败之地:他先是挫败身强力壮、号称四段的柔道手今井,又徒手击倒手握长刀的剑术手吉川龟次,后又施巧计,连续掀翻三名相扑巨无霸,还在最后一位大力士屁股上踢了一脚。萧熙寿打擂台,向顶尖级的日本柔道高手发起挑战,却被做了这样的限定:"第一不能用腿,不能用头锋,不能用拳,不能用肘,不能用铁扇掌,不准击头,不准击腰,不准击腹,不准击下阴。"到真的比赛时,萧果然动辄得咎,连连被判"犯规",一气之下,只好退出比赛。日本的一流柔道手被形容得獐头鼠眼,猥琐不堪,还没有交手,就连连退缩,一副胆小懦弱的样子,甚至以下阴被捏相诬。大和民族一向引以为自豪的国粹、大名鼎鼎的"武士道",就这样轻而易举地被中国浪子颠覆。

的确,比之于"嫖",中国浪子在"侠"方面的优胜更简单明快,没有半点的含糊和自相矛盾,进了靖国神社,看见侮辱中国的战利品,说砸就砸;遇上无礼的日本兵士,该出手就出手;碰上爱管闲事的日本警察,想捉弄就捉弄,完全是一副天不怕地不怕的劲头儿,根本没有一点"弱国子民"的味道。然而这种优胜,多半借助流氓手段。小说经常出现的一个情节,是中国浪子与日本警察斗法,结果总是中国浪子胜利。取胜的法宝很简单:耍无赖。具体地说，就是抓住对手怕违规、怕犯法的心理，死缠烂打。众所周知，日本人最讲规矩、最守纪律（当然是在日本国内），简直到了繁文缛节的程度。穿鞋的遇上光脚的，除了退避，没有更好的办法。小说第四章写道：黄文汉大白天带人去嫖娼，不料已有两名日本兵士捷足先登，受了冷落便想闹事；同伴见日本兵士佩着刀，有些气馁，黄文汉却毫不退让，很有把握地说："作什么？你见他们佩了刀就怕了他吗？你不知道越是有职业有身份的人越好惹。他断不肯以这样的小事，坏了自己的名誉，掉了自己的饭碗，吃了亏还不敢作声。我们怕他作什么？他们不知道我的真姓名，就想弄掉我的官费，也不能够。"凭着这股痞劲儿，黄文汉果然将日本兵士大大捉弄了一番，让他们不仅赔了钱，赔了礼，还差点被拉进警察署受审，真是叫苦不迭。黄文汉对付日本警察的办法，也相当刁钻。日本法律禁止赤足上街，黄文汉偏不从，深夜光足行走，如入无人境地，途中遇一个执法严厉的警察，故意将木屐的纽子折断，胡搅蛮缠，激怒警察，致使其违章拔刀。抓住了这个把柄，黄文汉大闹特闹，将警察狠整了一通。

如果说黄文汉们的行为还有可以理解的地方，那就是"小日本"对中国的忘恩负义及其侵略中国的狼子野心。他们的反抗举动，绝不是郁达夫笔下那些软弱苦闷、动不动就怪罪祖国的文弱书生所能为。他们的价值——如其还有的话，就表现在这一点上。在去箱根徒步游历、寻花问柳的途中，黄文汉遇上颟顸无礼、军国主义思想严重的日本陆军少尉中村清八。中村名为拜访，实际上是来炫耀"大日本"武力，鼓吹"日支共荣"（就是日本吞并中国）。中村的狂妄与傲慢，简直到了可笑的程度，居然说出这样的大话："若论实力，不是说夸口的话，像现在贵国这样子，除已在贵国的兵不计外，只再有十万兵，就是不才带领，贵国四百余州，也不出一年，必能奠定。"（第十四章）面对日本军官的挑衅，黄文汉不急不躁，先是装孙子，引其入彀，俟其马脚全部暴露后，突然翻脸，一篇长长的、理据充足的痛斥，把中村驳得哑口无言；尔后，黄文汉猛地跳起身，伸出手臂，横眉怒目，要与中村决斗。面对咄咄逼人的中国学子，中村只好赔礼道歉，无趣而退。这是黄文汉唯一的一次真正体现人格尊严、值得称赞的行为。然而在令人振奋之余，不免使人感到另一种悲哀：留日文学中有力度的"抗日"表现，并不是出自进步的创造社诸公之笔，而是出自不肖生这样的思想陈旧、游民气息浓重的文人之手。

黄文汉们的举动，在特定的历史处境中虽然值得称道，然而这种以暴抗暴、以牙还牙的行为，属于不得已而为之的行为，无条件地肯定，势必误导人的勇气，煽动非理性的仇恨。而从认识日本、知己知彼的角度看，其负面的影响也是很明显的。正是《留东外史》开了将日本人妖魔化的先河，日后中国的某些"抗战文学"正是它的延伸，产生了"猪头小队长""毛驴大队长""猫眼司令"那样的怪物，长期以来左右着中国民众对日本军人的想象。

尽管不肖生以如椽之笔，替饱受压迫的中国人舒了一口恶气，但另一方面，却使中国人看日本的眼光更加扭曲、片面、离奇，由此我们可以看到一种登峰造极的文化恶性互动：东瀛岛国特有的原始风情和宽松的两性道德，成了中国浪子放纵的渊薮；日本人的安分守己、遵纪守法，被看成"奴性"而加以利用；日本人的节俭，被当成"小气"而大加嘲弄；日本人无微不至的礼仪，被当作"虚伪"看待。其中最典型的，要数对日本的"情死"风俗的看法，周殿这样大放厥词："日本人之情死，我敢下个武断的评论，纯粹是因为两方面不得长久时间，以遂其兽欲之放肆。而相手方之男子，每居于身份不相称之地位，更时时顾虑其所垂青之女子，初心或有更变。盖社会制裁的力量，足以警惕偶为兽欲鼓动，不暇择配的女子，使其于良心上渐次发生羞恶。再双方苟合既久，女子的家庭无论有夫无夫，必发生相当妨碍，以阻遏女子此种不相应恋爱的长育。如是身分不相称的男子，欲保有神圣的恋爱，至死不变，就除了趁情女子恋奸情热的时候，威胁她同走情死这条路，没有第二条路可走。情死案，哪一件不是由男子逼着女子死的？哪一件是曾苟合了一年两年的？哪一个跟着情死的男子，是有财产身分的？都是对于自己的生活没有多大的希望，才肯为爱情牺牲生命。女子则一半是为男子威胁，一半是为褊狭的虚荣心所驱使，以情死为美人的好结局。因此日本才时有这种惨剧演出来。其行为不正当的不待说，我所以常说日本人没有真正的爱情，丈夫死了殉节的事，我在日本将近十年了，从没听人说过一次，像这么所谓情死的，倒数见不鲜了。"（续集第四十一章）这种批评完全是道学式、市侩式的。周撰自以为看破了一切，而最该看到的一面——日本人轻生死、重然诺的那一面，却没有、当然也不可能看到。

《留东外史》产生于中日关系最恶劣，中国人的精神最昏黑、最绝望的时期——这是我们解读这部小说务必记住的一点。作者在东京旅馆的"阴霾一室"起草这部小说时，是民国三年十二月十五日，也就是1914年的岁末，而小说第一部以"不肖生"的笔名由民权出版公司初版发行时，是1916年5月。这正是日本紧锣密鼓地向中国提出具有颠覆性的"二十一条"、企图吞并中国、中日两国关系急剧恶化的时期，同样也是中国有史以来政治最黑暗、社会最混乱、道德最堕落、"厚黑学"最猖獗的时期。历史学家范文澜指出："自从

1912 年袁世凯取得政权，一直到 1917 年五四运动以前，短短七年时间里，一切内忧外患都集中表现出来，比起过去七十年忧患的总和，只有过之而无不及。"孙中山在回顾这段历史时也这样写道："夫去一满洲之专制，转生出无数强盗之专制，其为毒之烈，较前尤甚。于是而民愈不聊生矣！溯夫吾党革命之初心，本以救国救种为志，欲出斯民于水火之中，而登之衽席之上也；今乃反令之陷水益深，蹈火益热，与革命初衷大相违背者……"《留东外史》以非常的方式回应了这个时代，不失为另一种意义上的"立此存照"。

就像作者以"不肖生"自命的那样，小说一上来就坦称"古人重隐恶而扬善，此书却绌善而崇恶"，将道德姿态尽量放低，既给自己的堕落铺好了台阶，又顺理成章地迎合了时风。这一切当然都离不开作者的"留学"经验。包天笑在为向恺然（即不肖生）作的传中这样写道："据说向君为留学而到日本，但并未进学校，却日事浪游，因此于日本伎寮下宿颇为娴熟，而日语亦工。留学之所得，仅写成这洋洋数十万言的《留东外史》而已。"这段话可以与小说开宗明义的自我陈述互相印证："不肖生自明治四十年即来此地……用着祖先遗物。说不读书，也曾进学堂，也曾毕过业；说是实心求学，一月有二十五日在花天酒地中。近年来，祖遗将罄，游兴亦阑，已渐渐有倦鸟思归故林之意，只是非鸦非凤地在日本住了几年，归得家去，一点儿成绩都没有，怎生对得住故乡父老呢？想了几日，就想出著这部书作敷衍塞责的法子来。"写什么呢？作者将留日的中国人分成四种，第一种是公费或自费实心留学的；第二种是经商的；第三种是既不留学也不经商，专门吃喝嫖赌的；第四种是二次革命失败后逃到日本的大大小小亡命客。作者称前两种人与自己"无笔墨缘"，因为他们"每日有一定的功课职业，不能自由行动"，而后两种人却有"种种风流趣话"和层出不穷的"丑事"供自己揭发："凡来这里的，多半有卷来的款项，人数较前清时又多了几倍。人数既多，就贤愚杂出，每日里丰衣足食。而初次来日本的，不解日语，又强欲出头领略各种新鲜滋味，或分赃起诉，或吃醋挥着拳，丑事层见报端，恶声时来耳里。"——如此的写作动机与兴趣，决定了《留东外史》的格调。包天笑说这部小说，"所写都是吾国留日学生的异闻艳迹。其中所述，有影射某人某事的，凡是日本老留学生，都能指陈其事"。民国文化史杂家郑逸梅也认为小说中的描写"十有九实"，可以证明这部小说有很强的纪实性的成分。可惜的是，由于玩世的心态和低级陈腐的趣味，这种"影射"并不能给人多少艺术上的真实感。

《留东外史》问世后，引起新文学界的猛烈抨击，鲁迅将这部小说斥为"嫖界指南"；周作人认为它"不诚实"，不是"艺术"作品。然而，这一切并不妨碍《留东外史》在世俗社会中引起巨大的轰动。小说一百六十章，分六集，附批语，历时十年出版。这个事实本身也在说明问题：一部现炒现卖的东瀛异域小说能够如此长久地畅销，显示着大众期待的满足程度，一只看不见的巨手——小市民琐屑的欲望与市场机制，左右着不肖生的如椽之笔；中国民众对"小日本"的奇异想象和激愤之情，通过《留东外史》得到了表达和宣泄，或者说，《留东外史》写出了中国民众希望看到的日本。由此看来，《留东外史》的写作不只是中国与日本的一次令人遗憾的互动，同样也是作者与读者沆瀣一气的结果：肉体生活、精神生活均不够健全的中国民众从这部小说里得到了一次"意淫"和"狂欢"的机会。而真实的日本及日本国民性的真相，却在这场"狂欢"中逃出了人们的视线。正如戴季陶在《日本论》中认为的那样：《留东外史》描写中国留学生和亡命客在东京的生活，这种对日本社会的观察在中国是非常普遍的，"我可以说，中国人对于日本的社会观察错误和判断错误是很普遍的，平江不肖生所描写的一部分社会，固然是社会的黑暗面，然而连黑暗面的观察也是很肤浅而且错误的。不过他的目的不在观察日本的社会，而在观察'中国人的日本社会'，我们也可以不必多事批评，只是晓得中国人对于日本的社会不留心研究便了"。

《留东外史》问世后，不仅在世俗社会，同样也在文学界产生了影响，甚至连刚出炉的新文学家、名噪一时的创造社大将张资平，也对不肖生的"写实"手腕佩服得五体投地，将此书当作箧中宝，时时观摩。郭沫若在《创造十年》里这样记述：1918年夏天张资平到福冈海滨度假，郭沫若当时正在福冈的九州帝国大学读书。在松林里散步时，郭与张意外相遇，两人聊了一通后，郭就随张到他的寓所。郭发现，六铺的草席上连矮桌也没有，只有一个藤手箧，手箧旁边散乱几本书。他顺手拿了一本看，是当时以淫书驰名的《留东外史》，就问张："你怎么在看这样的书？"张回答："怎么，不好吗？我觉得那写实的手腕不坏啦。"后来到郭沫若家，见老郭有一个日本老婆，张就用中国话对他说："你把材料提供给我，我好写一部《留东外史》的续篇。"此后在滕固、崔万秋、刘呐鸥、叶灵凤等人的相关题材作品里，都有与《留东外史》一脉相承的地方。最有意思的是，留法学了春随（陈登恪）竟然模仿《留东外史》，作了一部《留西外史》，写了留法学子的种种无聊事情，从描写的规模和笔力上看，却是小巫见大巫。而老舍写《二马》时，则时时提醒自己不要将小说中的爱情描写弄成《留东外史》一类的东西，从反面证明了《留东外史》的影响力。

半个世纪后，随着改革开放的到来，留日狂潮再度兴起，格调类似的《上海人在东京》（樊祥达）、《东京有个绿太阳》（蒋濮）相继出现，在描写留日生活的阴暗面上，给人一种似曾相识的印象。历史似乎又开始了新一圈的轮回。看来，只要中日两国的关系不能真正的正常化，这种负性的文化互动大概永远不会结束。

设计中国现代文学

——胡适文学革命的异域文化背景

　　1917 年新年伊始，尚在美国留学的胡适在《新青年》杂志上发表《文学改良刍议》，在国内引发了一场文学革命的狂飙，延续数千年的中国古典文学至此宣告寿终正寝，中国现代文学拉开序幕。以此为开端，中国文化由传统向现代转型的工程全面启动，胡适理所当然地成为这场新文化运动的领军人物。

　　胡适能够扮演中国现代文学旗手的角色，一方面固然是时势使然：鸦片战争之后，中国面临三千年未有之变局，随着西力东侵，一系列丧权辱国事变的发生，中国文化思想界涌动着强烈的变革的脉息，经历过七十年的挫折与失败，终于由"中体西用"转向"全盘西化"；正是这样的背景，使胡适成为那个时代的筚路蓝缕的人物。然而另一方面，个人的资质和机遇也同样重要，胡适是一个天资聪颖、理性清明的人，除了缺少一点艺术细胞，没有什么别的值得遗憾的地方。一个缺乏艺术细胞的人，成了新文学的开路先锋，这听起来似乎有点不可思议，其实很正常，唯其艺术细胞匮乏，对中国旧文学的独特魅力体悟不深，崇拜不够，才不受它的束缚，革起它的命来才容易；而丰沛的理性，更为胡适此举的成功提供了有利的条件。这是一个人神共怒、热血沸腾的时代，情感比理智旺盛，冲动代替冷静，在这种背景下，胡适的理性显得格外难得而弥足珍贵。得力于这种理性，胡适在喧哗扰攘的现实中保持着罕见的定力，按部就班地完成了历史赋予自己的使命。这一切，当然都离不开留美七年对他的历练。

　　1910 年 9 月初，胡适作为第二批庚子赔款留学生的一员到达美国新大陆，入东部纽约州绮色佳（Ithaca，今译伊萨卡）城的康奈尔大学农学院。其时胡适还不满十九周岁，第一次远离祖国，来到人生地不熟的异域，心情可想而知。在学校的宿舍安顿下来，转眼就是中国传统的重阳节，面对满眼异国秋深的景象，一种孤独感油然而生，胡适写下一首缠绵伤感的《重九词》："霜染寒林，风摧败叶，天涯第一重九。登临山径曲，听万壑松涛惊吼。山前山后，更何处能寻黄花茱酒？沉吟久，溪桥归晚，夕阳遥岫。　　应念鲈脍莼羹，只季鹰羁旅，此言终负。故园三万里，但梦里桑麻柔茂。最难回首，愿丁令归来，河山如旧！今何有？倚楼游子，泪痕盈袖。"

　　然而，胡适的孤独与惶惑很快就得到消解，这不能不归功于新大陆主人们为中国学子精心设计的情感工程。晚年胡适在《胡适口述自传》中这样回忆——

　　抵美之后，这批留学生乃由有远见的美国人士如北美基督教青年协会主席约翰·穆德（John R. Mott）等人加以接待……像穆德这样的美国人，他们深知这样做实在是给予美国最大的机会来告诉中国留学生，受美国教育的地方不限于课堂、实验室和图书馆等处，更重要的和更基本的还是在美国生活方式和文化方面去深入体会。因而通过这个协会，他们号召美国各地其他的基督教领袖和基督教家庭，也以同样方式接待中国留学生，让他们知道美国基督教家庭的家庭生活的实际状况，也让中国留学生接触美国社会中最善良的男女，使中国留学生了解在美国基督教整体中的美国家庭生活与德性。这便是他们号召的目标之所在。许多基督教家庭应此号召，这对我们当时的中国留学生实在是获益匪浅。

在绮色佳地区康奈尔大学附近的基督教家庭——包括许多当地士绅和康大教职员——都接待中国留学生。他们组织了许多非正式的组织来招待我们，他们也组织了很多的圣经班。假若中国留学生有此需要和宗教情绪的话，他们也帮助和介绍中国留学生加入他们的教会。因此在绮色佳城区和康奈尔校园附近也是我生平第一次与美国家庭发生亲密的接触。对于一个外国学生来说，这是一种极其难得的机会，能领略和享受美国家庭、教育，特别是康大校园内知名的教授、学者们的温情和招待。

这段叙述告诉我们，胡适一到美国就受到了这个国家中最优秀、最善良、最有教养的人士的最好的待遇。这种历史性的侥幸对胡适来说无疑是重要的，它基本上锁定了胡适观察美国、认识美国的眼光和态度，胡适日后成为坚定的"亲美派"，与这种最初的体验是分不开的。一部《胡适留学日记》给我们留下了翔实的证词，它记录了作者的异域生活体验，内容丰富多彩，五花八门，从教堂婚礼、圣诞弥撒、郊外野餐、大学田径运动会、毕业典礼、木尔门教、教授的博学，到美国总统大选、绮色佳公民听证会、女权主义大游行……应有尽有。尽管作者一开始处处以"中国人的眼光"解读美国，中西方两种文化在胡适内心博弈过程中实际上已分出高低：面对尼亚加拉大瀑布庄严雄伟的气象，胡适顿觉唐诗"一条界破"说法的语酸可嗤；读美国的《独立宣言》，胡适认为："一字一句皆扪之有棱，且处处为民请命，义正词严，真千古至文。吾国陈、骆何足语此！"去剧院看《哈姆雷特》，胡适在赞赏的同时，对中国戏剧提出种种非议，甚至发这样外行的议论："吾国之唱剧亦最无理。即如《空城计》岂有兵临城下尚缓步高唱之理？"其中最能说明问题的，是胡适对美式足球态度的变化，正如他后来回忆的那样——

我到美国入大学校后，第一次去看我们大学和别的大学的足球竞争。入场券卖每人美金二元，但看的人竟有几千人之多。每到紧要关头，几千人同声喊本校的"呼声"（yull）以鼓舞场中的武士。有受伤的球员，扶下场时，大众也喊着"呼声"祝贺他，安慰他。我第一次观场，看见那野蛮的奋斗，听着那震耳的"呼声"，实在不惯；心里常想：这真是罗马时代的角抵和斗牛的遗风，很不人道的。

但是场中叫喊的人，不但是少年男女，还有许多白发的老教授——我的植物教习罗里教授就坐在我的附近——也拼命在喊着助威的"呼声"！我心里更不明白了！

但是我以后还去看过几次，看到第三次，我也不知不觉地站起来，跟着我们的同学拼命的喊那助威的"呼声"！

难道我被那野蛮的遗风同化了吗？不是的。我渐渐把我从中国带去的"老人意态"丢开了；我也变少年了！

与一般留学生不同，胡适不是以局外人，而是以主人翁的心态参与到异域生活中去的。《胡适留学日记》记述了1912年、1916年两次美国大选的盛况和作者的兴奋忙碌。在1912年11月5日的日记里作者这样写道："今日为美国选举日期，夜入市观之，此间有报馆两家，俱用电光影灯射光粉墙上，以报告各邦各州选举之结果，惟所得殊不完备。市上观者甚众，每一报告出，辄欢呼如雷。以大势观之，似民主党胜也。其附威尔逊者，则结袂连裾成一队，挟乐器绕行市上，哗呼之声，与乐歌相答，其热心政事可念也。来者亦多妇人，倚墙而立，历数时不去，夜渐深始陆续归去，然留者仍不少。闻确切效果，须明晨或上午始可见之也。"在同年10月30日的日记中，胡适记述了由他发起的在世界学生会餐厅内举行的"模拟投票"，记录了美、中、巴西、菲律宾、暹罗、南非、埃及等十三国五十三位学生对罗斯福（进步党）、威尔逊（民主党）、塔夫脱（共和党）和德卜（社会党）四位候选人的投票结果，还做了认真的分析：中国人的票集中于威尔逊、罗斯福，还有德卜，而无人选塔夫脱，表明了急进的人心趋向；南美洲（如巴西）都选威尔逊而不选罗斯福是由于罗斯福曾粗暴干涉南美事务，逼人太甚；菲律宾争选威尔逊是因为民主党的纲政允许菲律宾八年以后独立。颇令胡适失望的是，两名中国留学生居然将罗斯福的名字写错，他这样感叹道："罗氏为世界一大怪杰，吾人留学是邦，乃不能举其名，此又可见吾国人不留心觇国之事，真可耻也。"胡适后来这样解释自己的行为："余每居一地，辄视其地方之政治社会事业如吾乡之政治社会事业……盖吾人所居，即是吾人之社会，其地方之公益事业，皆足供吾人研究。若不自认为此社会之一分子，决不能知其中人士之观察点，即有所见及，终皮毛耳。若自认为其中之一人，以其人之事业利害，认为吾之事业利害，则观察之点既同，观察之结果自更亲切矣。且此种阅历，可养成一种留心公益事业之习惯，今人身居一地，乃视其地之利害得失若不相关，则其人他日归国，岂遽尔便能热心于其一乡一邑之利害得失乎？"可见，胡适是以一位现代的"世界公民"心态观察美国的，这种"世界公民"既热爱祖国，又热爱人类。

对胡适的亲美，唐德刚曾这样解释："胡先生那一辈的留美学生，可以说全是中国士大夫里少爷小姐出身的。他们漂洋过海，又钻进美国 WASP（指美国社会中有新教背景享有特权的白人）的社会里来，心理上，生活上，真是如鱼得水，一拍即合。但是这个 WASP 的社会比他们原有的腐败落伍的士大夫生活要合情合理得多；换言之，也就是'现代化'得多了。见贤思齐，他们难免就自惭形秽。"这种阶级分析法有一定道理，中国的封建士大夫与欧美的资产阶级绅士确实有种天然的亲和力，然而，这中间毕竟隔着种族、国家与文化的鸿沟，因此不能做简单化的理解。事实上，当时中国学子对美国的心态是复杂的，在中国学子眼里它既是学习的榜样又是痛恨的对象，既是天堂又是地狱，这与西方列强既是老师又是强盗的双重角色完全一致。客观分析起来，心性偏柔的中国书香子弟留学海外，注定要遭遇三种压力：一是种族歧视，二是现代性压迫，三是文化差异。这三种压力各有不同的内涵，却紧密联系，呈现出复杂的互动状态，由此必然派生出一种异常的"弱国子民"心态，或者激进的"反帝"心态，从梅光迪、闻一多、梁实秋、朱湘、张闻天等人的留美书信及相关的文章中，可以充分领略这一点。且不说张闻天这样的自费赴美，不得不靠打工艰难度日思想激进的愤青，对美国的态度完全是居高临下批判式的，即使与胡适同样享受着"庚款"开洋荤的梅光迪、闻一多、梁实秋、朱湘，对美国同样充满戒心，差不多与胡适同时留美的梅光迪在给胡适的信中就这样诉苦："此间人中下社会，对于吾辈甚加侮慢，上等人外面尚好。迪以为吾辈在此尤行荆棘中，跬步皆须小心。盖吾辈一举一动，彼等皆极注意。一有不慎，贻为口实，真毫无乐处也。"闻一多尚未到美国，就开始了对美国的妖魔化想象，在航海途中写下一首悲苦的《孤雁》，将美国比作一片弱肉强食的机械的丛林，一个由"鸷悍的霸王"——鹰统治的领土；他还有一段著名的家书，也颇能证明此中情形："且美利加非我能久留之地也，一个有思想之中国青年留居美国之滋味，非笔墨所能形容。俟后年年底我归家度岁时当与家人围炉絮语，痛哭流涕，以泄余之积愤。"甚至连性情平和的梁实秋也写过怒发冲冠的作品，或抨击美国警察对中国学子的欺凌，或感叹"咸水鱼投在淡水里，如何能活"的异域生活悲哀，在晚年的回忆录里还特别提到大学毕业典礼时美国女生拒绝与中国男生结对，六名中国男生只好自行结对前行的屈辱。

由此看来，胡适对美国的感情显得太"另类"了，这不能不归于个人气质和教养。胡适本是一个内心明朗、具有圣贤气度的人，从小就受宋代程朱理学的熏陶，这样的人不可能小家子气，也是不会将世界看得太黑暗、太无望的。正是得力于这种心理素质，胡适日后才会成为一个"不可救药的乐观主义者"，更何况，美国当时确实是世界上可能有的最好的国家，它对胡适的"淑世主义"有直接的催化之功。值得一提的是，胡适四岁丧父，由母亲含辛茹苦、忍辱负重监督培养成人，懂事起就逢灾难频仍、国是日非的乱世，这样的人生经历是很容易养成悲观的性格的，也确实在一定程度上影响了胡适的性格，使他一度沉沦。就在留学前一年的除夕，胡适还写过一首悲凉的《岁暮杂感》——

　　客里残年尽，严寒透画帘。霜浓欺日淡，裘敝苦风尖。壮志随年去，乡思逐岁添。不堪频看镜，颔下已鬞鬞。

　　可见，是美洲新大陆明媚的阳光，自由女神头上的火炬，驱散了胡适心头的阴霾，使他复归为一个精神朗健的人，对此胡适怎能不心存感激？在1914年1月29日的日记中，胡适这样写道："近来吾与友朋书，每以'乐观'相勉，自信去国数年所得，惟此一大观念足齿数耳。"这种乐观主义甚至可以改变胡适的审美情趣。同年5月31日的日记里，胡适记录了春色撩人，按捺不住窥园的美妙心情，其中这样写道："吾向不知春之可爱，吾爱秋甚于春也。今年忽而爱春日甚笃，觉春亦甚厚我，一景一物，无不怡悦神性，岂吾前些枯寂冷淡之心肠，遂为吾乐观主义所热耶？"1915年秋，胡适以优异的成绩完成康奈尔大学的学业，转学哥伦比亚大学。在离开绮色佳之前，面对康奈尔大学校园熟悉的景色，胡适心潮起伏，感激之情油然而生，在日记中这样写道："吾尝谓绮色佳为'第二故乡'，今当别离，乃知绮之于我，虽第一故乡又何以过之？……此五年之岁月，在吾生为最有关系之时代。其间所交朋友，所受待遇，所结人士，所得感遇，所得阅历，所求学问，皆吾所自为，与自外来之梓桑观念不可同日而语。其影响于将来之实行，亦当较儿时阅历更大。其尤可念者，则绮之人士初不以外人待余。余之于绮，虽无市民之关系，而得与闻其政事，俗尚，宗教，教育之得失，故余自视如绮之一分子矣。今当去此，能无恋恋？昔人桑下三宿尚且有情，况五年之久乎？"这段剖白，将美国文化独特的魅力及其与胡适之间的默契表达得淋漓尽致。

　　当然，对胡适心境的转变，"弃农从文"也是重要因素之一。胡适一开始入的是康奈尔大学的农学院，当初选择这个专业，完全是与二哥的主张妥协的结果。胡适出身于仕宦家庭，从小饱读诗书典籍，与农学素无渊源，也没有什么兴趣。学了三个学期之后，他不惜经济上的重大牺牲，当机立断转入同校的文理学院，改学文科，此举的契机，就是胡适后来在讲演中经常提起的"果树学实习"。事情是这样的：实习时，每个学生分到三四十个苹果，要求根据一本培育学指南上所列举的项目，把这些苹果加以分类，如苹果的大小，果上棱角和圆形的特征，果皮的颜色，切开后所测出的果肉的韧度和酸甜的尝试，肥瘦的记录，等等。这种分类对于美国学生来说太容易了，因为他们对各种苹果早已成竹在胸，按表分类，一望而知，甚至无须把苹果切开，尝其滋味，而只要翻开索引或指南表格，把三十几个苹果的学名一一填进去，花二三十分钟的时间，实验就做完了。然后挑几个苹果塞入大衣口袋，便扬长而去。然而对于那些对美国苹果素无认识的中国学生来说，这种实验太难了，费尽力气，还是错误百出，成绩很差。由此胡适开始反省——

　　我勉力农学，是否已经铸成大错？我对这些课程基本上没有兴趣；而我早年所学，对这些课程也派不到丝毫用场，它与我自信有天分有兴趣的各方面，也背道而驰。

　　我那时很年轻，记忆力又好。考试前夕，努力学习，我对这些苹果还是可以勉强分类和应付考试的；但是我深知考试之后，不出三两天——至多一周，我会把那些当时有四百多种苹果的分类，还是要忘得一干二净。我们中国，实际也没有那么多种苹果。所以我认为学农实在违背我个人的兴趣。勉强去学，对我来说实在是浪费，甚至愚蠢。

今天看来，胡适的"弃农从文"对中国现代文化是一件绝大的事情，假如没有这一专业转向，中国在多一个优秀的农学家的同时，岂不是会失去一个杰出的思想家和文化思想的开路人？当时梅光迪，也就是后来成为胡适论敌的留美同人，就敏锐地预感到：胡适的转向文科是"吾国学术史上的一大关键"。胡适后来在公开讲演中，也常以此事为例，告诫青年对自己的学习前途的选择，千万不要以社会时尚或社会国家之需要为标准，而应该以他们的兴趣和禀赋作为选择的标准。

然而对胡适的弃农从文，我们不能太拘泥于"人才学"的角度，对于这样一个抱负远大、有圣贤气质的通才来说，成为某一行的专家肯定不能满足他。胡适固然不甘心做一个农学家，同样也不会甘心当一名单纯的人文学家，正如他在《胡适口述自传》中讲到康奈尔大学时代所说的那样："我既然在大学结业时修毕在三个不同部门里的三个不同的'程序'，这一事实也说明我在以后的岁月中所发展出来的文化生命。有时我自称为历史家，有时又自称思想史家。但我从未自称是哲学家，或者其他各行的什么专家。今天我几乎是六十六岁半的人了，我仍然不知道我主修何科；但是我从来没有认为这是一件憾事！"这番话包含着哲人的自负，也是恰如其分的自我评价。留学时代的胡适给自己的定位，就是"他日为国人导师"，在当时的历史条件下，只有那种学贯中西，能将西方文化的精华摆渡到中国本土的通儒巨子才堪担当，胡适无疑是最合适的人选。其实在1914年发表的著名长文《非留学篇》中，胡适已将这种抱负表露无遗。文章在抨击现行留学制度种种弊端的同时，对留学制度的改良，对中国现代高等教育体制的建设提出了全面的构想和规划，作者高瞻远瞩地指出："新旧二文明之相隔，乃如汪洋大海，渺不可渡。留学者，过渡之舟楫也。留学生者，篙师也，舵工也。乘风而来，张帆而渡。及于彼岸，乃采三山之神药，乞医国之金丹，然后扬帆而归，载宝而返。其责任所在，将令携来甘露，遍洒神州；海外灵芝，遍栽祖国；以他人之所长，补我所不足。庶令吾国古文明，得新生机而益发扬张大，为神州造一新旧混合之新文明。"这已是当仁不让的"国人导师"的气魄。

康奈尔五年，胡适在学问上打下了坚实的基础，到后期已处蓄势待发状态；转学哥伦比亚大学哲学系之后，胡适的学术能量不可遏制地爆发出来，这不能不归功于恩师杜威的实验主义哲学的引领。

说起胡适与杜威的关系，还有一段小插曲。其实，胡适在投拜杜威门下之前，对这位实验主义大师心仪已久，而这应归功于康奈尔大学那批思想保守的哲学教授。胡适在康奈尔大学主修哲学，康大哲学系基本上被新唯心主义所占据，其基本思想是由黑格尔哲学中流变出来的，他们动不动就拿实验主义当靶子，杜威是他们的主要批判对象之一。就在聆听批杜的讨论和为了参加批杜的讨论而阅读杜派著作的过程中，胡适对杜威和实验主义哲学发生了浓厚兴趣。1915年暑假在对实验主义做了一番有系统的研究之后，胡适决定转学哥伦比亚大学，杜威就在这所大学执教。

在当时五花八门的西方哲学流派中，胡适对实验主义情有独钟，而在实验主义诸大师中，又最心仪杜威，这不是没有原因的。"实验主义"是 19 世纪自然科学高度发展背景下产生的一种哲学，与此前的一切哲学思想最大的不同是，它突破了神学和玄学不证自明的认识前提——上帝与绝对真理，以历史的方法和实验的方式认识事物，强调事物的因果联系，从具体的事实和境地入手，将一切学理、主义和知识都看作假设，看作都必须通过实验检验的对象，强调实验是检验真理的唯一标准。因此，实验主义不是一种具体的"主义"，而是一种方法，在淑世的前提下，寻求一种最合理的、最符合实际的解决问题的方法。这种理性务实的思维方式非常对胡适的胃口，胡适从小就在程朱理学"格物致知"的学术氛围中熏陶成长，这一知识背景决定了他与实验主义的亲缘性。至于对杜威的格外心仪，胡适后来这样解释："他对我之所以具有那样的吸引力，可能是因为他是那些实验主义大师之中，对宗教的看法是比较最具理性化的了。杜威对威廉·詹姆士的批评甚为严厉。老实说我也不喜欢詹氏的名著《信仰的意志》。我本人就是缺少这种'信仰的意志'的众生之一；所以我对杜威的多谈科学少谈宗教的更接近'机具主义'的思想方式比较有兴趣。"

杜威对于胡适的最大价值，是理性的淑世主义的确立，正如胡适指出的那样："实验主义只承认那一点一滴的进步——步步有智慧的指导，步步有自动的实验——才是真进步。"历史已经证明，这种方法是值得信赖的。经过实验主义的洗礼，胡适对中国的问题有了更加清醒的认识。在 1916 年 1 月 11 日致女友韦莲司的信中他这样表示：中国欲通向开明而有效的政治，没有捷径可走，如果缺乏"必要的先决条件"，无论君主制还是共和制都不能救中国，吾辈的职责在于准备这些必要的先决条件，即"造新因"，胡适进而发出这样的惊世骇俗之论："和持君主论之吾友相比，吾准备走得更远。吾甚至不让一个外国征服者，来转移吾'造新因'之注意力。更不用说目前的一点小动了！"同年1月25日致许怡荪的信中，胡适对此有更具体的阐述——

　　……适近来劝人，不但勿以帝制撄心，即外患亡国亦不足顾虑。倘祖国有不能亡之资，则祖国决不致亡。倘其无之，则吾辈今日纷纷，亦不能阻其不亡。不如打定主意，从根本下手，为祖国造能不亡之因，庶几犹有虽亡而终存之一日耳。

　　……适以为今日造因之道，首在树人；树人之道，端赖教育。故适近来别无奢望，但求归国后能以一张苦口，一支秃笔，从事于社会教育，以为百年树人之计：如是而已。

　　……明知树人乃最迂远之图。然近来洞见国事与天下事均非捷径所能为功。七年之病当求三年之艾。倘以三年之艾为迂远而不为，则终亦必亡而已矣。……

　　胡适的"树人"，令人想起鲁迅的"立人"，可谓英雄所见略同，他们都反对那种浮皮潦草、换汤不换药的所谓改革，主张从根本做起，医治中国文化的痼疾。然而，鲁迅主张的，是以摩罗诗人振聋发聩的诗篇当头棒喝，唤醒国人麻痹的灵魂，类似"灵魂深处爆发革命"，是精神的突变；而胡适主张的，则是持之以恒的教育，一点一滴的改善，循序渐进的提高，因为他认识到，这是一个极其缓慢的无法省略的过程，正是出于这种认识，胡适对革命持保留意见。同年1月31日致H. S.威廉斯教授的信中他这样写道："吾并非指责革命，因为，吾相信，这也是人类进化之一必经阶段。可是，吾不赞成早熟之革命，因为，它通常是徒劳的，因而是一事无成的。中国有句古话，叫'瓜熟蒂落'。果子还未熟，即去采摘，只会弄坏果子。"

　　然而政治上对革命持保留态度的胡适，在文学上率先举起了革命的义旗。在留美的最后两年里，胡适对中国文字／文学的问题做了深入的研究和思考，在欧洲各国文学发展历史的启发下，在与留美学子梅光迪、任叔永、杨杏佛切磋辩驳的激发下，胡适形成了系统的看法，后来结晶为《文学改良刍议》一文。与此前或同时期的各种主张文学革命的文章不同，它没有空洞的主义和慷慨激昂的口号，开门见山，提出八条改良中国文学的主张：一、须言之有物；二、不摹仿古人；三、须讲求文法；四、不作无病之呻吟；五、务去陈词滥调；六、不用典；七、不讲对仗；八、不避俗字俗语，然后逐条解释。此文论述虽然温和而平实，却有很强的颠覆性，发表后引起保守派人士的强烈反对和质疑。今天看来，这八条主张带有极强的策略性，并且条条针对当时旧文学创作实际中的负面而发，如果就中国文学的特殊规律而言，就文学论文学，其实大有商榷的余地。比如其中第一、四、五条，就颇有"欲加之罪，何患无辞"的味道，这三种毛病并非旧文学独有，新文学中同样存在，可以说古今中外一切文学中皆存在；第二、三、七、八条撼动中国旧文学的根本，中国旧文学向来从摹仿入手，在摹仿的基础上创新；说文言不讲文法亦不对，文言有自己的文法，而且是一种更加灵活、层次更高的文法；不讲对仗，意味着主动放弃汉语特有的句法音韵之美，从艺术的角度看，颇有釜底抽薪之势；而不用典，那是根本做不到的事，连胡适自己都不得不用很多话来解释。争议最小的是第八条，然而"俗字俗语"在旧文学中早就有人用，并非胡适首创。

　　然而，这丝毫也不能损害《文学改良刍议》的巨大价值。历史发展到这个生死攸关的坎儿，"新"与"旧"的问题变得头等重要，刻不容缓，"好"与"坏"的问题变得次要，可有可无；旧文学再好，在一个民族生死存亡的紧急关头不能起积极的护佑作用，要它作甚？生存高于文化。鲁迅当年说得斩钉截铁：国粹不能保存我们，我们凭什么保存国粹？确实，皮之不存，毛将焉附？"好"与"坏"的问题，只有到"新"与"旧"的问题解决之后，才能提上议事日程。这一切，胡适当时未必清楚地意识到，他只是认真地做着这项开天辟地的工作，这其中，艺术细胞的匮乏应当说帮了他不小的忙，使他毫无心理负担地对旧文学下手术刀。平心而论，《文学改良刍议》与当时那些情绪化的、大而化之的文学革命论比起来，要实在得多，也理智得多：貌似平实的论述中，包含着严密的学理和全新的知识背景；摆脱了根深蒂固的"中体西用"思维方式，在世界文学的坐标中衡量固有的中国文学，设计未来的中国文学；将一部中国文学史，大胆地假设为"中国文学工具变迁史"，由此确立了白话文学在中国文学史上的正宗地位；由于"八事"条条针对旧文学的负面而发，具体而可操作，首先在游戏规则上杜绝了旧文学再生产的可能，为新文学的登场扫清了道路。这一切，不能不归功于胡适在美国留学所受的实验主义的思维训练。

　　"如今我们已回来，你们请看分晓吧。"这是胡适回国之前在日记中抄录的英国宗教改革运动领袖诺尔曼曾经抄录的《荷马史诗》中的一句名言，将它视作"吾辈留学生的先锋旗"。带着这样的自负与自信，胡适回到了阔别七年的祖国。令人遗憾的是，由于复杂的历史原因，中国社会没有按照他的理想蓝图循序渐进地发展，而是在激进的道路上勇往直前。然而，历史尘埃落定之后，蓦然回首，人们发现胡适的身影仍然巍然屹立；在中国现代文化史上，这是一座绕不过去的山。

纵情的极限
——《凤凰涅槃》诞生始末

　　1919 年与 1920 年之交，无论对郭沫若本人，还是对中国现代文学史，都有极为重要的意义。受五四运动和惠特曼诗风的激荡，一连串诗篇从郭沫若胸中喷薄而出，在中国诗坛猛烈爆发，宛如横空出世，气势之大仅从标题就可看出："立在地球边上放号""天狗""匪徒颂""凤凰涅槃""地球，我的母亲"……第一人称的"我"，赫然飞舞的惊叹号，感叹词"呀""哟"，充塞于字里行间。它们不仅与温柔敦厚的中国传统诗歌截然不同，与正在嬗变中的中国新诗也大相径庭。时过境迁，近百年之后重读这些诗篇，人们依然感到惊异，比如《天狗》："我是一条天狗呀！／我把月来吞了，／我把日来吞了，／我把一切的星球来吞了，／我把宇宙来吞了。／我便是我了！……"这是何等的气魄，何等的放纵，何等的疯狂！这样的作品不仅中国诗歌史上前所未有，即使在世界诗歌史上也很难找到。它们的出现，使步履蹒跚的中国新诗革新运动突然加快了节奏。不久这些作品以《女神》名结集出版，郭沫若在中国现代文学史上首席诗人的地位一举奠定。

其时，郭沫若正在日本留学，是九州帝国大学医学部的二年级学生。这是郭沫若留日的第七个头年，从中国现代留学生写作的角度看，这是水到渠成、开花结果的时节。差不多经历了同样长时间的异域生活和东西方文化的激荡，鲁迅写出了《摩罗诗力说》、胡适写出了《文学改良刍议》这两篇革新中国传统文化的纲领性文件。不过具体到郭沫若，情况还是很不同。如果说《摩罗诗力说》《文学改良刍议》是经过长时间冷静思考的产物的话，那么《女神》就是苦闷压抑之下的激情喷射。读着这些奇异的诗篇，人们不禁会问：究竟是什么，使郭沫若的留学"七年之痒"以如此的方式释放？

郭沫若有一段自我剖白，可供参考——

我是一个偏于主观的人，我的朋友每向我如是说，我自己也承认。我自己觉得我的想象力实在比我的观察力强。我自幼便嗜好文学，所以我便借文学来以鸣我的存在，在文学之中更借了诗歌的这只芦笛。

我又是一个冲动性的人，我的朋友每向我如是说，我自己也承认。我回顾我所走过了的半生行路，都是一任我自己的冲动在那里奔驰；我便作起诗来，也任我一己的冲动在那里跳跃。我在一有冲动的时候，就好像一匹奔马，我在冲动窒息了的时候，又好像一只死了的河豚。所以我这种人意志是薄弱的，要叫我胜劳耐剧，做些伟大的事业出来，我没有那种野心，我也没有那种能力。(《论国内的评坛及我对于创作上的态度》)

这段自白告诉人们三点：第一，郭沫若是个偏于主观的诗人，

想象力胜于观察力；第二，郭沫若属于冲动型的性格；第三，这种
人意志薄弱，不能胜劳耐剧，难以做出伟大的事业。联系郭沫若的
人生实际，平心而论，前两点说得都到位，第三点则需做一点辨析。
众所周知，郭沫若是一个抱负远大、领袖欲强的人，如此低调地称
自己没有"做些伟大的事业"的"野心"和"能力"，似乎有点言不
由衷。但考虑到郭沫若当时只是文坛新秀，一位前途未卜的留日医
科学生，他肯定没有想到日后能成如此大的气候，这或许是他自谦
的原因吧。不过细细琢磨这番话，仍能给人某种启示，诚如作者所
言：冲动性的人意志薄弱，不能胜劳耐剧，如果在此基础上引申一
下，那就是：冲动性的人往往感性大于理性，缺乏深邃的思想和定
力，具体到郭沫若，只消将"胜劳耐剧"四字改成"持之以恒"，就
很到位了。联系郭沫若一生思想意识与行动表现的摇摆多变、自相
矛盾，不能不令人叹其中肯。

一

1913 年 12 月 28 日，郭沫若怀着背水一战的决心踏上了东瀛
之旅，说背水一战，包含两层意思：其一，郭沫若随身携带的生活
费——长兄给的一根重六两的金条，换成日币后只够在日本生活半
年，这意味着，郭沫若必须在半年之内考上官费学校，否则只有打
道回府，回到他厌倦不堪的祖国；其二，为了能够到日本留学，郭
沫若放弃了刚刚考上的国立官费学校——天津军医学校，为此受到
长兄责备。正是在这样的压力之下，郭沫若临别前暗暗发誓："我此
去如于半年之内考不上官费学校，我要跳进东海里去淹死，我没有
面目再和大哥见面。"（《初出夔门》）

　　取道中国的东北，路经朝鲜，经过两周的辗转，郭沫若于1914年1月13日到达东京，他的人生翻开了新的一页。当时中国与日本有官方协议，五所日本国立学校招收中国学生（它们是东京第一高等学校、东京高等师范学校、东京高等工业学校、千叶第一医学专门学校、山口高等商业学校），凡是考上的中国学生均由中国政府发给官费。于是，这五所学校便成为中国留学生鲤鱼跳龙门的竞争目标。由于报考的人太多，难度之大可想而知，有的人考了八九年也没成功，因此要在半年之内考上，听上去就像天方夜谭。然而，郭沫若创造了奇迹。1914年7月，郭沫若考上东京第一高等学校的预科。这一年报考该校的中国学生近千人，录取者仅四十余人，在医科正取的十一名中，郭沫若名列第七。郭沫若出国之前没有正经学过日语，能在如此短的时间内考上日本一高预科，证明了他的天才与毅力。这是郭沫若人生道路上极为重要的一步，也是他终生引以为自豪的一件事，后来郭沫若这样回忆："考入了一高的特设豫科，我立刻享受着官费，我于是仅在半年间因成绩优等而为官费生，这实在是一件顶使人愉快不过的事。在我的一生中，仅这一时期为我处女的快乐。"（《自然底追怀》）

　　一高预科是为中国学生特设的一个班，为期一年，主要补习日语，考试合格后再分配到各个高等学校去，和日本学生一起上课。日本的学校从高等学校起就开始分科，一高预科也不例外，它分文科、理工科和医科三个班，郭沫若选择了医科。

　　郭沫若此举令人纳闷：不久前刚放弃国立天津军医学校的入学资格，到了日本何以又选择医学？其实这并不难解释，此一时，彼一时也。郭沫若当初投考天津军医学校，并非出于对医学的爱好，而是想逃离令人郁闷的故乡四川，而最重要的是，郭沫若对包括医学在内的当时国内的教育全不抱希望，一心只想远走高飞。来到日本后，形势大不相同，郭沫若必须掌握一门安身立命的专业，学有所成，否则无颜见江东父老。由于从小就受"富国强兵""实业救国"思潮的影响，又厌恶法政，也轻视一向喜欢的文学，再加上不擅长数学，实业与医学于是成为他的首选。在1914年3月14日的家书中，郭沫若这样表示："男来东留学，志在实业及医学两途。"同年6月，郭沫若报考东京高等工业学校失利，就剩下学医一途。在1914年9月6日的家书中，郭沫若这样写道："男现立志学医，无复他顾，以医学一道，近日颇为重要。在外国人之研究此科者，非聪明人不能成功，且本技艺之事，学成可不靠人，自可有用也。"这表明，郭沫若选择医学，既不是出于对专业的爱好，也不是出于救死扶伤的崇高理想（如鲁迅），而是谋生的需要。关于这一点，郭沫若后来有清楚的解释——

　　我自己在小时本来就喜欢念诗，因为母亲爱从口头教我们暗诵唐宋诗人的五绝、七绝。在国内中学肄业的几年间，科学方面的教员们通是些青黄不接的资料，不能够唤起科学上的兴趣，我自己也就只好在古诗、古学里面消磨。这不幸的几年间，构成了我日后的一个怎么也难克服的文学倾向。

　　我初到日本来时，是决心把这个倾向克服的。二三十年前的青少年差不多每一个人都可以说是国家主义者，那时的口号是"富国强兵"。稍有志趣的人，都是想学些实际的学问来把国家强盛起来，因而对于文学有一种普遍的厌弃。我自己是在这种潮流之下逼着出了乡关，出了国门，虽然有倾向于文艺的素质，却存心要克服它。这就是我所以要学医的原故。受着时代潮流的影响，既厌弃文学，同时又厌弃法政经济之类的学科，而自己的科学上的基本知识却没有坚实的根底，对于数学尤其有点畏难，所以避开了理工科，而拣取了这条学医的折衷路径。(《创造十年》)

　　郭沫若当时并没有意识到，自己已经掉入了一个陷阱。五年前，还是在四川的嘉定中学读书时，他患过一次严重的伤寒症，落下了重听耳鸣的后遗症，高烧损害了耳膜，其症状，据本人形容，就是"不痛不痒，只是带翁翁作蚊鸣，不能听远察微"。这种病对于一般人也许无关紧要，对于一个学医、将来准备行医的人却是致命的，试想，一个连听诊都有困难的人，如何给人断病？

　　聪明过人的郭沫若在很长时间里没有察觉这一切，不能不归因于日本的教学方针。日本的高等学校主要是学外语，为大学的深造打基础，就拿郭沫若就读的医科来说，课程以德文时间最多，因为日本的医学以德国为鼻祖，一周多达二十课时，再加上英文和拉丁文，学外语的时间就更可观；另外，日本的外语教学还有一个特点，教授都是东京帝国大学的文学士，喜欢用外国文学名著做教材，外语课几乎就是外国文学课。这对于郭沫若来说，无异于老鼠掉进白米缸，原先被压抑的对文学的嗜好，现在又被刺激起来。先是泰戈尔，接着是海涅、歌德、雪莱、莎士比亚、席勒……西方著名作家一个接一个地进入郭沫若的视野，打开了一个奇异的世界。郭沫若后来将这一时期概括为"诗的觉醒期"，在《我的学生时代》里，他这样写道："在高等学校的期间，便不期然而然地与欧美文学发生了关系，我接近了泰戈尔、雪莱、莎士比亚、海涅、歌德、席勒，更间接地和北欧文学、法国文学、俄国文学，都得到接近的机会。这些便在我的文学基底上种下了根，因而不知不觉地便发生出了枝干来，终竟把无法长成的医学嫩芽掩盖了。"这种"诗的觉醒"意味着不同于中国传统诗学的现代艺术感觉的诞生。至此，郭沫若已经做好文学起飞的准备。

1918年7月，郭沫若由冈山六高毕业，免试升入福冈九州帝国大学医学部，随着学医的真正开始，郭沫若陷于痛苦之中。在一百多人上课的大教室里，郭沫若无法听清老师的讲解，而最令他沮丧的是，由于重听耳鸣，连听诊这种最基本的医术都无法掌握，郭沫若终于醒悟："性既不近，耳又不聪，继续学医，断无多大成就。"（见1922年1月11日家书）从第二学年起，他就想放弃医学，改入文科。这个念头后来一直挥之不去，但由于各种原因未能实现，先是日本妻子坚决反对，认为学医将来生活才有保障，后来是创造社伙伴成仿吾反对，认为研究文学没有必要进文科。然而从心理上到行动上，郭沫若的"弃医从文"已是无可挽回。福冈五年，郭沫若在文学创作上取得了可观的成就：《女神》《星空》中数以百计的诗篇，小说《骷髅》《牧羊哀话》《鼠灾》《残春》《未央》，《三叶集》中郭沫若与宗白华、田汉的通信，还有歌德、海涅、泰戈尔等外国文学大师作品的翻译，都是那一时期完成的。其间有半年多时间郭沫若抛弃学业，频繁地往返于福冈、上海，创立了著名的文学社团——创造社。

值得一提的是，郭沫若最后还是完成了学业，通过了全部医学课程的考试，获得了医学士的学位。然而郭沫若获得医学士学位之日，也就是告别医学之时，这个凭聪明和毅力获得的医学士头衔始终只是一个摆设。郭沫若曾自诩自己的医学知识比文学知识更有根底，从知识层面来讲或许真是如此，并且，即使从文学创作的角度看，学医对郭沫若也是不无帮助。诗剧《湘累》，小说《残春》《喀尔美萝姑娘》等作品，明显地受到现代医学知识的影响。《湘累》中的屈原，是一个神经错乱的精神病患者，《残春》则是对弗洛伊德性心理学、潜意识理论的演绎。郭沫若后来论文谈艺，与论敌打笔战，也经常喜欢援引医学上的知识与理论，甚至达到卖弄的地步，比如他对胡适的"五大魔鬼"论的抨击，就援引疟疾与花柳病的知识，大加发挥。还有，郭沫若这样定义诗："直觉是诗细胞的核，情绪是原形质，想象是染色体，至于诗的形式只是细胞膜，这是从细胞质中分泌出来的东西。"——这样的理论公式，没有医学修养的人绝对做不出来的。尽管如此，学医的过程对郭沫若却是一件非常痛苦的事情。郭沫若后来曾将此归结于日本填鸭式的教学方式，其实未必的确，因为日本高等学校的外语教学也是填鸭式，郭沫若并没有觉得枯燥，反而甘之如饴。1921 年 10 月 6 日致郁达夫的信中，郭沫若这样写道："前礼拜去上了几天课来，那种刻板的生活真要把我闷死。见惯了的滑稽戏子登场，唱一幕独白剧，时而在墨色的背景上画东画西。我只全身发烧，他口中唱着陈古五百年的剧本台词，一点也不曾钻进我的耳朵里。我只望时钟早响。但是响了又怎么样呢？响了之后，依然又是一场独白剧，一点如是，两点如是。今天如是，明天如是，过细想来，恐怕人生一世，永远都是如此罢。上了一礼拜的课，到今礼拜来，率性又'撒泼'起来了，率性在家里闭门读书，上前天想重把生理学来研究，念了一天的书，第二天又厌倦起来了。开开书本就想睡。我恐怕得了嗜眠症的怪病。没有法子只好把自己想读的书来读，又把一些干燥无味的催眠剂丢在一边了。"而在 1920 年 8 月 24 日致陈建雷的信中，郭沫若甚至将自己的学医生涯与骷髅——死亡联系在一起，读起来令人不寒而栗，其中这样写道："你《人生》一诗简洁深永，我很爱。我读了，想起我去年某日早晨，独坐在解剖学教室中，学生一个都还没有登校；室中正面只有两个髑髅挂着，睥睨着我；背后壁上的时钟不断地刻划，我做了一首诗写在钞本上面：'铁塔——铁塔！／壁上时钟把我向坟墓里逼迫，／逼迫——逼迫！／胸中的血浪儿乱打我的心脉。'"所有这些都表明，在耳不聪、性不合、学成无望的前提下，医学作为一种压迫性的因素，强烈地刺激着郭沫若的文学冲动。

　　设身处地想一想，当时的郭沫若将近而立之年，人生事业一切都还没有头绪，作为一个志向远大、才华超群的人，如何忍受得了这一切？在1918年11月27日致胞弟的信中郭沫若这样写道："势之所积，理复云何。回首故乡，不觉怆然神丧矣！如兄之不肖，已入壮年，隔居异域，眢然索处，所志所业，尚未萌芽，日暮途遥，瞻前恐后。"迷茫之情，跃然纸上。在这种处境下，借文学浇胸中块垒，希望通过文学打出一条人生之路，是一种顺理成章的选择。郭沫若的同窗有泽保这样描绘大学时代的郭沫若："消瘦白皙的身躯，沉默寡言，不主动与人搭讪。可是，同学找他聊天时，却能友好相待，偶尔谈及文学方面的问题，他常常是话如流水，滔滔不绝。对医学的学习尽管不很专心，可是，课堂上对老师的提问，却能抓住要领回答得很好，真不愧是个俊才，受到大家的钦佩。"（见《郭沫若研究》第5册，文化艺术出版社1988年）据《创造十年》交代，郭沫若的小说处女作《骷髅》是他在解剖尸体时，因尸体上文身图案的刺激，产生灵感创作而成的。十几年之后作者叙述此事，依然兴味盎然，其中这样写道："八个人去抬出一架尸体来，陈在锌板制的长条桌上，就像围着吃西餐一样，拿着刀和钳子，来坐着吟味。起初一两次倒还是一个囫囵尸，随后便分割成七零八落了。最后是像几头人熊，各人抱着一节骨头。"第二篇小说《牧羊哀话》是在做显微镜解剖学实习时，一边观察着显微镜下的肌肉纤维，一边构思而成的。而那首大名鼎鼎的《凤凰涅槃》，是诗人在上课的时候，突然受到诗意的袭击，在笔记本上东鳞西爪地记下来的。

也许是天助，就在郭沫若的苦闷与焦虑达到顶点的时候，五四运动爆发了，借这股强劲的东风，郭沫若郁积已久的情感像火山爆发一样地释放出来。这里不能不提一个人，就是宗白华。宗白华是发现郭沫若的伯乐，而郭沫若则称宗白华为"我的钟子期"。在宗白华主持《时事新报·学灯》栏目之前，郭沫若还是一个默默无闻的文学青年，偶有作品在该报发表，并未受到重视；是宗白华接管《学灯》之后，郭沫若的文学生涯才真正拉开序幕，正如郭沫若在《创造十年》里叙述的那样："我同白华最初并不认识，就由投稿的关系才开始通信。白华是研究哲学的人，他似乎也有嗜好泛神论的倾向。这或许就是使他和我接近了的原因。那时候，但凡我作的诗，寄去没有不登，竟至《学灯》的半面有整个登载我的诗的时候。说来也很奇怪，我自己就好象一座作诗的工厂，诗一有销路，诗的生产便愈加旺盛起来。……但到一九二〇年四五月间白华到德国去了，《学灯》的编辑换了人，我的诗潮也就从此消涸了。"

二

在郭沫若"弃医从文"的过程中，有一个重要的刺激性因素绝对不能忽略，那就是郭沫若与安娜的恋爱。

1916 年 8 月，冈山六高的中国留学生郭开贞赴东京为友人陈龙骥料理后事，在东京圣路加医院与东瀛白衣天使佐藤富子相识，一场可歌可泣的中日跨国婚恋由此拉开序幕。其过程，郭沫若在 1920

年 2 月 15 日致田汉的信中有如下的交代——

　　我的友人死了之后，他还有张影片（X 光线的摄影）放在圣路加，我前去替他索取。我在那时无意之中，才与我的安娜相遇。她许我影片寻出之后，会与我邮寄来。她听说我的友人死了，她便流了些眼泪，还对我说了些安慰的话。寿昌兄！我实不瞒你说，我最初见了我的安娜的时候，我觉得她眉宇之间，有一种不可思议的洁光——可现在已经消失了——令我肃然起敬。隔了一个礼拜的光景，我已经把友人的后事渐渐办停当了，安娜才把我友人的影片替我寄了来，她还誊了一封英文的长信来安慰我，说了许多宗教上的 Resignation（认命）的教训。寿昌兄！我当时真感受着一种 bitterish 的 sweetness（带苦味的甜蜜）呀！我以为上帝可怜我，见我死了一个契己的良友，便又送来一位娴淑的腻友来，补我的缺陷。我们从那时起，便时常通信，便相与认作兄妹。从八月直到十二月，她住在东京，我住在冈山，我们相隔千里，只靠着纸上谈心，我们每周平均总有三四封信来往了。我当时起了一个心想，我以为我的安娜既矢志在献身事业上，只充着一个看护妇，未免不能充分地达到她的目的。我便劝她改进女医学校，我把我一人的官费来作两人使用。市谷的女子医学每年是三月招生，招考期间已迫，她的病院生活，却莫有使她可以从事准备的余暇。我到十二月的年假里，便又往东京一行，我便劝她把病院生活率性早早牺牲了，同我到冈山同居，一面从事准备。咳！寿昌兄！我终竟太把我柔弱的灵魂过于自信了！我们同居不久，我的灵魂竟一败涂地！我的安娜竟被我破坏了！

　　关于这场跨国婚恋，涉及太多的话题，这里仅提示三点：第一，在与佐藤富子相识之前，郭沫若已在异国他乡过了两年半清苦的单身生活，正在庄子、王阳明与《圣经》的神秘世界里迷走，每天早晚打坐，接近疯狂的门槛，用他自己的话说，正是他"最彷徨不定而且最危险的时候，有时候想去自杀，有时候又想去当和尚"（《太戈尔来华的我见》，1922）。郭沫若为什么会陷于这样的境地？后来他这样分析："宗教意识，我觉得是从人的孤寂和痛苦中生出来的，寄居异乡，同时又蕴含着失意的结婚悲苦的我，把少年人活泼的心机无形中倾向在玄之又玄的探讨上去了。"值得强调的是，郭沫若原本就是一个浪漫多情、性欲超常的人，据他自己回忆，年仅七八岁，性意识就觉醒，对堂嫂的"粉红的柔嫩的手"产生过欲望，到十一岁，就"泛滥到几乎不可收拾的"地步，校园里的竹木，伯父家园中的枇杷树，成为他寻欢的爱人；在成都读书时，郭沫若与一位眉清目秀的汪姓男同学相好，一直保持着亲密的关系，为此还闹出不少风波；甚至在赴日本的火车上，郭沫若还与邻座的长一张美丽瓜子脸的东瀛女子眉来眼去，暗中传情，还吃了人家一个苹果。（以上均见郭沫若《少年时代》）由于背水一战的原因，到日本后郭沫若收心励志，发奋读书，过起自律的生活。据《创造十年》叙述，到东京后的最初半年，郭沫若刻苦用功应考，连最热闹的银座都不曾去过一次，进了一高预科后，依然如此，不要说银座的咖啡馆，连浅草的电影馆都没有去过一次。在繁华的东京尚且如此，到了僻远的冈山，就更不用说了。从郭沫若 1915 年 10 月 21 日致父母家书中的一份作息时间表，可以知道他当时过着一种清教徒般的生活——

　　五时半 起床

五时半至六时半　盥嗽并行冷水浴一次

六时半至七时　静坐

七时　早餐

八时至午后二时　登校　星期一则至午后三时星期六则至十二时
便无课

十二时　午餐

午后课毕后　温习时间　此时间每日复行温浴一次

五时　晚餐

至餐后七时　散步。此间有横山者山形颇似峨眉山麓，均稻田散
策田间，四顾皆山焉。恍若如归故乡然者。

七时至十时　温习准备时间

十时十五分　静坐入寝

有一种说法认为，郭沫若那时迷恋王阳明的哲学，早晚静坐，
是因为用功过度导致神经虚弱之故，是为了强体健身，这种看法
虽然不错，却未免太皮相。据郭沫若叙述，打坐后不到两周，睡
眠就得到改善，梦也减少，心悸渐渐平复，能够骑马竞漕，而更
重要的是，打坐使他精神上悟彻了"一个奇异的世界"——这就
是郭沫若后来津津乐道的"泛神论"世界。唯其如此，身体康复
后，郭沫若依然坚持静坐，这说明静坐对于郭沫若已别有一种功
能，也就是说，为了打发孤寂的异域生活，郭沫若需要这样一个
"升华"的管道，以维持身心的平衡。然而，人的本能与欲望并不
是单凭意志就能完全控制的，更何况像郭沫若那样情欲旺盛的人，
这里有诗为证。其一："月下剖瓜仁，口中送我餐。自从别离后，
怕见月团圞。"其二："红甘蔗，蔗甘红，水万重兮山万重。忆昔

醉朦胧，旅邸凄凉一枕空。卿来端的似飞鸿，乳我蔗汁口之中，生意始融融。那夕起头从，才将命脉两相通。难忘枕畔语从容：从今爱我比前侬。……"（见《革命春秋》中《离沪之前》一节）两首诗都作于1915年，都是怀念与那位汪姓恋人的昔日之情，其大胆热烈，可谓空前，披露了郭沫若清教徒式的留学生活的另一面。这一切都是可以理解的，郭沫若本来就是性情中人，正如他后来不无自嘲地写下的那样："毕竟是这个世界的诱力太大了？或者是我自己的根器太薄弱了吧？我自杀没有杀成，和尚没有做成，我在民国六年的年底竟做了一个孩子的父亲了。"（《太戈尔来华的我见》，1922）

从这个角度看，佐藤富子的出现对郭沫若具有枯木逢春的意义，其重要性，正如1916年圣诞节，初尝爱果的郭沫若模仿泰戈尔的《新月集》，用英文写下的献给安娜的那首情诗描写的那样——

有一天清早，太阳从东海出来，照在一湾平明如镜的海水上，照在一座青如螺黛的海岛上。

岛滨沙岸，经过晚潮的洗刷，好像面着一张白绢一般。

近海处有一岩洼穴中，睡着一匹小小的鱼儿，是被猛烈的晚潮把他抛撇在这儿的。

岛上松林中，传出一片女子的歌声：

月光一样的朝暾

照透了蓊郁着的森林，

银白色的沙中

交横着迷离疏影。

一个穿白色的唐时装束的少女走了出来。她头上顶着一幅素罗，手中拿着一支百合，两脚是精赤裸裸的。她一面走，一面唱歌。她的脚印，印在雪白的沙岸上，就好象一瓣一瓣的辛夷。

　　她在沙岸上走了一回，走到鱼儿睡着的岩石上来了。她仰头眺望了一回，无心之间，又把头儿低了去。

　　她把头儿低了下去，无心之间，便看见洼穴中的那匹鱼儿。

　　她把腰儿弓了下去，详细看那鱼儿时，她才知道他是死了。

　　她不言不语地，不禁涌了几行清泪，点点滴滴地滴在那洼穴里。洼穴处便汇成一个小小泪池。

　　少女哭了之后，她又凄凄寂寂地走了。

　　鱼儿在泪池中便渐渐苏活了转来。

　　这匹死而复活的小鱼儿，无疑就是郭沫若，而那位手持百合花、洒下慈爱之泪的唐装少女，当然就是安娜了。值得注意的是，安娜是日本女子，作者却让她穿上唐装，而头顶素罗、手执百合花的姿态，令人想起西方的女神。这一中西合璧的装饰具有丰富的暗示性，由此引出第二点：佐藤富子是日本女性中少见的另类，与那些温柔妩媚、散发岛国特有的"人情美"的"沙扬娜拉"不大一样；同样，佐藤富子也是日本人中罕见的另类，是一位真正的基督徒，具有超越岛国根性的博爱与献身精神，难怪郭沫若初次见到她时，就觉得她眉宇之间有一种不可思议的洁光。郭沫若后来给她取名安娜，包含双关的意思——它取自托尔斯泰著名小说《安娜·卡列尼娜》中的女主人公的名字，象征爱情至上，又与安那其主义（即无政府主义）前两个字谐音，象征着超越种族国家的人类之爱。在中日关系交恶，日本举国上下蔑视中国人，留日学子普遍受"弱国子民/性苦闷"困扰的背景下，郭沫若能遇上这样一个日本女子，实属难得。安娜的爱，对郭沫若具有双重的拯救意义，它既是孤寂苦闷中的郭沫若的"生命的灵泉"，也是他文学创作的酵母，这一点郭沫若自己说得很清楚："那时候的性向，差一步便可以跨过疯狂的门阀。把我从这疯狂的一步救转了的，或者怕要算是我和安娜的恋爱吧？因为在民国五年的夏秋之交有和她恋爱发生，我的作诗的欲望才认真地发生出来。"（《我的作诗的经过》）从这个意义上说，如果没有安娜就没有郭沫若。

然而从郭沫若这方面说，他与安娜的爱，"灵"与"肉"很大程度上是脱节的，"灵"的吸引明显地大于"肉"的诱惑。在郭沫若笔下，安娜一再被称为"圣母"，说明在情感上，郭沫若是将安娜当作母亲而依赖的。安娜的大气、坚韧和刚强，与郭沫若的敏感、狂热和摇摆，刚好形成互补，甚至在长相上，也是一个"燕瘦"，一个"环肥"。这种母子型的恋爱带有较多的精神内涵和相濡以沫的性质，却缺少纯粹的男女之爱的刺激性。不过，唯其具有"圣母"的气质，安娜才不惜承受家庭"破门"的处罚，以身相许，心甘情愿地跟郭沫若过颠沛流离的贫困生活，帮助郭沫若成就大业。不幸的是，对于郭沫若这样一个天性浪漫、抱负远大的男子来说，仅仅一个"圣母"是无法使自己得到满足的，受制于责任和义务，拘束于婚姻的藩篱，久而久之，必然导致灵肉分离，甚至人格分裂，这一切在小说《喀尔美萝姑娘》中有清楚的展示。与安娜结合后，郭沫若风流韵事不断，甚至染上梅毒，祸及安娜。在后来的非常岁月里，两人分离，郭沫若在中国另筑新巢，事实上遗弃了安娜，令人感慨的同时，也让人感到无奈。

第三，也是最重要的，郭沫若出国之前已按父母之命、媒妁之约完成了婚事，是个有妇之夫，这一被郭沫若日后悔为"机会主义"的行为,给这场跨国婚恋蒙上了阴影,一度给他造成巨大压力。由于对这场跨国恋爱可能带来的后果没有充分的思想准备,当各种打击与麻烦随着爱的结晶一起降临时,郭沫若变得束手无策,陷于深深的哀怨与自责之中。按中国传统道德观念,僭越父母之命,在异邦另立家室,是大逆不道之举;而依现代道德标准,重婚同居也是属于不合法的行为。于是,与安娜的婚恋遂变成一种"原罪"折磨着他的良心,在1920年2月15日致田汉的信中,郭沫若这样写道:"我的罪恶如仅只是破坏了恋爱的神圣——直截了当地说,如仅只是苟合!那我也不至于过于自谴。只是我还有件说不出来的痛苦。我在民国二年时,我的父母已替我结了婚,我的童贞早是自行破坏的了!我结了婚之后,不久便出了门,民国三年正月,便来了日本。我心中的一种无限大的缺陷,早已是无可补置的余地了。不料我才遇着了我安娜。我同她初交的时候,我是结了婚的人,她是知道的。我也仗恃着我结了婚的人,所以敢于与她同居,唉!我终竟害了她!"

想来真是有点不可思议,郭沫若一向以狂放不羁著称,在两性关系上更其如此,尤为重要的是,郭沫若与安娜的结合,是出于神圣的爱情,虽不合世俗的法律,却有"反封建"的内涵,如果是一个特立独行、精神强大的人,断不至于如此的自怨自艾。在这一点上,与他崇拜的西方浪漫主义师父比起来,郭沫若似乎差得太远。细究起来,这一方面反映了郭沫若思想意识中保守的一面,当然这也是那一代知识精英共有的精神现象,读郭沫若留日时期的家书就可发现,其中并没有多少叛逆性的文字,作者俨然是一个忠孝两全的青年,与《天狗》中的那位吞日吐月的狂者风马牛不相及,或许反映了郭沫若文化人格疲软的一面,骨子里缺少独立自由的精神。

三

然而换一个角度看，这未尝不是西方文学的"忏悔"精神诱导的结果，关于这一点，在《三叶集》郭沫若与宗白华、田汉的通信中有充分的披露。在开始的几封信中，郭沫若对自己竭尽贬损之能事，称自己的人格"确实是坏透了"，"简直是个罪恶的精髓"，"几乎没有可能公开的人格"，甚至将自己比作陷没在地狱边上冥河里的变形虫，"只有一些无意识的蠕动"，并且恳请对方"宣布死刑"。读着这些文字，人们不禁产生疑惑：郭沫若果真如此的罪孽深重吗？为什么那样迫不及待，甚至达到歇斯底里的程度？个中的答案，在郭沫若 1920 年 2 月 16 日给宗白华的信中可以找到——

我常恨自己莫有 Augustine，Rousseau，Tolstoi 的天才，我不能做出部赤裸裸的《忏悔录》来，以宣告于世。我的过去若不全盘吐泻净尽，我的将来终竟是一团阴影裹着，莫有展开的希望。我罪恶的负担，若不早卸个干净，我可怜的灵魂终久困顿在泪海里，莫有超脱的一日。我从前对于我自己的解决方法，只觑定着一个"死"。我如今却掉了这个法门，我要朝生处走了。我过去的生活，只在黑暗地狱里做鬼；我今后的生活，要在光明世界里做人了。白华兄！你们便是我彼岸的灯台，你们要永远赐我的光明，使我早得超度呀！

原来，郭沫若的"忏悔"，目的在于逃离现实的困境，得到所谓"超度"，为此他不惜夸大自己的"罪恶"，就像一个急于摆脱病痛的人故意把自己病情说得非常严重一样。那么，郭沫若当时的生存状态究竟是什么样的呢？

从 1916 年圣诞节郭沫若献给安娜的那首英文情诗来看，他们的同居生活起初应当是十分幸福的。然而好景不长，这场刚把郭沫若从生命的荒漠中救出来的从天而降的跨国恋爱，又把他抛进人生的泥沼中。一年后，随着新生儿的降临，后果开始显露。如前所述，郭沫若出国之前已结婚，是个有妇之夫，瞒着家人在异邦另立家室，属于大逆不道。婴儿出生后，此事再也隐瞒不住，父母得知后，雷霆大怒，一度与他断绝关系。而佐藤富子因违抗父命，离家出走，擅自与中国留学生恋爱同居，最后受到破门处分。而最可怕的是，"婚姻是爱情的坟墓"这句人生咒语也毫不留情地应验。在郭沫若的眼睛里，安娜眉宇间的那轮不可思议的洁光，不知什么时候消失了，勃谿吵架成了家常便饭。此外，这个家庭还受到另一种严峻的考验，1918 年 5 月为抗议北洋政府与日本当局签署《中日军事协定》，留日学生发动了声势浩大的罢课运动，还成立了"诛汉奸会"，凡是有日本老婆的留学生一律被视为汉奸，勒令离婚，否则就以武力惩罚。郭沫若因住在偏远的冈山，躲过了这一劫，然而被视为"汉奸"，却深深地刺痛了他的心。要知道，郭沫若的爱国心并不比别的留学生少，三年前，也就是郭沫若到日本的第二年 5 月，日本向中国提出"二十一条"，留日学生纷纷罢学，回国抗争，郭沫若也曾毫不迟疑，卖掉锅碗，加入这个行列，还作了一首七言律诗，抒发敌忾之情："哀的美顿书已西，冲冠有怒与天齐。问谁牧马侵长塞，我欲屠蛟上大堤。此日九天成醉梦，当头一棒破痴迷。男儿投笔寻常事，归作沙场一片泥。"这样一位爱国者，现在竟被视为"汉奸"，还有比这更让人伤心的事情吗？

郭沫若当时困顿狼狈的生存处境，在他的作品中有充分的体现，《夜哭》（1917）这样写道："有国等于零，日见干戈扰。有家归未得，亲病年已老。有爱早摧残，已成无巢鸟。有子才一龄，鞠育伤怀抱。

有生不足乐，常望早死好。万恨摧肺肝，泪流达宵晓。悠悠我心忧，万死终难了。"《春寒》（1919）具体地描绘了一幅惨不忍睹的生活景象："凄凄春日寒，中情惨不欢。隐忧难可名，对儿强破颜。儿病依怀抱，咿咿未能谈。妻容如败草，浣衣井之阑。蕴泪望长空，愁云正漫漫。欲飞无羽翼，欲死身如瘫。我误汝等耳，心如万箭穿。"而在一首贺儿子满两周岁生日的诗里，郭沫若沉痛谴责自己苛待儿子，后悔昨天晚上还骂他，恳请孩子宽恕自己的罪恶，诗中这样写道："和儿！你已满两岁了！你这两年当中所受了你的父亲的狂怒，真是不少了！你爱啼，我用掌打你——用力地打你，打了之后，我又自己打自己：试试我打痛了没有。像这样苛待你的不知道有多少回了！"

正是这样的生存状态和绝望的心境，引发了郭沫若"忏悔"的冲动，而奥古斯丁、卢梭、托尔斯泰等西方作家的文学作品，为这种"忏悔"提供了模仿的样板。于是，误读不可避免地发生。当时的郭沫若——不，岂止是郭沫若，当时中国的知识分子有几个真正懂得"忏悔"的含义？"忏悔"本是从西方文化风土中产生的东西，它建立在原罪观念和对上帝的敬畏之上，并有一整套行之有效的制度（如教会、礼拜、牧师等）确保它的实行，久而久之，变成一种根深蒂固的内心信仰。中国没有这样的东西，可以勉强对举的，是儒家文化中的"反省"，也就是曾子"吾日三省吾身"的反省，它是建立在儒家伦理道德基础之上的自我反省，是一种道德修养，而不是宗教信仰，因此它仅适用于少数圣贤，与芸芸众生其实没什么关系。到了西风东渐，"全盘西化"成为中国文化思想的主流、儒家文化受到冲击趋于崩溃的时代，中国的知识精英从传统的"反省"脱出，转向西方的"忏悔"，是很自然的事情，不过是否真的理解这种"忏悔"并且付诸实践，则是另外一回事。正如宗白华在信中写给郭沫若的那样："你从西洋文艺——卢梭、托尔斯泰等——中养成一种真诚底精神，忏悔底勇气，很是可喜。从此可以看出西洋文艺中有这种特长，不是东方文艺所有的了。"然而，郭沫若这种速成的"忏悔"其实并不靠谱，他并不是内心深处真的感到自己"有罪"，而仅仅是为了摆脱现实的困境，于是，"忏悔"就变成了"排毒""超度"的同义语，掉入中国人实用理性的套子。在田汉的"一诚可以救万恶"，宗白华的"从纯正恋爱中发生的结合不能算得极大的罪过。……你的罪过也不过是你心中的 Mephistopheles（恶魔），适所以砥励你的人格底向上的创造罢了"的劝慰下，郭沫若轻而易举地得到解脱。因此，这种"忏悔"仅表现为就是一种姿态、一种情绪，没有太多的实质性的内容。唯其如此，郭沫若后来才那么容易就转向，与一度狂热崇拜的卢梭、托尔斯泰分道扬镳，到写《沫若自传》的时候，对他们已是居高临下的批判态度。在《少年时代》中，郭沫若毫不隐瞒地暴露自己少年时代的不检点行为，诸如吸烟喝酒搓麻，大闹戏院，搞同性恋之类，毫无忏悔的意思。作者在《序》中明确宣告："我没有什么忏悔。少年人的生活自己是不能负责的。"此时郭沫若已是真理在握，在这种真理看来，个人的苦闷及由此造成的反道德行为，都是由混乱黑暗的时代造成的，理应由时代承担；如果这种反道德行为对那个时代有怀疑和破坏的作用，就值得理解甚至肯定。

然而，从文学创作的角度看，这种"忏悔"的意义却是不可小觑。郭沫若从浅唱低吟的泰戈尔式的诗风，一下子跳到振聋发聩的惠特曼式的诗风，很大程度上得力于这种"忏悔"的强大冲动。在1920年1月18日致宗白华的信中，郭沫若这样写道："白华兄！我不是个'人'，我是坏了的人，我是不配你的敬服的人，我现在很想能如凤凰一般，采集些香木来，把我现有的形骸烧毁了去，唱着哀哀切切的挽歌把他烧毁了去，从那冷静了的灰里再生出个'我'来！"两天后，郭沫若写出了最著名的代表作《凤凰涅槃》。

《凤凰涅槃》借用东方远古的神话题材，描绘一对凤凰的"涅槃"仪式。在题记中，诗人开宗明义地写道："天方国古有神鸟名'菲尼克司'（Phoenix），满五百岁后，集香木自焚，复从死灰中更生，鲜美异常，不再死。"全诗分"序曲""凤歌""凰歌""凤凰同歌""群鸟歌""凤凰更生歌"六部分。"序曲"描写除夕时分，一对飞来飞去的凤凰唱着哀歌，衔着香木，准备在丹穴山上自焚永生。"凤歌"中，凤对宇宙诅咒不止，茫茫的宇宙被形容成"冷酷如铁""黑暗如漆""腥秽如血"，是"脓血污秽着的屠场""悲哀充塞着的囚牢""群鬼叫号着的坟墓""群魔跳梁着的地狱"，生在这个世界中，"便是把金刚石的宝刀也会生锈"。"凰歌"中，凰一上来就喊出"五百年来的眼泪倾泻如瀑。五百年来的眼泪淋漓如烛"，将缥缈的浮生比作"大海里的孤舟""黑夜里的酣梦"，只剩下悲哀、烦恼、寂寥和衰败。环绕着行尸走肉，诗人进而追问：我们年轻时候所有的美好哪儿去了？"群鸟歌"对前来观葬的凡鸟，从空界霸王的岩鹰开始，到自命不凡的孔雀，嗜好腐鼠肉的鸱枭，奴性的家鸽，空谈的鹦鹉，高蹈的白鹤，逐一做了讽刺抨击，显然它们是作为凤凰的对立面，黑暗腐败的帮凶而存在的。在这样的铺垫下，"凤凰更生歌"奏响了，在长达十四节的"凤凰和鸣"中，前十三节以完全雷同的格式讴歌了"光明""新鲜""华美""芬芳""和谐""欢乐""热诚""雄浑""生动""自由""恍惚""神秘""悠久"的未来，比如："我们光明呀！／我们光明呀！／一切的一，光明呀！／一的一切，光明呀！／光明便是你，光明便是我！／光明便是他，光明便是火！／火便是你，火便是我，火便是他，火便是火！／翱翔！翱翔！／欢唱！欢唱！"

只需将其中的"光明"换成"新鲜",就另成一节。由于内涵空泛,形式雷同,冗长的反复令人难以卒读。不过设身处地想一想,假如不是出于某种无法摆脱的情结和狂热,诗人是不会写出如此拖沓重复的篇章的。全诗最后在长达十五遍"欢唱"的狂欢中结束。

《凤凰涅槃》是《天狗》的另一种表达方式,有纵情、夸饰、华丽、如歌般的诗剧形式,而更重要的是,它成功化用了"凤凰涅槃"这个远古神话主题,这两个要素的有机结合,使这首诗不仅成为郭沫若的代表作,也喊出那个时代青年的心声。当时中国的知识精英内心郁积了太多的苦闷,渴望得到"新生",而现实又是如此的困顿冥顽,在这种情况下,他们迫切需要一个郭沫若那样的诗人,来替自己释放压抑的能量,而郭沫若当时的处境、癫狂的状态、冲动的气质,正好将他推到爆破手的位置上,使他得以扮演中国现代"首席诗人"的角色。

据郭沫若回顾:《凤凰涅槃》是一天中分两个时段写出来的,"上半天在学校的课堂里听讲的时候,突然有诗的意趣袭来,便在抄本上东鳞西爪地写出了那诗的前半。在晚上行将就寝的时候,诗的后半的意趣又袭来了,伏在枕上用着铅笔只是火速地写,全身都有点作寒作冷,连牙关都在打战。就那样把那首奇怪的诗也写了出来。那诗是在象征着中国的再生,同时也是我自己的再生。诗语的定型反复,是受着华格纳歌剧的影响,是在企图着诗歌的音乐化,但由精神病理学的立场上看来,那明白地是表现着一种神经性的发作,那种发作大约也就是所谓'灵感'(inspiration)吧?"(《我的作诗的经过》)。郭沫若不愧为学医的,一下子从《凤凰涅槃》的写作中看出病理学的意义,不过将这种"神经性的发作"等同于艺术上的"灵感",显然是个误会,"灵感"与"冲动"并不是一回事,正如艺术激情与政治激情、道德激情不是一回事那样。事实上，郭沫若这一时期的诗歌，大都是"神经性的发作"的产物，正如他后来回顾的那样："在一九一九年与一九二〇年之交的几个月，我几乎每天都在诗的陶醉里，每每有诗的发作袭来就好象生了热病一样，使我作寒作冷，使我提起笔来战颤着有时候写不成字。我曾经说过：'诗是写出来的，不是做出来的。'便是当时的实感。"（《创造十年》）对于这一批惠特曼风格的作品，郭沫若的自我评价一直很高，甚至声称从那之后他不再是一个"诗人"。可是，时过境迁，这些作品已经大大褪色，如果说还有什么价值，那也主要是文学史意义上的。不过《凤凰涅槃》却属例外，因为它并非只有慷慨激昂的喊叫，还有诗歌的节奏和旋律。即便这样，其过分夸张的表达、毫无节制的重复还是让人难以卒读。值得一提的是，若干年后，郭沫若对长达十四节的"凤凰和鸣"作了大刀阔斧的删削，压缩为四节，读起来自然顺畅了许多。

《凤凰涅槃》的诞生，极大地影响了中国现代诗歌的发展进程。

天堂中的地狱

——郁达夫的东瀛之怨

1921 年，中国现代文学史上第一部小说集《沉沦》问世，以大胆的取材和描写震动文坛，激起轩然大波。这是继鲁迅的《狂人日记》之后又一部惊世骇俗的新文学之作，而就轰动效应而言，要远远超过前者。郭沫若曾这样描述："他的清新的笔调，在中国的枯槁的社会里面好像吹来一股春风，立刻吹醒当时的无数青年的心。他那大胆的自我暴露，对于深藏在千万年的背甲里面的士大夫的虚伪，完全是一种暴风雨式的闪击，把一些假道学、假才子们震惊得至于狂怒了。为什么？就因为有这样露骨的真率，使他们感受着作假的困难。"（《论郁达夫》）而据匡亚明回忆，当时他正在苏州一个师范学校读书，对于《沉沦》作者的同情与感佩，就像《少年维特之烦恼》出版后德国青年的"维特热"一样，还仿效着作者的穿着，做了一套香港布的制服，接踵效仿的有同班的同学。（《郁达夫印象记》）不妨说，《沉沦》就是中国版的《少年维特之烦恼》。

《沉沦》是郁达夫的处女小说集，仅由《银灰色的死》《沉沦》

《南迁》三个短篇习作组成，足以证明时代对他的青睐。公平地看，郁达夫在文坛一炮走红并非偶然，而是有深刻的历史原因和特殊的个人原因的。就前者而言，此时正值新文化运动如日中天，这为新人登场搭好了舞台；就后者而言，郁达夫此时已在日本留学八年，弱势民族的屈辱，浪漫派文学的熏陶，东瀛"人情世界"的刺激，名士气质的催化，使他处于涨满状态，蓄势待发，正如作者在《忏余独白》中表白的那样："人生从十八九到二十余，总是要经过一个浪漫的抒情时代的，当这时候，就是不会说话的哑鸟，尚且要放开喉咙来歌唱，何况乎感情丰富的人类呢？我的抒情时代，是在那荒淫惨酷，军阀专权的岛国里过的。眼看到的故国的陆沉，身受到的异乡的屈辱，与夫所感所思，所经历的一切，剔括起来没有一点不是失望，没有一处不是忧伤，同初丧了夫主的少女一般，毫无气力，毫无勇毅，哀哀切切，悲鸣出来的，就是那一卷当时很惹起了许多非议的《沉沦》。"

一

郁达夫的留日小说几乎篇篇都在演绎弱国子民性的苦闷、爱的破产，抒发中国学子长歌当哭的悲哀。《银灰色的死》写中国学子爱上小酒店的当垆少女，善解人意的静子，静子却听从母命，嫁给了另一家小酒店的日本厨子，绝望中主人公借酒浇愁，大醉后脑溢血，冻毙街头；《沉沦》叙述中国学子受忧郁症和性压抑的双重折磨，无可奈何地走向沉沦，他在童贞遭到了破坏后，痛不欲生，投进了大海，临死前还对"祖国"发出了埋怨与呼唤；《南迁》写伊人受日本荡妇 M 欺骗后，元气大伤，不得不远走房州海滨胜地疗养，在那里遇到日本纯情少女 O，视为自己的天使，向她倾诉衷肠，得到些许同情，却受到暗恋 O 的 K，一位狂信天主教的日本青年的非难，伊人在教会里的一番带社会主义色彩的讲演，又遭到日本青年 B 的攻击，虚弱的身体遭受风寒，发起高烧，奄奄一息；《胃病》写到中国学子 W 君狂热地追求萍水相逢的日本少女，遭到拒绝后，痛不欲生，还梦见日本少女这样对他说："我虽然爱你，你却是一个将亡国的国民！你去罢，不必再来纠缠我了。"《空虚》里，中国学子质夫在汤山温泉胜地与一位妙龄少女邂逅，风雨大作之夜颇具传奇色彩的一夜同眠，露天温泉的混浴，使他心猿意马，想入非非，如处蓬莱神仙，直到遇见少女的表哥，发现对方一切都在自己之上，便以"败劣地悲哀"突然离开了汤山温泉。

在郁达夫独特的叙事氛围中，这种描写不能不显得相当真实，然而仔细考量起来，却有值得疑问的地方。因为"弱国子民"的屈辱本来无所不在，在鲁迅的《藤野先生》里，它表现在中国人的智力受到歧视；在郭沫若的《行路难》里，它表现为中国留学生"住"的困境，势利的日本房东不仅不肯租房子给中国人，还以"支那人"来恶意嘲讽；在《留东外史》里，表现为颟顸无知的日本下级军官在萍水相逢的中国留学生面前肆无忌惮地挑衅，鼓吹大日本主义，到了郁达夫这儿，这种屈辱集中到"性"的歧视与苦闷上而不及其余，这意味着什么？

细读郁达夫的留日小说，可以发现，东瀛岛国原始淳朴的性风俗（如赤足、裸身、混浴、女子不穿内裤、门户不严等）和发达的"人情世界"（如宽松的两性关系、发达的色情业），是诱发"性苦闷"的根源，可怜的中国学子，在这张天网之下，无处躲藏，仿佛鬼打墙一般，如《银灰色的死》里写的那样——

　　东京的酒馆,当垆的大约都是十七八岁的少妇。他虽然知道她们是想骗他的金钱,所以肯同他闹,同他玩的,然而一到了太阳西下的时候,他总不能在家里好好的住着。有时候他想改过这恶习惯来,故意到图书馆去取他平时所爱读的书来看,然而到了上灯的时候,他耳朵里忽然会有各种悲凉的小曲儿的歌声听见起来。他的鼻孔里,会有脂粉,香油,油沸鱼肉,香烟醇酒的混合的香味到来。他的书的字里行间,忽然会跳出一个红白的脸色来。一双迷人的眼睛,一点一点地扩大起来。同蔷薇花苞似的嘴唇,渐渐儿的开放起来,两颗笑靥,也看得出来了。洋磁似的一排牙齿,也看得出来了。他把眼睛一闭,他的面前,就有许多妙年的妇女坐在红灯的影里,微微的在那里笑着。也有斜视他的,也有点头的,也有把上下的衣服脱下来的,也有把雪样嫩的纤手伸给他的。到了那个时候,他总会不知不觉的跟了那只纤手跑去,同做梦的一样,走了出来。等到他的怀里有温软的肉体坐着的时候,他才知道他是已经不在图书馆内了。

　　在《沉沦》里,"忧郁症"缠身的中国学子深为日本女子所苦,到了不能自控的程度,先是偷看房东少女洗浴,事发后仓皇逃离,独自一人搬到山上的梅园,过起隐逸的生活,后来在田野里逍遥,满心欢喜之际,意外地窥听到少男少女野合的声音,犹如遭到电击一般。之后,他昏昏懵懵撞进一家兼做皮肉生意的酒店,大醉之际,清白的身体遭到了破坏。这个过程,一环扣一环,犹如宿命。《南迁》里,美丽妖冶的房东女儿M不费吹灰之力,就将伊人勾引,然后让他当冤大头,请他们父女到箱根温泉胜地游玩,途中还与他同眠共枕;回到东京时,伊人没想到,一个身体魁伟、带一

脸酒肉气的日本男人 W，正在旅馆等他们，见了这位老房客，M
显出一种久别后的欢喜；伊人更没想到，到了深夜 M 钻进 W 的房
间，肆无忌惮地寻欢作乐起来，熟悉的声音使他饱受摧残。此事引
发了中国学子严重的身心危机，遂有后面远走房州海滨胜地疗伤的
故事。郁达夫写小说一向不讲结构，率性而为，然而散漫中仍有
一种情节上的因果关系，那就是东瀛的"人情世界"对主人公的
牵引。

　　性的描写在留日文学中司空见惯，比如不肖生的《留东外史》、
张资平的《约檀河之水》、陶晶孙的《木犀》、郭沫若的《喀尔美萝
姑娘》、滕固的《石像的复活》等，这应了一句成语：近朱者赤，近
墨者黑。留学所在国的文化风土，必定会烙在该国别的留学生写作
上。独特的岛国风土与生态环境，使日本的两性风尚别具一格，直
到近代仍保留着母系社会浓郁的遗风，赤足、裸身、混浴等习俗，
构成了东瀛岛国特有的原始风情。相关资料显示：在日本，那种源
自古代"歌垣"，即青年男女云集山野彻夜对歌求爱的自由交际、野
合的风俗一直延续到大正年间。与此相应的是，日本拥有世界上最
发达的色情业和准色情业，艺妓作为日本的"国粹"，以高雅的形式
给人提供身心俱足的服务。关于这一点，美国著名文化人类学家鲁
思·本尼迪克特在《菊与刀》里这样论述："我们对于性享受的许多
禁忌是日本人所没有的。日本人在这个领域里不大讲伦理道德。他
们认为，像其他'人情'一样，只要把'性'放在人生低微的位置
上就行。'人情'没有什么罪恶，因而对性的享受没有必要讲伦理道
德。"正是这样的文化风土，孕育了日本文学艺术"好色"的美学传
统，中国的正人君子读不下去的色情描写，在日本的文学作品中司
空见惯，对于日本人来说，它只有格调上的高低，没有道德上的好

坏，对社会也不会产生"诲淫"的颠覆性作用。——从这个角度看，郁达夫执着于"性苦闷"的描写，并没有什么好奇怪的。值得注意的是，他是以极端的方式，将弱国子民的"性苦闷"，演绎成一个刚性的逻辑。

公平地看，"支那人"的身份确实会给中国学子带来不幸，造成了他们性的苦闷、爱的饥渴。然而，就像任何事物都有自己的范围那样，弱国子民的"性苦闷"也不例外。前者属于种族问题，后者属于人性问题，两者既有联系又有区别。"弱国子民"可以在一定程度，甚至相当程度上左右跨国恋，却无法百分之百地决定它。事实上，当时在日本交桃花运，娶日本女子为妻的中国学子不知有多少，如苏曼殊、李叔同、戴季陶、周作人，还有郁达夫的伙伴郭沫若、陶晶孙。一部《留东外史》呈现给人们的，绝不是什么弱国子民的"性苦闷"，而是中华浪子的"性狂欢"。反过来说，即使不是"弱国子民"，也会性苦闷，也会失恋，也会打光棍。因此，过分强调"弱国子民"的因素，有可能遮蔽问题的另一面。郁达夫对弱国子民"性苦闷"的过分夸大，其实正好暴露了他自身的弱点。

二

仔细考量起来，郁达夫的"性苦闷"与浪漫派文学的刺激有直接的关系。据郁达夫自述："在高等学校里住了四年，共计所读的俄德英日法的小说，总有一千部内外，后来进了东京的帝大，这读小说之癖，也终于改不过来……"另据成仿吾透露，郁达夫在东京帝大读过三千本以上的外国小说，一位东京帝大的图书管理员可以证实这一点（静闻《忆达夫先生》）。如果这个说法真实，那么，郁达夫留日期间总共读了四千部左右外国小说，这是一个令人难以置信的庞大数字。如果按郁达夫留日十年的时间来计算，那么他平均每天至少要读一部小说，人们或许会问：究竟是什么动力使郁达夫日复一日、乐此不疲地读下如此众多的小说？那么，郁达夫读的是什么小说呢？据他自己介绍："和西洋文学的接触开始了，以后就急转直下，从杜儿葛纳夫到托尔斯泰，从托尔斯泰到独思托以夫斯基，高尔基，契诃夫。更从俄国作家，转到德国各作家的作品上去，后来甚至于弄得把学校的功课丢开，专在旅馆里读当时流行的所谓软文学作品。"（《五六年来创作生活的回顾》，1927）由此可知，郁达夫读的小说主要有两类：一类是西方的"浪漫派"文学，另一类是当时流行的色情文学，就是《南迁》的主人公在电车上读的《一妇人》之类。

从这种超常的文学阅读行为，可以窥见郁达夫留日生活的基本状态。留日时代的郁达夫，与其说生活在现实的世界中，不如说生活在小说的世界中，西方"浪漫派"文学的人生观、价值观，东瀛色情文学的颓废情调，不能不影响他对当下生活的观察，决定他的写作路子。在《沉沦》里，西方"浪漫派"谱系的诗人、作家、艺术家、哲学家走马灯似的进进出出，其中有瓦络纳、道生、华兹华斯、尼采、爱默生、梭罗、海涅、米勒、果戈理、吉辛、歌德、屠格涅夫、叔本华、雨果、济慈、拜伦、彭斯、詹姆斯·汤姆森、斯蒂文森、惠特曼、卢梭、乔治·摩尔、亚历山大·司密斯……行文中夹杂着不少英文德文词汇，如"伤感""怀乡病""浪漫时代的梦幻""田园诗般的徘徊""忧郁症""夸大妄想症"等，还有整段的引文，如华兹华斯的《孤寂的高原刈稻者》、海涅的诗、歌德的《迷娘之歌》、《圣经》的段落等。公平地看，这些并不是多余的点缀或故意的炫耀（就像"文革"后的某些知青文学作品），而是小说的有机组成部分，假如去掉了这些，作品的艺术整体性就将遭到破坏。其中《银灰色的死》，取材于斯蒂文森的《宿夜》和英国早夭诗人厄耐斯特·道生的传记，糅进自己的经历，带有明显的改编痕迹，小说主人公大醉后冻毙街头时，衣袋里放着的，是一册道生的诗集。其中还有这样一个细节：得知静子就要出嫁，中国学子痛苦万分，一度与她绝交，终日借酒浇愁，一日忽然想开，模仿着瓦格纳歌剧《汤豪舍》中的骑士沃尔夫伦（沃尔夫伦是游吟骑士汤豪舍的朋友，深爱美丽纯洁的伊丽莎白，伊丽莎白却一心一意地爱着放浪不羁的汤豪舍，因他而香消玉殒，汤豪舍知晓后悲痛不已，气绝于恋人的灵枢边），唱起歌剧《汤豪舍》中洋气十足的德文歌词："你且去她的裙边，去算清了你们的相思旧债！"然后自言自语地说："我可以去的，可以上她的家里去的，古人能够这样的爱他的情人，我难道不能这样的爱静儿么？"这种描写乍一看显得几分矫揉造作，细想一想又觉得很正常。

《沉沦》以中国学子手持华兹华斯的诗集，独自一人漫步田野开始，"他看看四边，觉得周围的草木，都在那里对他微笑。看看苍空，觉得悠久无穷的大自然，微微的在那里点头。一动也不动的向天看了一会，他觉得天空中有一群小天神，背上插了翅膀，肩上挂着了弓箭，在那里跳舞。他觉得乐极了"。——这是一幅典型的"浪漫派"文学的乌托邦画面。中国学子把自己想象成尼采笔下的超人查拉图斯特拉，"一个孤高傲世的贤人，一个超然独立的隐者"。具有讽刺意味的是，浪漫主义的高蹈境界，未能拯救中国学子，反而把他逼到一个更加孤独、尴尬的境地。小说中频繁出现这样一个似曾相识的情节：每当中国学子陶醉于大自然（或文学作品）之际，便有突如其来的异性的诱惑，将中国学子引向堕落的深渊，在东瀛妙龄女子不可抗拒的魔力面前，中国学子束手就擒，别无他法，此时，什么学问、艺术、自然，统统靠一边去。

西方的"浪漫派"文学强调个性，推崇感性，放纵情感，因此夸张矫饰是不可避免的副产品，这些特征在郁达夫的《沉沦》中有忠实的"克隆"，借用梁实秋的不指名的批评，就是："浪漫主义者对于自己的生活往往不必要的伤感，愈把自己的过去的生活说得悲惨，自己心里愈觉得痛快舒畅。离家不到百里，便在描写自己如何如何的流浪；割破一块手指，便可叙述自己如何如何的自杀未遂；晚饭迟到半小时，便可记录自己如何如何的绝粒。"（《现代中国文学之浪漫的趋势》，1926）事实上，郁达夫在日本的生活远不像他小说描写的那样惨淡（试想，一个领着官费、衣食无愁的留学生，又能悲惨到哪儿去），即使是在写《沉沦》时，也过着逍遥的日子，用他自己的话说："写《沉沦》各篇的时候，我已在东京的帝大经济学部里了。那时候生活程度低，学校的功课很宽，每天于读小说之暇，大半就在咖啡馆里找女孩子喝酒，谁也不愿意用功，谁也想不到将来会以小说吃饭。所以《沉沦》里三篇小说，完全是笔墨游戏，既无真生命在内，也不曾加以推敲，经过磨琢的。"（《五六年来创作生活的回顾》，1927）文学史家研究证实：郁达夫留日期间曾与多位日本女子发生过恋爱关系，在名古屋曾邂逅一位名叫后藤隆子的日本女子，一见钟情，后来和一位叫雪儿的日本妇女相遇东京，时断时续同居一年；此外还与名古屋大松旅馆的侍女梅野，京都旅舍的侍女玉儿有过情感上的瓜葛（曾华鹏、范伯群《郁达夫评传》，1984），可见并不像小说中描写的那样一味地"性苦闷"。同样，在《沉沦》中，作者将主人公送进了大海，临终还对祖国发出呼唤，而在实际生活中，郁达夫并没有自杀，而是从妓院出来后，冒着大雪直接坐车回家，途中思绪翻腾，有一种"全身的骨肉都完全换了"的感觉，

并且发出这样的慨叹："沉索性沉到底罢！不入地狱，那见佛性，人生原是一个复杂的迷宫。"（《雪夜》）

三

对西方"浪漫派"文学的偏嗜，是留日作家创作的共性，或表现为天狗吞月亮式的自我扩张（郭沫若），或表现为神经质的爱的忏悔（张资平），或表现为极端的唯美主义（陶晶孙）。具体到郁达夫，别有一番意味，那就是：达夫式的伤感由一种不可救药的"名士"气质做底子；酒色、诗文、山水构成郁达夫小说的三大要素，演绎着一出出孤芳自赏、放浪形骸的悲剧。

郁达夫的名士气质来自于天生的贵族精神遗传，正如他说的那样："对于大自然的迷恋，似乎是我从小的一种天性。"假如生于豪门巨族，有机会去欧美留学，郁达夫肯定会成为徐志摩式的人物。不幸的是，他出生于破落的士绅家庭，三岁丧父，全家生活仅靠母亲摆炒货摊和几亩祖传薄田收入维持，不时要举债。如此"悲剧的出生"，养成了他"恐怖狂""神经质"的性格。（郁达夫《悲剧的出生》）在《南迁》中，作者这样自我分析："他的家庭里只有他祖母是爱他的。伊人的母亲，因为他的父亲死得太早，所以竟变成了一个半男半女的性格，所以他渐渐的变成了一个厌世忧郁的人。到了日本之后，他的性格竟愈趋愈怪了，一年四季，绝不与人往来，只一个人默默的坐在寓室里沉思默想，他所读的都是那些在人生战场上战败了人的书，所以他所敬爱的就是略名 B.V. 的 James Thomsom, H.Heine, Leopaldi, Ernest Dowson 那些人。"（按：英文人名为詹姆斯·汤姆森、海涅、莱奥帕尔迪、欧内斯特·道生）

这种性格上的变态造成一个严重的后果，就是使郁达夫自我封闭，疏离人间，丰沛的情欲不能通过正常的渠道得到释放，因此而陷于不可自拔的苦闷中。对于一个风流才子来说，这实在是一件令人难堪的事情。作为一个深受西方文化熏陶的人，郁达夫十分愿意将自己的小说上升到"灵与肉"冲突的高度，在《〈沉沦〉自序》里，作者就称此作"带叙着现代人的苦闷——便是性的要求与灵肉的冲突"。这种说法后来受到留法女作家苏雪林的抨击，苏认为：《沉沦》只充满了"肉"的臭味，丝毫嗅不见"灵"的馨香。苏对郁达夫的批判虽然缺乏同情的理解，意气用事，多诛心之论，但在"灵与肉"问题的陈述上，却不是无的放矢，作为留法学子的她对西方的宗教有相当的了解。难怪连创造社的伙伴成仿吾也不肯附和郁达夫的这种自说自话，认为"《沉沦》于描写肉的要求之外，丝毫没有提及灵的要求，什么是灵的要求，也丝毫没有说及"。进而认为："《沉沦》的主要色彩，可以用爱的要求或求爱的心 Liebe-beduerftiges Herz 来表示。"（《〈沉沦〉的评论》）

其实，郁达夫的所谓"灵肉冲突"，就是"情"与"欲"冲突，也就是说，亢奋的"欲"，由于找不到合适的对象，无法自然、正当地得到宣泄，升级为"爱"，主人公为此而苦闷焦虑；在"欲"的茫茫苦海中，"爱"的海市蜃楼显得越发迷人，诱使主人公更加疯狂地追求，尴尬于是不得不出现：在"欲"与"爱"这种互相依存、提升的关系中，"欲"由于过于旺盛，使主人公动辄受诱惑，掉入"淫妇"的圈套，永远没有升华的希望。绝望中的中国学子，理所当然把责任推向自己的"祖国"。

欲望这种东西不刺激则已，一刺激便意味着压抑；欲望膨胀得越大，压抑就越甚，这是人之常情。然而在东瀛这样一个"人情美"异常发达的国度，不受刺激又怎么可能？对于那些长期受封建道学束缚，性心理不够正常的中国学子来说更是如此。请看郁达夫眼里的东瀛女子："日本的女子，一例地是柔和可爱的；她们历代所受的，自从开国到如今，都是顺从男子的教育。并且因为向来人口不繁，衣饰起居简陋的结果，一般女子对于守身的观念，也没有像我们中国那么的固执。又加以缠足深居等习惯毫无，操劳工作，出入里巷，行动都和男子无异；所以身体大抵总长得肥硕完美，决没有临风弱柳，瘦似黄花等的病貌。更兼岛上火山矿泉独多，水分富含异质，因而关东西靠山一带的女人，皮色滑腻通明，细白得像磁体；至如东北内地雪国里的娇娘，就是在日本也是雪美人的名称，她们的肥白柔美，更可以不必说了。"

在郁达夫笔下，日本女人的眼睛总是又大又黑又亮，体形丰硕完美、极富性感。而事实上，大部分日本女人眼睛是细而小，身体小巧玲珑，并不见得那么性感。日本作家谷崎润一郎在《阴翳礼赞》里就这样形容日本女人的身体："说得严重一点，她们几乎没有肉体……像纸一样薄的乳房，贴在平板的胸脯上，腹部缩小得比胸脯还要细，从背脊到腰身到臀部都是笔直的一条，没有任何凹凸，整个身躯和脸庞以及手脚相比，瘦弱得不成比例，一点没有厚度，使人感到这不是肉体，而是一根上下一般粗的木棒。"这与郁达夫的观察，简直有云泥之别。然而，本土大师老到的眼光终究比异国学子饥渴的目光更加可靠，看来，还是郁达夫的眼睛出了偏差，多情才子亢奋的情欲，使他专注于那些"肥硕完美"的女子而不及其余，或者换一个角度说，是东瀛女子特有的扬长避短、化腐朽为神奇的装饰才能，骗过了郁达夫的眼睛。

郁达夫的眼光中无疑掺进了西方近代"两性解放"的价值观念，

唯其如此，日本女子才显得如此"肥硕完美"，并且高贵起来。比较一下《留东外史》，就更清楚了。在《留东外史》里，日本女人被描写得"淫"而"贱"，显然是作者陈腐的封建道学与"大中华"观念作怪的结果，衮衮诸公一方面在肉体感官上疯狂迷恋东瀛女子，另一方面又在精神上极其蔑视她们，呈现出一种严重的精神分裂。这方面，郁达夫无疑比平江不肖生进步得多，在他的笔下，日本女子的地位大大升级，从肉体到精神，散发着难以抵挡的魅力和不可冒犯的尊严，成为东瀛"人情的世界"无可争议的王者。这就是郁达夫受了日本女子的气，也无法恨她们，而是把怒气撒向"祖国"的真正原因。正是这种不可抗拒的历史潮流，使得《沉沦》的主人公极其夸张地喊出——

　　知识我不要，名誉我也不要，我只要一个能安慰我体谅我的"心"。一副白热的心肠！从这一副心肠里生出来的同情！

　　从同情而来的爱情！

　　我所要求的就是爱情！

　　若有一个美人，能理解我的苦楚，她要我死，我也肯的。

　　若有一个妇人，无论她是美是丑，能真心真意地爱我，我也是愿意为她死的。

　　我所要求的就是异性的爱情！

　　苍天呀苍天，我并不要知识，我并不要名誉，我也不要那些无用的金钱，你若能赐我一个伊甸园内的"伊扶"，使她的肉体与心灵全归我有，我就心满意足了。

　　从这一番呼天抢地的呼唤中，不难分辨出德国少年维特的声音，这绝不是简单的鹦鹉学舌，而是西方近代的个性解放、人道主义在东方的传响。有了这种思想垫底，郁达夫的放浪形骸与前辈名士王韬在东瀛的寻花问柳、红楼买醉就有某种质的差异。据陈翔鹤回忆：有一次在一家馆子里，某一个歌女登场了，郁达夫看了几眼，就痛苦地闭上眼睛，眼泪大滴大滴地掉下来，他们同时站起身离开了馆子。到了马路上郁达夫还是一面叹气，一面揩眼泪，告诉他说，这个歌女很像他从前在日本时的情人，她是因他引诱而堕落到几乎类似妓女的地步的，就在堕落之后，他们还不断地幽会，此刻想起来觉得是一桩罪孽。（《郁达夫回忆琐记》）

然而旧名士也罢，新名士也罢，名士就是名士，都离不开美女醇酒、自然山水、放浪形骸。然而，名士的时代毕竟已经过去，郁达夫徒有名士的才气，却没有达官的权势和巨贾的富有，追求理想的恋人势必困难重重，更何况，这是在异国他乡、暴发户的东瀛岛国，讲究实利的东瀛女子已经不吃这一套。设身处地想一想，将郁达夫这样一个心性偏弱的才子放到日本这样一个美丽而冷酷的岛国，实在有点为难他，在这种地方生存，要么像不肖生那样，凭一身侠气功夫与笔下的浪子共沉同浮，要么像鲁迅那样，甘于寂寞，潜心学问，彻底抗拒世俗的诱惑，他们是两种不同意义上的弱势文化群体中的强者。而像郁达夫那样既不能真正的堕落，享受沉沦的快感，也不能抵抗诱惑，洁身自好，升华精神，就只好在苦闷中折磨自己了，用他自己的话说，就是"向善的焦虑与贪恶的苦闷"。从本质上讲，郁达夫是一个弱者，一个不合时宜的"名士"，其尴尬的命运正像《雪夜》里描述的那样——

两性解放的新时代，早就在东京的上流社会——尤其是智识阶

级，学生群众——里到来了。当时的名女优像衣川孔雀，森川律子
辈的妖艳的照相，化装之前的半裸体的照相，妇女画报上淑女名姝
的记载，东京闻人的姬妾的艳闻，等等，凡足以挑动青年心理的一
切对象与事件，在这一个世纪末的过渡时代里，来得特别的多，特
别的杂。伊孛生的问题剧，爱伦凯的恋爱与结婚，自然主义派文人
的丑恶暴露论，富于刺激性的社会主义两性观，凡这些问题，一时
竟如潮水似的杀到了东京，而我这一个灵魂洁白，生性孤傲，感情
脆弱，主意不坚的异乡游子，便成了这洪潮上的泡沫，两重三重地
受到了推挤，涡旋，淹没，与消沉。

四

　　作为一个中日关系史上悲剧性的人物，郁达夫留给了后人太多
的沉重。他深爱东瀛女子及日本文化，却无缘开花结果；他崇拜日
本大作家佐藤春夫，视若偶像，佐藤却在日本帝国主义大举侵略中
国之际，给了他卑鄙的一击；他并非真正的战士，却在日本宣布无
条件投降之后，惨遭日本宪兵的杀害。

　　1936年，回国已十四年的郁达夫发表了两篇有关日本的文章：
《日本的文化生活》和《雪夜》，读完前者，一个不可救药的日本迷，
文化上的"亲日派"呼之欲出；读完后者，另一个爱而不得、因爱
而恨的"怨日派"跃然纸上，一个郁达夫式的"天堂/地狱"的日
本想象，呈现在人们面前。

　　在《日本的文化生活》里，郁达夫对日本文化做了一面倒的赞
美，日本的俳句、清歌、乐舞、庭院、茶道、插花、和服，无一不
佳，无一不妙，日本的酱汤，亦有特殊的开胃健身之功，曾助他康

复病体。作者甚至这样宣称：在日本住上三五年以后，"这岛国的粗茶淡饭，变得件件都足怀恋；生活的清苦，山水的秀丽，精神的饱满，秩序的整然，回想起来，真觉得在那儿过的，是一段蓬莱岛上的仙境的生涯"。这时的郁达夫，沉浸在美妙的回忆中，仿佛忘了当年在日本受的窝囊气，忘了身为"支那人"的屈辱。而到了自传体散文《雪夜》，情形大变，尽管作者对日本文化仍有很高评价，比如一上来就说："日本的文化，虽然缺乏独创性，却是富有创造的意义的；礼教仿中国，政治法律军事以及教育设施仿德国，生产事业泛仿欧美，而以她固有的那种轻生爱国，耐劳持久的国民性做了中心的支柱。根底虽然不深，可枝叶却张得极茂，发明发见等创举虽则绝无，而进步却来得很快。"味道却已经不一样，果然，作者笔墨一转："新兴国民的举止，原也豁荡，但对于奄奄一息的我们这东方古国的居留民，尤其是暴露己国文化落伍的中国留学生，却终于是一个绝大的威胁。""有智识的中上流日本国民，对中国留学生，原也在十分的笼络；但笑里藏刀……至于无智识的中下流——这一流当然是国民中的最大多数——大和民种，则老实不客气，在态度上言语上举动上处处都直叫出来在说：'你们这些劣等民族，亡国贱种，到我们这管理你们的大日本帝国来做什么！'简直是最有成绩的对于中国人使了解国家观念的高等教师了。"行文至此，作者点出问题的要害："是在日本，我开始看清了我们中国在世界竞争场里所处的地位；是在日本，我开始明白了近代科学——不问形而上或形而下——的伟大与湛深；是在日本，我早就觉悟到了今后中国的命运，与夫四万五千万同胞不得不受的炼狱的历程。而国际地位不平等的反应，弱国民族所受的侮辱与欺凌，感觉得最深切而亦最难忍受的地方，是在男女两性，正中了爱神毒箭的一刹那。"

接着，作者以生花妙笔，描绘出一个天堂中的地狱——

当时的东京，除了几个大公园，以及浅草附近的娱乐场外，在市内小石川区的有一座植物园，在市外武藏野的有一个井之头公园，是比较高尚清幽的园游胜地；那里有的是四时不断的花草，青葱欲滴的列树，涓涓不断的清流，和讨人喜欢的驯兽与珍禽。你若于风和日暖的春初，或天高气爽的秋艳，去闲行独步，总能遇到些年龄相并的良家少女，在那里采花，唱歌，涉水，登高。你若和她们去攀谈，她们总一例地酬应；大家谈着，笑着，草地上躺着，吃吃带来的糖果之类，象在梦里，也象在醉后，不知不觉，一日的光阴，会箭也似的飞度过去。而当这样的一度会合之后，有时或竟在会合的当中，从欢乐的绝顶，你每会立时掉到绝望的深渊底里去。这些无邪的少女，这些绝对服从男子的丽质，她们原都是受过父兄的熏陶的，一听到了弱国的支那两字，那里还能够维持她们的常态，保留她们的对人的好感呢？支那或支那人的这一个名词，在东邻的民族，尤其是妙年少女的口里被说出的时候，听取者脑里心里会起怎么样的一种的被侮辱，绝望，悲愤，隐痛的混合作用，是没有到过日本的中国同胞，绝对地想象不出来的。

将《雪夜》与《沉沦》做互文的阅读，人们在发出会心微笑的同时，不能不惊讶郁达夫的迂阔，时过境迁，名士派头一点没有改变，其伤感自怜的灵魂由此得到更加清楚的彰显。天堂中的地狱，这是郁达夫对东瀛岛国的独特定位，用来概括郁达夫留日小说的主题，也很确切。

郁达夫无疑是一位"日本通"，但是一位跛脚的"日本通"。他对日本的认识太个人化、太主观，缺乏必要的冷静与客观。囿于根深蒂固的名士气质，郁达夫沉浸于"蓬莱仙岛"的想象中，将日本当作"意淫"的对象，正如在自传中写下的那样："你若从中国东游，一过濑户内海，看看两岸的山光水色，与夫岸上的渔户农村，即使你不是秦朝的徐福，总也要生出神仙窟宅的幻想来，何况我在当时，正值多情多感，中国岁是十八岁的青春期里哩！"（《海上》）由于所欲不遂，便生出弱国子民的"性苦闷"，生出对祖国的埋怨，生出对日本军国主义的仇恨，然而对日本军国主义的成因，对日本人的"岛国根性"，郁达夫的小说几乎没有涉及。坦率地说，这实际上是一种孩子式的任性。难怪在归国的途中，受尽"东洋罪"的郁达夫冒着毒辣辣的三伏太阳，在门司登岸，来到艺妓一条街，对"日本最美的春景"做最后一次"饱看"，作者以悲怆的笔调这样写道："幸町是三弦酒肉的巢窟，是红粉胭脂的堆栈，今天正好像是大扫除的日子，那些调和性欲，忠诚于她们天职的妓女，都裸了雪样的洁白，风样的柔嫩的身体，在那里打扫，啊啊，这日本最美的春景，我今天看后，怕也不能多看了！"（《归航》）然而，日本既不是天堂，也不是地狱。日本就是日本。

沉重的失态

——解读成仿吾

　　20世纪20年代，中国文坛冒出一匹令人生畏的"黑马"，手持革命的利斧，四面出击，礼拜六、章士钊、胡适、鲁迅、周作人、俞平伯、冰心、徐志摩、刘半农、许地山、泰戈尔……都吃过他的家伙。此公便是留日海归，创造社巨头成仿吾。在现代以降中国文学/文化激进化的历史进程中，成仿吾扮演了一个重要的角色。

　　按照当然的想象，成仿吾的利斧也会抢向日本的资产阶级反动派。使我略感意外的是，查阅成仿吾文集，除了极个别的作品，日本在他的笔下几乎是个空白。成仿吾十三岁就到日本，二十四岁回国，在东瀛整整住了十一年，令人惊异的是，至少从表面上看，日本的文化风土没有在他身上留下多少痕迹，而他对这个堪称"第二故乡"的国度也冷淡到了极点。

　　《东京》是成仿吾唯一一篇描写日本的散文。1923年9月1日，日本关东地区发生的8.2级大地震，将东京、横滨的大部分地区夷为平地，夺走十四万条生命。这场举世震惊的天灾触动了成仿吾的灵感，封存的记忆纷涌而出，给他带来了不可名状的快感。文章一上来就写道：自从东京大地震的消息传出以来，他每天格外地提早起床，匆匆洗漱之后，就背着手独自在斗室中围桌徐行，等待那天的报纸，准备一饱眼福。此时成仿吾的眼里，那"满纸的大大小小的黑棒"都是美丽的舞蹈，他为这种"死亡枕藉"的壮观折服，只觉得"寻不出适当的文字来赞美"。作者后悔自己早早回国，没有再等两年，错过了这"千载一时"的领略壮观的机会，然后发起议论——

　　我羡慕那些生存的人，因为他们身尝大地震的陶醉，目睹大地震的壮观，尽量享乐了。我也羡慕那些遭难的人，因为死神对于他们特别慈爱，没有使不必要的死之恐怖与痛苦来恼他们，便让他们进天国门去了；而且他们之中的政治家，永远解放了政争中患得患失之心；资本家永远解放了打算的手指与吸血的刺；劳动者永远解放了不平的愤恨；大学者也永远解放了浮士德一样的心焦；文学家更永远由众愚的冷遇和无聊的文人们的嫉妒与才毁解放了——这些都是他们所切要的，死神运用他的全神，一举为他们包办了。

　　如此冷酷无情的言论，出自成仿吾那样的左翼斗士之手，似乎很不应该。然而比起对大地震"醉人的荡摇"和东京火灾"极壮丽的光景"与"诗意"的描绘，那就不算什么。作者直言不讳地表示："假如我喜欢日本，那是因为我喜欢她的地震与火灾"，文笔并非一流的成仿吾此时超常发挥，写出了真正的美文："地震时的光景如象在我眼前。我们的不忠实的船儿，忽然作怪起来了。摇荡，倾斜，覆灭，惊愕的叫喊，这是何等醉人心魄的活动影戏！狂奔，脱险，呆立，号哭，这又是何等催人沉醉的情景！我如适逢其盛，我定蹒跚而奔，教男人用白布缠头，提起木鞋飞跑，教女人卷起长袍，露着腿儿乱窜。于是我将自造一种解释，当他们在醉醉而轻歌妙舞；看花时节的猖狂，当能助我证明我有观察之不误。"读着这些文字，一股寒气不由从我背后嗖嗖升起，天性纯朴、疾恶如仇的成仿吾，竟写出了如此有违人性的文字，不能不使人感到深深的困惑。确实，无论是从人道的角度，还是从阶级的角度，都无法解释这种失态的言论。成仿吾是若干年后"革命文学"的狂热鼓吹者，"农工大众""阶级意识"喊得山响，举着这根大棒没少教训过人，难道当时一点没意识到：死于这次大地震的，多数都是日本的无产阶级？

　　除了赞美地震与火灾，女人也是《东京》幸灾乐祸的对象，篇幅不长的《东京》三次提到了日本女人，对中国留学生迷恋"易于到手"、肉体丰满的东瀛女人竭尽嘲讽之能事，其中这样写道："有人听了东京的天灾，便想起了他在东京时爱过的妇女。我不曾爱过什么女人，然而这回女人死的一定不少，却也不免使人觉得可惜。而且混乱之中，多少美丽的'弱者'为鸡一般淫的男人所毁坏了，尤足使人愤恨。不过她们至少可以与那些穷无所归的女人去以皮肉维持生活，或者组成娘子军，远去他乡，为侵略主义的先锋队。这倒是对于我们的东邻极可欣贺的事。"思想激进、饱读西方浪漫主义文学作品的成仿吾，此时差不多已经降低到《留东外史》的水平，实在令人诧异。

　　读了《东京》人们一定会对它的作者留下这样的印象：这是一个集褊狭的民族主义、冷血动物和性心理变态为一体的令人悚然的人物，并且疑问：作者在日本留学时到底受了什么气，何以对日本憎恨到这种程度？然而，无论是成仿吾本人，还是伙伴的回忆，都没有提供相应的证词。《东京》里透露的，毋宁说是相反的信息，其中这样自述道："我少年时代最快活的时期是在高等学校时代过的，那时候我还只有十八九岁，那南方的小都市的气候既好，大学又如在我们的目前，不断在激发我们的知识欲，而一种少年时代所特有的自负与骄矜又无不在使我们自满，那时候我的心中真只有春朝的宴欢与生之陶醉了。"——这是成仿吾在日本冈山上高等学校时的情形，入了东京大学后，"也没有什么可哀的事情来扰我"，倒是那一次集体罢课回国，目睹了中国的黑暗现实后，让成仿吾感到了真正的"悲哀"。如此看来，成仿吾对日本一面倒的憎恨理由并不充分。

然而这仅是事情的表面。成仿吾写于留日后期的小说《一个流浪者的新年》，为我们提供了更为真实的证词。小说描写一位中国学子在异国过年的经过和感受，通篇散发着一种挥之不去的伤感虚无，一种刻骨铭心的孤独凄凉。这位中国学子，"他的脸总带着一种惨黄色；他的眼睛，好象被什么东西压住，开不起的一般，小得不称他长瘦的脸，并且时常注视他的前面，好象在默想什么似的"。——这不正是成仿吾的自画像吗？小说的笔调冷静而节制，但这种冷静节制中，包含着巨大的压抑的能量，犹如台风来临之前令人窒息的平静。对于这位中国学子而言，异域生活除了孤独寂寞，还是孤独寂寞，没有任何意义；这里的一切，不管怎样的热闹繁忙，红红绿绿，都与他无关。其中这样写道——

他——一个多年的流浪人——每天踏着喊咤喊咤的枯叶，跑到街上干完了他的事，又喊咤喊咤的跑回他的住的地方，也知道这一年又剩不到几天了。不过他的感想就尽于这一句话。因为他过的是那么单调的生活，他知道冬天去了，又是春天；夏天去了，少不得又是秋天。大自然在他眼里，也好象不过在奉行故事，同他一般。过年这事情，对于他的生活的影响，就是乘着年假，休息几天，有时候这几天年假，反使他无聊的不堪。他随便到哪里，都只一个人。他有兄弟在他的本国，但是他老早就不想他们的事了。他想：我想他们的事，就有什么好处？只落得一身的烦恼罢。他也不知道到这地方几年了，若不是他平素每天看报，他定会把年月都弄不清楚。

小说平铺直叙，流水账一样记述中国学子从年前到初八的经历与感受，没有任何故事情节，却有一种逼人的压抑感，其中对除夕之夜几位中国学子守岁场面的描写，堪称惊心动魄，现实与记忆的巨大反差，将中国学子带入无法释怀的幻灭与悲哀中。其中这样写道："那钟到十二点钟只差三分了，两分了，一分了。隔壁的一座大钟，嘀嗒嘀嗒的，好象十分高兴一般，在那里响，那屋子里的空气紧张到十二分了。谁也不敢作一声。他们听见屋檐边的水滴和他们自己呼吸的声音，这些好象都在含着这两座钟的嘀嗒嘀嗒的音响。到头来，隔壁那座大钟一下一下的打起来了。他们好象听见什么天启一般，把耳朵竖起，把头偏向那边，好象怕听漏了什么似的。"这段描写以动写静，将中国学子内心的焦虑与绝望表露无遗。

成仿吾写这篇小说时，还在东京帝国大学工学部留学。读了这篇小说，我们大约可以理解他为什么弃工从文，为什么放弃即将到手的东京帝国大学的文凭，突然回国，从事创造社的文学活动。据成仿吾后来的说法，是日本军阀的"二十一条"，促使他走上了文学的道路。这当然不算错，但背后还有更重要、更内在的原因。成仿吾当时的精神状态，正如这篇小说描写的那样，正处于一种难以排解的空虚和绝望中。这种情绪，在他同时期的诗作中有更清楚的表达，在《白云》中，成仿吾这样写道："海青色的天空里，/漂着一块冰一般的轻云，/哦，我怎么样想把你/一口气吞下，/消我胸中的炎火！"在《冬天》中作者这样写道："我心被压得重重，/我疑我的血液已不流动。""身心久已疲倦极了，/上下四方一看——/唉，哪边是岸！"在《残雪》中作者这样哀叹："啊，美的末路！/啊，善的末路！/Apollo 的神箭，/射得你莫容存在。空剩有血流荒野，/空剩有泪如珠下。"可见，文学创作成了成仿吾当时释放苦闷和压抑的唯一出口。据张资平回忆，东京帝大工学部毕业考试前夕，成仿吾以"飞机与风力"为研究题目，每天在工科大学的地窖里吃冷饭团，实验风力，三四台大小不一的风扇吹得山响，没有功课的时候，他常约郁达夫一起去地窖，一看见他们到来，成仿吾便无心实验，马上与他们热衷地谈起办同人杂志的事。（《曙新期的创造社》）

　　值得注意的是，成仿吾留日时期的写作并没有涉及国家民族的问题。在《一个流浪者的新年》里，背景被作者尽量地淡化，甚至没有点明是日本，中国学子与环境完全脱节，仿佛置身于一个与周围绝缘的透明玻璃罩子里。这种处理手法在同时的留日文学作品中极为罕见。而从小说的整体氛围看，作者也毫无强调"弱国子民"的意思，尽管知情人读了这篇小说，可以体味中国学子在日本的辛酸与日本人的岛国根性之烈。这与郁达夫在《沉沦》中将中国学子的"性苦闷"归罪于祖国的不强大，构成了鲜明的对比。成与郁性格上的差异，由此可见一斑。比起郁达夫，成仿吾无疑更具强者的气质。据他自己回忆：在名古屋第五中学读书时，同班一个日本同

学常在他面前挖苦中国人，有一天指着他说：你们中国人，男人梳
小辫，女人裹小脚，成仿吾警告他闭嘴，他不听，成仿吾上去就打
了他一个耳光，从此以后这个同学见了他就躲。(《人生的开始》)

　　然而成仿吾的强者气质中包含着令人悚然的成分。据郁达夫透
露，成仿吾直到三十岁还是童身。一个身强力壮、血气方刚、饱受
"浪漫派"文学熏陶的中国学子，在两性关系宽松、人情丰沛的东瀛
生活十一年，保持金刚不坏的童身，这需要何等的超人的意志！然
而，压抑愈大，反弹愈强，成仿吾刀枪不入的禁欲之下，必定涌动
着莫名的焦虑。从照片上看，成仿吾其貌不扬，个头矮小，有几分
像孙悟空；而且，接触过的人都知道，成仿吾性格木讷，一口湖南
新化腔，总是让人不得要领。然而，上帝偏偏赋以他不俗的才华和
超人的意志。郭沫若在《创造十年》中这样描述："我和成仿吾相识
是在 1916 年夏天，我初进六高的时候，仿吾要比我小三岁，但他的
学级却早我一年。他学的是工科，很有语学上的天才，他对于外国
语的记忆力实在有点惊人。他最初是和他的大哥成劭吾一道到日本
的。他的大哥进了名古屋第八高等时，和几位朋友译过一部英文字
典。仿吾在旁边也帮过誊录和校对的工作。他自从有过这样一番根
底之后，他在高等学校三年间是没有用过字典的。""他到日本时年
纪很小，但他对于中国的旧文献也很有些涉历。我们在冈山同住的
时候，时常听见他暗诵出不少诗词。这也是使我出乎意料的事。大
抵仿吾的过人处是在他的记忆力强，在我们几个人中他要算是头脑
最明晰的一个。"

　　其貌不扬、性格木讷而才学丰沛、志存高远的成仿吾，来到日
本这样一个"人情美"与"岛国根性"互补的国度，不受压抑，心
理不发生变态，那才叫怪。不像郭沫若、郁达夫、张资平，个个具

备文人的风流气质，往往是一边受着"小日本"的气，一边交桃花运，压抑的能量多少能够得到释放，对日本因此是一种复杂的心态，既恨又爱，爱恨交加。成仿吾不同，可以说，他对日本没有一点爱，只有一种宽乏的恨。唯其如此，才会写出《东京》这样有违正常人性的"奇"文。由于先天不足，成仿吾只能在书本里消耗生命能量，无缘通过爱情释放生命能量，日积月累，造成变态心理，成为一个"女性厌恶者"。对此，成仿吾也有自知之明，在1924年3月28日致郁达夫的信中，他这样写道——

关于我结婚的事，我以为你此后倒可以不要再为我忧愁，因为我只要听到了女人二字，就好象看得见一张红得可厌的嘴在徐徐翻动着向着我说："你虽然年轻，不过相貌太不好，你的袋里也没有几多的钱。"托尔斯泰生得丑陋，每以为苦，但是他颇有钱，所以倒也痛饮过青春的欢乐。像我这样赤条条的人，我以为决不会有什么女人来缠我，对于一个misogamist（婚姻厌恶者），这倒也不是怎样坏的境遇。(《江南的春讯》)

成仿吾后来转向文学，放弃学习多年的工科兵造专业，这种心理压抑起了直接的驱动作用。郭沫若曾这样评论他的文学创作："仿吾初期的诗和散文是形成着一个奇异的对照的。他的散文是劲峭，有时不免过于生硬。他的诗却是异常幽婉，包含着一种不可捉摸的悲哀。你读他的诗，绝对联想不到他在学造兵科，是和大炮、战车打交道的人。"郭沫若说得的不错，无论是"劲峭""生硬"，还是"不可捉摸的悲哀"，都是生命受到压抑后的不同流露方式。

　　如果说长达十一年的留日生涯造成了成仿吾激进的气质的话，回国之后的颠沛流离、到处碰壁的人生际遇，则进一步加重了这种激进。它直接影响了成仿吾后来的文学批评事业，催生了一个令人望而生畏的文坛"黑旋风"。

　　成仿吾虽具丰沛的才学，艺术感觉却不发达，甚至存在缺陷。这典型地表现在他对郭沫若的诗歌《雪朝》和鲁迅的小说集《呐喊》的看法上。在《创造十年》中，郭这样写道："仿吾最喜欢我那首《雪朝》，但他不高兴那第二节，说是'在两个宏涛大浪之中来那样的蚊子般的音调？'但那首诗是应着实感写的。那是在落着雪又刮着大风的一个早晨，风声和博多湾的海涛，十里松原的松涛，一阵一阵地卷来，把银白的雪团吹得弥天乱舞。但在一阵与一阵之间却因为对照的关系，有一个差不多和死一样沉寂的间隔。在那间隔期中便连檐溜的滴落声都可以听见。那正是一起一伏的律吕，我是感应到那种律吕而做成了那三节的《雪朝》。我觉得要那样才能形成节奏，所以我没有采纳仿吾的意见。"——郭沫若是成仿吾的铁哥们儿，都无法认同这种外行之论，可见他确实是一个艺术的门外汉。这样的人搞文艺批评，肯定是牛头不对马嘴。

　　1923年鲁迅的小说集《呐喊》出版后，成仿吾在《创造季刊》发表文章，认为《狂人日记》《孔乙己》《阿Q正传》等都是"浅薄""庸俗"的"自然主义"作品，只有《不周山》一篇，"虽然也还有不能令人满意的地方"，却是表示作者"要进入纯文艺的宫廷的"的"杰作"。(《〈呐喊〉的评论》)文学史早已证明成仿吾的谬误，他将鲁迅的最高杰作，同样也是中国现代文学的最高杰作一棍子打死，却将另一篇有瑕疵的《不周山》抬为"杰作"，可谓"哪壶不开偏提哪壶"。若干年以后鲁迅在《故事新编·序言》中这样回敬成仿吾："这时我们的批评家成仿吾先生正在创造社门口的'灵魂的冒险'的旗子下抡板斧。他以'庸俗'的罪名，几斧砍杀了《呐喊》，只推《不周山》为佳作，——自然也仍有不好的地方。坦白地说罢，这就是使我不但不能心服，而且还轻视了这位勇士的原因。我是不薄'庸俗'，也甘自'庸俗'的；……《不周山》的后半是很草率的，决不能称为佳作。倘使读者相信了这冒险家的话，一定自误，而我也成了误人，于是当《呐喊》印行第二版时，即将这一篇删除，向这位'魂灵'回敬了当头一棒——我的集子里，只剩下'庸俗'在跋扈了。"

阅读成仿吾这个时期的文学批评，是一件令人难堪的事，那种居高临下教训人的口气，那种不可一世、唯我独"革"的劲头儿，那种对现实和现行社会体制的非理性的极端的仇恨，那种对未知的乌托邦理想的狂热，都令人感到悚然。随着时间推移，成仿吾变得越来越激进，到后来，连"人道""人性""个人"，甚至连"趣味"都判给了资产阶级，无产阶级只剩下赤裸裸的、通体发光的"神性"。在《从文学革命到革命文学》一文中，成仿吾否定了除创造社以外的一切新文学的成就，认为那是以一个将被扬弃的阶级为主体，以它的意识形态为内容，创造的一种非驴非马的语体，发挥着小资产阶级的劣根性。作者进而向人们发出最后通牒——

资本主义已经到了它的最后的一日，世界形成了两个战垒，一边是资本主义的余毒法西斯的孤城，一边是全世界农工大众的联合战线。各个细胞在为战斗的目的组织起来，文艺的工人应当担任一个分野。前进！你们没有听见这雄壮的声音么？

谁也不许站在中间。你到这边来，或者到那边去！

　　成仿吾曾不遗余力地鼓吹文学的"自我表现""灵魂的冒险"，其实他并不是那种能够以文学寄托生命的人，他曾发心研究托尔斯泰，却很快放弃，显然托尔斯泰的"非抵抗主义"不对他的胃口；后来又研究屠格涅夫，结果也是不了了之，因为屠格涅夫温和的改良主义不符合他的激进的政治理想。总之越到后来，文学的画饼充饥越不能满足成仿吾。他最终放弃"文学"，走向"革命"，回到大炮与战车——当然是中国共产党指挥下的大炮与战车，成为万里长征途中唯一的大学教授。

　　这个过程有它的必然性，正如成仿吾在1924年3月28日致郁达夫的信中倾诉的那样："从小深处僻地的家中，全然没有与闻世事，十三岁时飘然远去，又在异样的空气与特别的孤独中长大了的我，早已知道自己不适于今日的中国，也曾痛苦过命运的悲惨，然而近来更觉我与社会之间已经没有调和的余地了。我要做人生活，社会强使我苟且自欺；我要凭良心的指挥，社会便呼我为疯狗。这样的状态是不可须臾容忍的，而我所有的知识没有方法可以使我们自拔出来；在这样的穷境中，我终于认识了反抗而得到新的生命，不错，我们要反抗这种社会，我们要以反抗社会为每天的课程，我们要反抗而战胜！"这番话告诉我们，成仿吾内在的焦虑在外部压迫的刺激下日趋升级，反抗社会成为他的人生宗旨，在这种迷狂的状态下，斧法紊乱，伤及无辜，是不足为奇的。梁实秋曾这样批评他："你未免太气盛了！疾恶如仇，心直口快，原是我最佩服你的地方，对于正义的热情有时太急烈了，时常反而自陷于理论的错误而不自觉。"鲁迅也讽刺过成仿吾过激的革命姿态："好似革命一到，一切非革命者都得死，令人对革命只抱着恐怖。"说得都很到位。由此来看成仿吾《东京》的非人道主义，对《呐喊》牛头不对马嘴的酷评，精神绑架味道极浓的《从文学革命到革命文学》，就比较清楚了。成仿吾在漫长的留日时期，内心郁积了太多的负能量，回国之后得不到疏导，变本加厉，达到"井喷"程度。时代的苦闷与迷狂通过成仿吾得到释放，犹如成仿吾借关东大地震释放一下对日本的恶气。他的失态，令人感到历史的沉重。

移根的代价与收获
——陶晶孙的世界

一

　　提起陶晶孙这个名字，如今的文学青年恐怕没有几个人知道。这位创造社的元老，中国"现代派"文学的先驱，由于政治的原因，在过去很长的时间里一直顶着"落水文人""汉奸"的恶名，惨遭埋没。不过公平地说，陶晶孙在中国文坛的寂寞，并不单单是由政治造成的，就像沈从文、张爱玲曾经遭遇的那样。

　　郑伯奇在《中国新文学大系·小说三集》导言中这样评介陶晶孙——

　　陶晶孙在日本住得最久。小学校就是在日本读的。他用日本文写作恐怕比用中国文字还要方便些。他的第一部创作《木犀》，就是用日文写的。当时，留日学生中，几个爱好文艺的同学，组织一个同人杂志，名叫"格林"（Green），《木犀》便在那上面发表。郭沫若觉得写得很好，才翻译过来，登在《创造季刊》。在创造社初期几个同人中，他的艺术才能最丰，而这才能又是多方面的。他能写作，他又精通音乐；他对于美术有理解，他又能自己设计建筑；他是学医的，他又能观测天文。回国以后，他参加过戏剧运动，无论编剧，导演，照明，效果他都可以干得；而他又是最初倡导木人戏的一个。他是这样多才多能的人，可惜留下的成绩并不多。创造社的初期，他正在大学读书；后期的活动，他曾经参加，可是不久他又回到医学的研究室去了。他的创作，大约都收在《音乐会小曲》的一部小说集里面。在文学的理论，他并没有主张什么主义；但就他的作风看来，当然属于浪漫派。不过，他没有沫若仿吾那样的热情，也没有达夫那样的忧郁。在初期，他有点艺术至上的倾向。他保持着超然自得的态度。生活的苦闷，至少，在他的学生时代是不会有的。所以，他初期的创作找不出个人的呻吟和对于社会的反抗。他自小离开了中国，他言语表现颇富于异国的风趣。他的作品，因此颇带上一种独特的香气。

作为创造社的同人，郑伯奇在肯定陶晶孙艺术才能的同时，对他的艺术创作又有相当的保留，由此可见陶晶孙在创造社里较为特殊的位置。受历史条件的限制，郑伯奇没有看到陶晶孙在中国"现代派"文学史上先驱的地位，这也是自然的。

陶晶孙某种程度上令人想起李金发，两位都是没有国学根底的人，两位母语表达能力都有限，结果两位都成了中国"现代派"文学的鼻祖。不同的在于，李金发以蹩脚的母语直译法国象征派诗歌，歪打正着，暴得大名，陶晶孙以和式汉语追摹日本的"新感觉派"，艺术上别开生面，却无人理会。这种艺术上的"世态炎凉"，细细想来，与一种"历史的世故"，也就是"进步"观念之下崇洋媚欧的文化心理，有很大的关系。近代以降，西潮东渐，欧风美雨濡染人心，"全盘西化"成为压倒性的文化思想趋势，中国的"现代派"文学正是在这样的背景下发生。李金发来自"现代派"本家的法国，陶晶孙却是来自"二道贩子"的"小日本"。"大中华"观念根深蒂固的国人追捧前者，轻视后者，是正常的。

　　然而这仅是事情的一方面，除此之外还有更重要的原因。陶晶孙曾这样解释自己作品不受欢迎的原因："陶晶孙有个主张，中国文学如要普遍大众，须要减少字数，不用老句子，用浅近白话，因此他有意不读老文章，可是他不知道中国社会不合罗曼主义，自己的作品为不合中国大众胃口的罗曼主义作品，他往往见他的作品不受赞词。"（《牛骨集·记创造社》，1944）在《晶孙自序》里，他这样写道："我的这期的东西就是这个，没有文字之新造而有文句文章的新造，排斥旧句之一切引用，反有外国字句和思想的引用，结果有不能懂的文章，不能懂的思想，仅能理解于很高级之知识保有者及感觉所有者。""我国罗曼主义的创造，其实没有多少作品留着，因为我国社会情形不便把这个柔弱美丽的花盛开之故。弃美丽之花于垃圾，觉得有些可怜，把柔弱之花放在街上，不忍其被践踏。"（《晶孙全集》，1932）这些话都不无道理，但遗漏了最重要的一点。其实，笼统地说"中国社会不合罗曼主义"并不确切，事实上，"罗曼主义"在现代中国文坛一直占有很大势力，否则就无法解释创造社在当时中国文坛上显赫的地位及日后"革命浪漫主义"的一统天下。当然"罗曼主义"是一个笼统的说法，范围很大，涵盖多种多样的文学艺术流派，因此与其说"罗曼主义"不合中国社会，不如说陶晶孙笔下的"罗曼主义"不合中国社会。不像郭沫若、郁达夫，以抢天呼地、极端化的方式，表达中国人积压已久的苦闷和破坏反抗的情绪，陶晶孙总是在艺术的象牙塔中浅唱低吟，编织"幻想的谎语"，得不到时代的青睐是很自然的。

此外，陶晶孙还有一个致命的弱点，那就是国语能力的低下，这才是他的作品"不受赞词"的根本原因。陶晶孙自己承认，他的母语只有中学的水平；与此形成巨大反差的是他的日语，陶晶孙日语的出色，已经不能用"精通"来形容，简直达到了出神入化的程度，在创造社乃至整个留日作家中，无人能出其右，甚至连东瀛本土的文士都佩服有加。日本作家草野心平盛赞陶晶孙的日语具有自己的特色："这样的富于日本语个性的、使人惊愕的文章表现出了他独特的智慧。"著名思想家竹内好也认为："他的日本语文章很简练，有诗人般的细腻，感觉敏锐。看起来跟一般人一样，却极有个性地熟悉日本语的特质。"（《陶晶孙百岁诞辰纪念集》，1998）然而，母语能力与外语能力的失衡，给陶晶孙带来了尴尬的后果。当年郭沫若在国民党政治部第三厅当领导，有一次与陈诚商量对敌宣传的事，郭沫若对陈表示：对敌宣传要搞好，光靠几个从日本回来的留学生是不行的，必须有日本朋友的帮助才行，譬如自己，前后在日本待了二十年，过着与日本人差不多的生活，但日本话仍没有到家。陈诚听了这番话，开始不相信，郭沫若于是说了这样一番话："凭我自己的经验，凡是学一种外国语，要从小时候起就受到外国人的小学、中学的教育，那样才可以到家，但那样的人可能就不是中国人了。如果上了二十岁才到国外去开始学习的，即使学到老，也不见得会到家。"（《洪波曲》，1948）

陶晶孙的情形，正中郭沫若所言。若从文化人格、思维方式和艺术趣味上说，我们只能说陶晶孙已经不是一个中国人，而是一个日本人。当他以蹩脚的、深受日语思维方式影响的母语表达自己的感受，描写自己的生活时，必然会弄出一种不伦不类、奇妙难解的文字，这种文章往好里说，是朦胧含蓄、东洋趣味，往坏里说，则是佶屈聱牙、文理不通。陶晶孙如果是个诗人，或许可以扬长避短，诗可以朦胧，可以晦涩，甚至可以云山雾罩，可惜他是写小说散文的，文类的性质，决定小说散文必须有相对的明晰性、可解性，否则就难以成立。这也是中国文坛接受李金发的"象征主义"，不接受陶晶孙的"新感觉派"的另一个重要原因。

陶晶孙是创造社作家中唯一没有改行、放弃自己专业的人，写作始终只是他的业余爱好；而在医学科学领域，陶晶孙同样是一位成就卓著的人，他是中国社会医学的开拓者，发表过大量医学论文，从以下列举的文章篇目中，可以看出他作为一个医学家的勤勉和杰出成就：（1）上海市小学生肠内寄生虫调查；（2）街道上咯痰中的结核调查；（3）江苏省地方天花蔓延及种痘结果的相关研究；（4）中国健康男子有关包皮的统计研究；（5）无锡实验卫生模范区的生态统计学报告；（6）苍蝇传播蠕虫卵的研究；（7）中国健康女子月经初潮的观察；（8）中国衣食住管见；（9）中国新医学受难史序论；（10）关于天花传入中国的考察；（11）江苏农村地区子女顺位死亡情况调查；（12）关于台湾人口现状及其对策……正如陶晶孙自己所言："原来我是一个极同情于病苦，又是从基础科学而进于生物学而进于生物物理学的，对于纯粹科学有热烈欲燃的热心的一个学生。"陶晶孙以医学救助人类，造福社会，以文学慰藉自己的感情，安顿自己的心灵，坚持"为艺术而艺术"的写作立场。这种写作方式应当说有很大的优越性，很符合艺术规律。艺术家的敏感多情与科学家的冷静缜密相结合，本可望开出丰盛的文学之花，可惜历史没有给陶晶孙提供这样的机会，而母语能力的低下，前提性地限制了这位才情横溢的作家。一块石头将他绊倒在地。陶晶孙留日时期的小说创作，宛如一颗并不耀眼的彗星，悄无声息地划过中国文坛的夜空。

二

　　然而，在日本文化界，陶晶孙却是受到的尊重和评价仅次于鲁迅的中国作家。著名中国文学研究家伊藤虎丸在给中国文化界领导人的信中这样写道："陶晶孙是受日本人，特别我们这一代人最为敬爱的作家之一，不仅如此，从我们这样的日中近代文学史专家的立场而言，不能不说陶晶孙实际上是与鲁迅有同样意义的作家。在中国近代文学史上，创造社中陶晶孙的地位虽不说是比郭沫若或郁达夫的更高，但从中日交流史的观点与对日本的文学和思想给以影响的作家而言，除鲁迅而外，陶晶孙是唯一的人物。可以说，在日本郭沫若是在政治上有名，相当多的日本人知道他的名字；喜欢郁达夫的作品，对他作研究的日本的中国文学研究者（即使是少数）也有。但从他们给日本文学的思想影响来说，我们作为中国文学研究者感到有几分遗憾的是他们对在日本认为是当然的事，不能加以全面的考虑。而唯有陶氏的情况有所不同。"（《陶晶孙百岁诞辰纪念集》，1998）

　　确实，日本人有足够的理由喜欢陶晶孙，他是一位真正的亲日者、知日家，并且能以日本人喜欢的、能够接受的方式"亲日"。这一切，源于他善良的本性与文化性格的日本化，唯其如此，陶晶孙才能站在日本人的角度，设身处地替日本的前途考虑。不像郭沫若、郁达夫，即使对日本再了解，也总归隔一层；不像周作人，即使再迷恋日本文化，也不出中国士人的文化立场。此外还有一个重要因素，就是陶晶孙与爱妻佐藤操的爱——那场超越了种族国界、经受了险恶的战火考验的爱，这是中日文化交流史上一件难得的"杰作"，为陶晶孙笔下的"东瀛女儿国"平添一个最有力的注脚。比起郭沫若未能经受非常时期的考验，一味推诿于日本军国主义的"迫害"，遗弃患难之妻安娜，另筑新巢，陶晶孙坚贞不渝的爱不能不令人肃然起敬（参见泽地久枝《一海相隔　血链相系》，《陶晶孙百岁诞辰纪念集》，1998）。

同样值得一提的，是陶晶孙的晚期日语写作在日本文化界的影响。1950 年 5 月，饱受离乱的陶晶孙从台湾流亡到日本，回到他的第二故乡，开始了日语随笔的写作。在《落第秀才——日本》一文中，陶晶孙这样写道："如果不回避的话，日本和德国，因一度强暴之故，就被老师看作是落第的秀才，跟在卑微的殖民地人民后面一起干。说是要再次努力前进，要'再次优越'，并把其他学生挤掉，加以蔑视，老师对此要责备。而且老师从一开始就并不允许日本再次成为强国。"在绝笔《为了中日友好》一文里，他这样写道："倒向西欧文化的结果就是十一年前开始的对珍珠港的袭击，好容易进入伙伴后又被列强打倒。而如今奇怪的是，过去我国想当太监的人，自己的某处被割，被邻居唾弃，却还要学礼仪，准备贿赂，好像要出去做官了。没有吃过苦头，再次偎靠列强的心意却显示出来。这样就把人民大众置于鲁迅所谓的尚未实现奴隶志愿的境地。"据说这一段话在追悼会告别仪式上由牧师（陶晶孙名义上是基督徒）读出的时候，全场每个人就像受了日本芥末的强烈刺激而为之鼻塞，其震撼力可想而知。对于刚从战争灾祸摆脱出来的日本人，这些话犹如当头棒喝。写下这些文章不久，陶晶孙就因晚期肝癌逝世，年仅五十五岁。这些文章后来结集出版，书名《给日本的遗书》，在日本知识界产生了巨大反响。竹内好在 1952 年 11 月 15 日《朝日新闻》上发表书评，其中这样写道："陶晶孙是才华横溢的人，十分多艺。音乐和美术的造诣很深。他的日本语文章很简练，有诗人般的细腻，感觉敏锐。看起来跟一般人一样，却极有个性地熟悉日本语的特质。他的怀念日本明治革新和慨叹当今世界的预言性文章的独特风格，着实打动了我们的心灵深处。此人音容宛在，我们痛失此人之失。"（《对明治日本的怀念》）仓石武四郎在《图书新闻》上撰文称："如果书籍也可以像酒那样分等级的话，那么陶晶孙的《给日本的遗书》可以说是特级书了。这是专门为那些会舔尽小杯底中最后一滴的善于品酒的人写的。"（《出自爱心的言词》）那么，日本的知识界为什么对陶晶孙的批评如此心悦诚服？还是听听伊藤虎丸的解释吧："陶氏对日本的批评虽然是尖锐和严厉的，但这种批评扎根于陶氏的丰实教养和温良的人品，其中蕴含了对日本文化的深刻理解与爱意，在这方面，与他的美丽的日本语一起，陶氏对日本的批评，使在 50 年代有良心的日本知识分子在焚毁的废墟中，在对侵略战争反省的基础上树立起建设新日本的决心，有了超越党派和专业的广泛的共识和影响。"

三

陶晶孙在中国文坛的寂寞状态，并没有因为摘掉"汉奸"帽子而有所改变。1998 年陶晶孙诞辰一百周年，有关人士出于对这位中国新文学元老的缅怀之情，编出一本纪念文集，结果只有薄薄一本，其中将近一半篇幅由日本友人及陶晶孙的亲属提供，却几乎看不到国内重要评论家、专家学者的文字。这再次证明了前述的观点。陶晶孙不被中国文坛接受，实在有他自身的原因。然而，从中国现代文学的发生、发展的角度看，陶晶孙的作品自有它的价值，因此有必要对它做一种导读。读懂陶晶孙的小说，窃以为必须具备三个条件：第一，懂日语；第二，了解日本生活；第三，艺术感觉比较敏锐。笔者凑巧具备这些条件，举贤不避亲，且来对陶晶孙的小说做一个"翻译"——

陶晶孙的留日小说既不开阔，也不深邃，却有一种秀气和雅致，宛如东瀛的盆栽。它由一位名叫晶孙（或无量）的中国留学生与众多的日本女子构成。在这个世界中，日本的男性几乎是缺席的，而这位中国学子，性情柔弱善感，多才多艺，有明显的女性化倾向，与东瀛女子相处，浑然一体。

这是一个绝无仅有的爱的乐园，日本男子的不在场，意味着情场上不存在竞争对手，中国学子可以随心所欲，独享众花。事实上，除了极个别场合的一点失意，这位中国学子始终是东瀛情场上的宠儿，凭着杰出的艺术才能和乖巧的性格，游刃有余地周旋于日本上流社会，颇得日本的太太、小姐的青睐和女学生的爱慕，无论走到哪里，都有知音，几乎成了这个东瀛女儿国里的"贾宝玉"。

音乐，是陶晶孙进入日本上流社会的重要媒介，也是他获取东瀛女子芳心的利器，正如《暑假》里描写的那样，凭着一手钢琴绝活儿，"他成了两位丽人的珠玉"。小说写中国学子被一位名叫爱丽的女学生暗恋，暑期来临时受到她的邀请，到逗子海滨她的亲戚——一位日本海军军医的家中度暑假。女主人是一位年轻娇美、迷恋音乐的夫人，一个十岁男孩的母亲，住在一栋临海的豪宅里，丈夫由于工作的原因经常出门在外。中国学子在那里，受到两位丽人无微不至的关照，过着神仙一样的日子。小说里这样写道——

　　夫人常常要送她的媚视向他，夫人听他的音乐，凝听自己不甚
会弹的自己的钢琴里，会发那种音乐；她被他眩惑了，她只会赞叹
了。她看着他的手指的一个微动也要赞美了。不过她在年轻处女爱
丽的面前又不能呈什么动作。

　　他呢，他连他应该把什么样的好意给两人，都不能想了，他没
有思考的工夫了。夫人也很趁心他了，夫人的有力的魅力里，他自
然要被拉了进去，而他对爱丽又是——

　　所以他成了极淡泊的宾客，他替夫人弹许多他所记得的钢琴曲，
又会教法国话给Ａ——夫人的男儿，——又会同爱丽作无言的散步。

　　他成了这两个女性的珠玉，没有不安也没有不和，他竟住到了
八月底。

　　这个爱的极乐园，与郁达夫笔下"弱国子民"的"性苦闷"是
多么的遥远，与郭沫若笔下充满悲情的中日跨国恋亦大相径庭。当
然，这并不是说陶晶孙的主人公没有一点"弱国子民"的烦恼，相
反，他很清楚自己的身份和处境："他有些寄心在爱丽，不过他很晓
得，他是中国人，他恋爱了而破灭是不愿，有许多中国人也走进过
日本的上流人家受他们的优待，只是大都也不过是他们一时弄弄中
国人，试试优待，试试日中亲善罢了。"但这一点也不妨碍中国学子
尽情地享受这种优待，正如小说中写下的那样："而今他仿佛中世的
游历者，在这儿得她们真心的优待，是很快活的事体。"在陶晶孙的
小说中，"我是中国人"这句话频频出现，经常是在与日本女子交往
的紧要关头，中国学子主动亮出这个身份——当然没有《沉沦》的

主人公那种"站在断头台"的恐惧，结果也不是那么可怕。在《音乐会小曲·春》里，那位像姐姐一样呵护他的女友，十分认真地邀请他到家度周末，听到他说"我是中国人"时，马上打断他说："我也晓得，但这有什么妨碍，如有妨碍，我们早已不能天天见面。"有时候，反倒是中国学子太小家子气，低估了日本女子的思想境界。《菜花的女子》里这样写道：那位思想激进的银行家女儿，听说他是中国人以后，不仅不小看他，反而更喜欢他，与他成了情人，中国学子后来知道她是一个革命者，觉得"自己毕竟是不及她"。而在有些场合，"中国人"的身份反而成为维持尊严、自我保护的屏障。《两姑娘》里这样写道：在银座散步解闷时，中国学子遇到一位不相识的日本女郎亲热地追自己，出于戒备心，中国学子主动亮出身份："先要跟你讲好，我是中国人。"谁知那位女郎竟在中学时代暗恋过他。

这种相当另类的"弱国子民"爱情故事，某种程度上可以修正郁达夫的"弱国子民性苦闷"的刚性逻辑。公平地看，"弱国子民"的身份确实给海外中国学子带来了不幸，造成他们性的苦闷、爱的匮乏，这些都是毋庸置疑的。然而就像任何事物都有自己的范围一样，"弱国子民"也不例外；"弱国子民"可以在一定程度上，甚至相当程度上左右爱的活动，却无法百分之百地决定它。爱亦有不关它物、非己莫属的性质，最后都要落实在男女之间最微妙的生命情感交流上，一切还得取决于"缘分"。换句话说，即使不是"弱国子民"，也会性苦闷，也会失恋，也会打光棍。除却其他因素，最终决定"爱"的，是一种爱的能力，爱的艺术。因此，过分强调"弱国子民"的因素，有可能遮蔽问题的另一面，而整天把"弱国子民"带在嘴上的，很可能是个性无能、爱乏术之辈，或者就是一个性放纵者——因为他必须为自己找个借口，否则心理无法平稳。

正是在这一点上，陶晶孙与郁达夫拉开了距离，这直接影响到两位作家对东瀛女子的眼光和描写。郁达夫笔下的东瀛女子，外在的描写比较多，或者是："那一双雪样的乳峰！那一双肥白的大腿！这全身的曲线！"或者是："小小的身材，长圆的脸儿，一头丛多的黑色的头发，坠在她的娇白的额上。一双眼睛活得很，也大得很。"相比之下，陶晶孙的描写含蓄得多，东瀛女子的独特魅力，通过陶晶孙那空灵的笔墨，梦幻般地传达出来。她们温柔、善良、妩媚、情意十足，既给中国学子心灵的抚慰，也给他们肉体的快乐，正如小说《温泉》中描写的那样，中国学子与日本女友在温泉相逢，彻夜狂欢，陶醉在"成熟的处女发散的氛围气里"——

　　顿时电灯也熄了，房中被紫外线罩着，两人在跳舞，像青玉和白玉的跳舞。
　　温泉在早晨六点钟的亮光中滚滚地流。
　　——这是六点钟啊。
　　——六点钟的温泉！
　　——水的触感真可爱！
　　——吸水的嘴唇的触感也一样。
　　——水也不在颤动了。

作者调动了全部的艺术感觉，视、听、味、触，还有时间浑然一体，写尽爱的狂欢，生命的欢喜，这是中国现代留日文学中极为罕见的。

令人遗憾的是，在这个东瀛女儿国里，偶尔出现的中国女子，几乎都是负面的陪衬,她们自私、粗俗、霸悍,毫无女性魅力。《两姑娘》在这方面堪称代表,小说一开始,作者就借晶孙之口对中国女人做了一番刻薄的攻击,性情温和的陶晶孙很少这样——

他是江南人,他十五岁时候留学日本,也回家去过好几次,只是他对江南一个一个的女人,除了他母亲——妹妹他是没有的——都很慊恶。一归省到江南去,无论哪一根他的末梢的神经,都要感觉许多丑;那好象用漆去漆了的头发,那没有足根的鞋子,那一半从那短衫下露出的很大的臀部——中国的女人他真看也不愿看了。

江南本是中国女子精华所在,自古美人出江南,身为江南出生的中国学子陶晶孙竟不惜予以全盘否定,实有伤国人之心,这意味着陶晶孙的文化立场已经发生偏移,其日本式的偏见是一望而知的,好比口味清淡的日本人吃不惯味重油大的中国菜就厌恶它一样,作者那双看惯了日本女子的眼睛,似乎再也看不惯中国女人。

小说笔墨一荡,写到一位浙江姑娘,这一次是一位新时代的女性:"她穿着一双高足跟的靴子,她穿一身连臀部都包好的长衣,所以他对她的感情也就不同。"看到这里,人们或许以为作者要换一种眼光,正面写一写中国女子,结果不是这样。那位浙江姑娘虽是一身新包装,却是一个令人望而生畏的女强人,任性、专横、自私,连最起码的人情味都没有。未婚夫(即那位中国学子)从老远的地方赶到东京来探望她,她却连去火车站接一接都不肯,只管在家里睡懒觉,把他一个人晾在客栈里。如此冷漠寡情,正好为日本纯情女子施展爱术提供了空间。就在中国学子独自一人在银座街头闷闷不乐地游荡时,不可思议的邂逅发生了,仿佛是上帝的有意安排。

　　面对这位从天而降的少年时代的情人，中国学子一时记忆恍惚，而日本女子却是情意不减当年，热情地把他邀到自己的豪宅，殷勤照料，还特地为他借来了钢琴。最令人惊异的是，就在中国学子酣然入睡时，她替他给他未婚妻——那位中国女强人发了电报，把她请到自己的住处，然后主动回避，让他们相会，等中国女人离开后，她又回来继续照料他，甚至向他表示：即使他同中国女人结婚，她也愿意永远伴随他。两相比较，不能不叫人惊讶：同为女人，差异竟会如此之大！

　　同样的褒贬，在《女朋友》中以另一种方式得到演绎，小说写无量被一个生活放纵、道德败坏、不讲游戏规则的中国女子诱惑，伤害了自己的日本女友K，整篇小说笼罩在一片淡淡的忏悔气氛中。有趣的是，作者特地点明，中国学子之所以被诱惑，是因为这个中国姑娘外表的日本化，颇有几分大意失荆州的味道："女性的夸张把她的声音给他听，又把日本人特有的害羞拒他的钢琴要求，这动作很趁他的心。"这段东洋臭十足的文字，轻描淡写点出了日本女子特有的神态，作者受东瀛女子熏陶之深，由此可见一斑。

　　在性格霸悍的中国女子面前，陶晶孙总是显得被动，狼狈不堪，完全失去驾驭能力。在《短篇三章·绝壁》里，回国游春的留日学子被一位"不顾别人的存在"、只知自己一个人"快活"的中国女士牵引着，来到悬崖顶上，最后和她一起，从悬崖绝顶上疯狂地滚向大海。这是一篇象征死亡的小说，在走向死亡的过程中，留日学子扮演的，始终是受裹挟的、受诱惑的角色，而这位中国女士，则有明显的恶魔的特征，是一个莎乐美式的人物，她这样向留日学子施展"法术"："好风啊，从这儿看东方，大概到日本去的船也可以望见了，那儿听说的恋爱着你的夫人也在——你如回去，她必定要叫她的丈夫出外边去，然后来接你——啊，风，啊，像你一般细长的人立在绝壁旁是很危险的，假如你一个人被风吹着落下去到那海里，有什么办法呢？——假如是我，我决不肯一个人从绝壁落下去的——"其恶毒刻薄，恬不知耻，令人悚然。

甚至连身上的气味，都能分出高低雅俗来，中国女人身上的味道，往往浓重、怪异、刺鼻，令人不安或不快，而日本女子身上的气味，则是清香、温暖、悠远，能够给人带来宁静。这显然已经超出正常的理性，中日两国本是同文同种，体质大同小异，没有任何证据可以证明中国女人身上的气味比日本女人的难闻，这种对日本女子"爱屋及乌"式的赞美，对中国女子"恨及褰裳"式的厌恶，说到底，还是不可救药的"日本趣味"在起作用，在《毕竟是一个小荒唐了》中，陶晶孙这样嘲笑中国的女性解放："原来无论一个什么肉体，把她的器械拿 Benzine 油洗一洗，揩一揩油，说不上文学上的浪漫主义，——只把影戏巨片的艳丽，肉感，爱情，浪漫的精神吹进她的脑膜里，抱她在舞厅的滑地板上扭一扭，拍了一拍白粉胭脂，那么一个女性算就是解放了。"

陶晶孙笔下唯一不让中国学子难堪的中国女子，是那个半路出家的舞女弥吉林（《毕竟是一个小荒唐了》）。弥吉林肥得像头猪，毫无女性魅力可言，陶晶孙与她搞到一起，虽然是退而求其次，其中既有同病相怜的因素，因为他们同属"不合时代生活的异国人"；也是出于自我放纵、宣泄苦闷的需要；此外还有一个更实际的原因：这儿已不是日本。所以，当日本情人雪才纳千里迢迢从日本赶到上海与他相会时，他们的爱情立刻"发作"，雪才纳发现了中国学子与弥吉林的亲密关系，不仅不生气，反而心甘情愿作"第二"，还主动要求替他"陈设姊姊今天的寝室"，并向他表示："我会在你旁边，会服侍你，我会尽心尽身为你出力。"日本女子的气量，真是大到了匪夷所思的地步。难怪中国学子如此神魂颠倒，就连她的眼泪，都成了一粒粒"真珠"！陶晶孙这样赞美雪才纳："你这一件衣服，虽说是半丧服，你不晓得比包一层面纱的美女美丽得多么？不晓得你的两根脚，两个眼睛，你的走路，你的两条眉毛，你的金发，除非化装波斯人，不是，就算化装波斯人，你本来的美一些也不会埋没的。"

写到这里，令人想起日本作家武田泰淳以沦陷时期上海的"东方文化协会"为背景写下的一本《上海之萤》的书，其中写到了陶晶孙，说他是"上海的老油条"，喜欢与"乳房丰满的、风骚的"、身份不明的女性来往，还摆出一副羞答答的样子，书中说："T先生（即指陶晶孙）就是忍不住地喜欢日本女人。"武田泰淳所说的风骚女人，就是那位以记者身份活跃在上海的日本间谍。陶晶孙当时秘密受命于中共地下党负责人潘汉年，在沦陷区与日本人周旋，经常与这位日本女间谍打交道。武田泰淳不知其中原委，对陶晶孙嘲弄有加。不过他说的"T先生就是忍不住地喜欢日本女人"，却是歪打正着，一语中的。如此看来，与这样一位不同寻常的日本美女周旋，对于陶晶孙来说未尝不是一种快乐的冒险。

四

陶晶孙的"东瀛女儿国"无疑是一个爱情乌托邦，一个白日梦的世界，一种美丽的谎言，也是一种人生的"假设"。正如作者在《音乐会小曲》初版《后记》中宣称的那样，小说、戏剧就是一种"幻想的谎语"——"人都会梦，有时那梦倒含有些风味的，用笔纸来抄它出来，那梦幻有时也会变为一个创造。换言之，人不会制限他的梦，也不会强做他的梦，而那极不自由的梦幻中，我们能够选出一些灌流人性和人生的有风味的独创。"

然而，任何"梦幻"，任何艺术上的"假设"都不是空穴来风，都受到现实的暗中操控，一个人的经历、遭遇、性格和性情，决定了这种"梦幻"与"假设"的方式。

1906 年，年仅十岁的陶晶孙随父母来到日本。这是一个精神世界尚处朦胧、文化人格未塑的年龄，宛如一张白纸，有待人生巨笔的书写。沐浴于优美而伤感的东洋风土，陶晶孙在日本度过了整个青春年代，小学、中学、大学一路读上去。其时的日本，正是欧风美雨盛行，中国传统文化受蔑视的时期，陶晶孙国学修养的先天不足因此没有机会得到弥补。陶晶孙一到日本，父亲就把他送到东京神田的锦町小学，插班四年级，与日本孩子一起受教育。两年后入府立一中读书，同学友人中有内村鉴三的儿子祐之，有森鸥外的儿子于菟，可见这是一个上流的学校，在这里陶晶孙打下了文化精神的底子。

仔细想来，陶晶孙的中国生活体验除了十岁之前那点朦胧的记忆和在东瀛与家人的日常生活，再也没有别的，这与长达二十三年伴随整个青春生命记忆的日本生活体验比起来，孰轻孰重，是不难判断的，这不能不导致陶晶孙文化人格的"东洋化"。尽管从血缘或者观念上说，陶晶孙毫无疑问是一个中国人，正如他自己说的那样："根底上生有爱乡心，观察外国又得爱国心。"但从文化教养、艺术趣味乃至生活性情上讲，陶晶孙与其说是个中国人，不如说是一个日本人，价值取向明显地偏向日本。西谚曰"趣味无争辩"，这是毫无办法的事情。陶晶孙爱中国，主要是血缘上、观念上的；爱日本，则是性情上、趣味上的。这种文化上的"亲日"，不经意地流露在他的文字中。在小说《暑假》中，主人公先是感叹自己"久留日本，已经不能合中国人的国民性"，成了"东洋的波兰人"，表示"情愿被几位同期留日的同学以为久留日本而日本化"，尔后对中国人和日本人的异同做了一个奇特的比喻："他仿佛坐在月台上，他的前面是许多中国人——不过他很看不惯——日本的听众从月台上看，譬如是一朵温室的花，中国的就是枯木上开着梅花一般。"

在"温室的花"与"枯木上开着梅花"之间，陶晶孙除了前者别无选择，理由很简单：他自己已成为"温室的花"之一，其性状已完全东洋化，用他自己的话说："我久住在国外，欧德罗典都弄过，可是不很通中国古典，所以我写的东西，'文理不通'没有'文艺味'，有人说新颖，有人说东洋风。"（《关于识字》）陶晶孙的日文表达远比用中文得心应手，便是最好的证明，处女作《木犀》等许多作品都是先用日文写成，后来在郭沫若的帮助下译成中文的。

正是在这一点上，陶晶孙与他的创造社伙伴拉开了距离。郭沫若二十二岁留日，郁达夫十八岁留日，都是在国内练就国学童子功，文化人格基本定型后来到东瀛的，外国的东西诱惑力再大，吸收得再多，也不足以从根本上动摇自己的文化根基，异化自己的根性。读郭沫若、郁达夫的小说，虽然也让人感到浓郁的东瀛情调，作者身上那股顽强的中国根性和语言表达上的中国底蕴，却是挥之不去的。而陶晶孙的小说，已读不出多少中国的味道，从人物到叙述，都彻底地东洋化，简直就是日本文学的一脉特殊支流。这方面与陶晶孙最具可比性的，要数周作人，两人都是不可救药的文化上的"亲日"派，语言表达也是同样的东洋化，但周作人的东洋化与陶晶孙还是不一样，他是在打下国学根基，成年之后来到日本的，唯其如此，他在"日本化"的同时，也在"中国化"，汉语与日语达到了深度的融合；而陶晶孙则不然，由于前述的原因，他的母语停留在初级水平，日语则日进无穷，达到出神入化的程度，在这场实力悬殊的语言博弈中，日语轻易地覆盖了汉语。陶晶孙的留日小说，极端一点说，像是用汉字写成的日文，不仅语法日本化，连词汇都如此：诸如"迟刻"（迟到）、"主催"（主办）、"劝诱"（推销）、"洋服"（西服）、"经理员"（办事员）等等，夹杂字里行间。对自己的东洋化，陶晶孙亦有自知之明，在《日本趣味》一文中，作者居然以自己的小说《两情景》中一段文字为典范，来说明与"世界共通的美"不尽相同的"日本趣味之美"，俨然自己就是"日本趣味"的代表——

他静坐一刻，吃这没有一些油混着的素面，远远听见三味线温习会传来的杂音。他正想要回去，他立起来，向廊下走出一步，对面来的一个中年妇人，一看可见她也是一个从小以来在这风流界生活的人，梳着清凉的，风也会通过的日本头发。

"啊，你少先生在这儿，今天温习会，为什么不听？"

"嗳，太拥挤了，进不进去。"

"来来来，我们这儿来，连你的——面也——"

她向对面的房间去，引导他到沿街的房间，那儿许多纯日本装的中年女人和少女，都在看街对面的楼上的温习会。

"谢谢你，谢谢你。"

"哪里有这话——吗，天热了哟，少先生。"

这时候，拉她的日本衣服的襟，开她胸，右手执长袖向胸一挥。

她这时候的襟脚的美！

　　这段文字确实传达了日本文学的神韵，令人想起永井荷风、泉镜花的笔墨，那种清淡、含蓄、略带伤感的美，这样的文字，同是留日多年的郭沫若、郁达夫是写不出来的。

　　陶晶孙是留日作家中唯一融入日本社会、了解日本上流社会的人，这固然得力于他的童年教育背景，但更与他的性格与特长有关。日本是一个酷爱美、崇尚技艺的民族，对身怀绝技的艺人向来崇敬有加，尤其日本的女性，对艺术家的崇拜不遗余力。这种风尚同样适合于在日的外国人。日本人虽以排外著称，但假如这个老外掌握着精湛的技艺，并且充分地日本化，在日本还是受优待的，不愁找不到一席生存之地。作为"弱国子民"的陶晶孙，能在日本的大学里组建交响乐队，担任乐队指挥，能娶日本的知识女性为妻，能出入于日本的上流社会，与"乘汽车的阶级间交际"，证明了这一点。陶晶孙过人的艺术才能，连大文豪郭沫若都佩服不已，在《创造》季刊上，他这样推荐陶晶孙的小说处女作《木犀》："一国的文字，有它特别地美妙的地方，不能由第二国的文字表现得出的。此篇译文比原文逊色多了，但他的根本的美幸还不大损失，请读者细细玩味。"在 1922 年 9 月 12 日致郁达夫的信中，郭沫若刻画了一个活脱脱的艺术精灵：陶晶孙费了二十天的工夫，自己造了一座房子，四叠半大，安了一张床，一张书桌，一架比牙琴，两只坐凳，另外，还养了一匹靡菲斯特匪勒斯，即恶魔般的狗，名叫尤拉，自制的门楣上写着拉丁铭文：这是女孩钦赛妮·塔维奇的家。接着写道："真是妙人妙事。有人说哲学家是甲虫，我想说艺术家是蚕子，晶孙的茧子算是造成了。他破茧而出后的生产力，真足令刮目相待。"

　　如果说丰富的艺术才情是陶晶孙进入日本上流社会的入场券的话，那么乖巧玲珑的性格，就是他融入日本社交界的润滑剂，两相结合，产生惊人的魅力。陶晶孙这样分析自己的性格："太平天国和大清帝国的相克在血管之中，使得不会勇敢而也不会走官邪之道，也使得人成为神经质的，不过这种怯懦同时成为感受性的发达。"（《晶孙自传》）需要补充的是，陶晶孙的神经质与发达的感受性，是与东瀛伤感的文化风土的刺激培养分不开的。然而，陶晶孙精通医学，爱好物理学、数学，发达的感受性中还有理性的制衡，这又是他不同于郭沫若、郁达夫的地方。柔弱、正义、伤感，为陶晶孙性格结构的三要素。柔弱，决定了他和蔼善意，富有同情心，与惊天动地的英雄壮举无缘；正义，决定了他听从良知，恪守道德底线；伤感，决定了他多情善感，善解闺意。这三种要素结合起来，正好是一个贾宝玉式的男人，最适合在女人堆里生活。这种男人不会让女人紧张，也不会让女人尴尬，更不会让女人感到危险。这种"润物细无声"的爱的能力，本为性情刚直的日本男人所缺乏，最容易讨得日本女人的欢心。据陶晶孙的自述，中学三年，与高等工业学校某教授的小姐恋爱，又与某子爵的儿子相爱。由此不难看出陶晶孙在男女情事上的早熟与左右逢源的"人气"。

　　一提起日本女人，人们一般只知其温柔顺从，殊不知，这种温柔顺从中包含着巨大的吞噬性能量。日本原是世界上母系社会传统持续最悠久的国家，至今仍保留着浓郁的母系社会风尚。从表面看，似乎是日本男性统治着日本社会，女性处于从属的、卑微的地位；深层地看，却是那些不起眼的日本女人，在不动声色地调教着日本男人，管理着日本社会。日本著名社会学家河合隼雄对这样一个"母性社会的日本"做过专门的诊断，他援引古希腊神话故事，把日本男子比作"永远的少年"，将日本社会的一些病理现象，诸如个人主体性发育不全，能力平均主义，小学生逃学，等等，归结为这种母性文化机制。

客观地看，这种母性文化机制，给日本社会带来了莫大的好处：日本人特有的"和"的精神，团队协作的精神，安分守己的精神，乃至"万世一系"的皇统，都与这种母性文化有关。而就女性价值来讲，其最大的好处，莫过于女性的原始风情与母爱的完美结合。正是在这一点上，陶晶孙与之有着特殊的默契。在他的"东瀛女儿国"里，中国学子总是扮演着"被保护者"的角色，他与日本女子的恋爱，基本上属于"母子型"的。在《木犀》里，他与一个比自己大十岁的女老师 Toshiko 相恋，纯粹是一个乖孩子；在《音乐会小曲·春》里，女友把他当 baby（小男孩）一样地呵护；在《菜花的女子》里，银行家小姐对他的爱，带着一种美丽的专横，连她的呵斥，都是赏心悦目的；即使是与自己的女学生相恋，也难改变这种"被保护"的关系。当然，这绝不意味着中国学子是一个被动的角色，事情恰好相反，中国学子总是依托着"被保护"的位置，积极地回应，得心应手地施展爱术，自然而然地将"母爱"发展为纯粹的男女之爱。这种双重性质的爱，既可靠又不容易变质，必要时也容易解散，为中国学子在东瀛女儿国的纵情，搭好了宽阔的舞台。

和蔼的笑容，传情的眼睛，幽默的谈吐，颀长的身材，这是陶晶孙的画像，这样一个柔弱、精致、浪漫的多情种子，遇上风情十足、母爱丰沛的日本女子，哪有不束手就俘的道理？反过来说，东瀛女子遇上了陶晶孙那样散发着艺术精灵的乖孩子，焉有不怜惜的道理？这就是缘分。

五

然而，话又说了回来，陶晶孙虽然是留日作家中唯一融入日本社会，并且将日本上流社会女性的姿态通过文学作品传达出来的人，但这种传达毕竟是单纯的，也是肤浅的。陶晶孙笔下天使般温柔的日本女子，说到底，是作者鸵鸟式的自我陶醉与不可救药的"日本趣味"合作的结果，至多只能产生印象派式的作品，如法国印象派画家雷诺阿笔下的那种美丽丰腴、缺少灵性的法国裸女。理由很简单：陶晶孙虽然融入了日本社会，这种融入毕竟是浅层次的，他毕竟不是日本的国民，对日本的历史文化也缺乏一种"血浓于水"的感情，因此，他也就很难深刻地理解日本人，对日本的描写也只能停留在表面。

更有甚者，长期的日本生活，导致陶晶孙与中国的疏离、隔膜，尴尬的局面于是不得不出现：无论是中国的，还是日本的，陶晶孙都无法深入，他成了一个没有文化归属感的"边缘人"，正如作者在《到上海去谋事》中形容的那样："我在这回由日本回到百事都不惯的中国来，好像从非洲搬到动物园里来的狮子一样，已经完全失去了性欲。"又如陶晶孙在《毕竟是个小荒唐了》中感叹的那样："留学外国不可以过久，过久了便要失去自己站立的地位，成一个过剩的东西。"从文学创作上看，陶晶孙1929年回国之后，改弦更张，放弃了情有独钟的"新罗曼主义"，勉为其难地追赶时代潮流，结果成为一个名不副实的"普罗文学"作家。作为小说家的陶晶孙，从此不复存在。他的艺术能量，要等二十年之后再度释放，不过那又是另一种方式。他成了一座沟通日本与中国的"浮桥"。

东亚启示录
——丰子恺与日本

　　留日作家中，丰子恺是比较特殊的一位。他在日本的时间只有短短十个月，却对未来的一生影响至深，"子恺漫画"的诞生，丰子恺在中国文坛脱颖而出，与此直接有关。从中日文化交流的角度看，丰子恺扮演了双向互动的角色：他既是日本文学艺术的引进者，本人又受到日本文化界的高度关注，代表作《缘缘堂随笔》得到翻译介绍，在日本现代文学界产生了相当的影响。

　　丰子恺与日本的这份良缘，展示了西风东渐的背景下，貌似解体的"东亚文化共同体"潜在的活力与文化上的互动。近代以降，由于不可抗拒的"现代化"（也就是西方化）历史潮流，中日两国由同文近种、一衣带水的睦邻，变成了你死我活的竞争对手，尤其是日本对中国的侵略，给中国造成了无法估量的损害。从文化选择上看，日本很早就立志"脱亚入欧"，将中国及亚洲邻国视作其必须与之划清界限的"野蛮"国家，而中国经历过"中体西用"的破产过程后，在"一边倒"的西方化历史潮流中，中日两国彼此轻视，表现出同样的"历史的世故"，两国的文化交流因此而蒙上阴影。然而，悠久的地缘文化纽带不是轻易可以割断的，相近的文化基因也无法随意改变。公平地说，文化上的亲缘，即使不能超越严酷的国际生存竞争，至少也为互相认知提供基础；而在心灵博大、眼光纯正者那里，则结出丰硕的文化交流之果。——这就是丰子恺给人的启示。

一

1921 年春，已为人父的丰子恺在家境非常困难的情况下，向亲朋好友借钱，赴日本留学。

丰子恺此举，是出于不愿意继续"卖野人头"的艺术良心与职业危机感。当时，只有初等师范学历的丰子恺在一所专门培养图画音乐教员的专科师范学校当先生，教授西洋绘画。这种事情今天看来不可思议，在那时却很正常。了解中国现代美术史的人都知道，中国有史以来的第一所美术学校——上海艺术专科学校，就是由一个没有任何"学历"的十七岁毛头小伙子刘海粟创办的。这是一个新旧交替、英雄辈出的时代，一切都逸出了常规，对西洋画这门刚舶来不久的艺术只有粗浅知识的丰子恺，有机会在讲台上为人师表，当然是时代潮流作用的结果。

然而丰子恺却是一个知深浅、有抱负的人，无法安于这种现状。他曾对着一个写生用的青皮橘子黯然神伤，哀叹自己就像那个半生不熟的橘子，带着青皮卖掉，给人家当绘画标本。而在当时的条件下，有志青年要想学习西方学问，领时代潮流，唯一的选择就是出洋留学，有背景、有实力的赴欧美，没背景、没实力的就赴日本，通过日本学西方。丰子恺家境贫寒，自然不可能去欧美，只有退而求其次去日本。而且，对于丰子恺来说，日本已不是一个陌生的国度，他的恩师李叔同早年就留学日本，通过李叔同，丰子恺不仅学会了炭笔素描，初步掌握了日语会话，还结识了几位来杭州写生的日本洋画家。因此，去日本留学，"窥西洋画全豹"，补己不足，对丰子恺来说是一件势在必行的事。

从学习外语的角度看，丰子恺此行堪称中国现代留学史上的一个奇迹。以短短十个月的时间，精通日语，兼通英语，这听起来就像天方夜谭，非超级语言天才不可。丰子恺掌握日语的办法很奇特：刚到东京时，他随众入了东亚预备学校学习日语，读了几个星期，嫌进度慢而辍学，到一所英语学校报了名，去听日本老师是怎样用日语讲解英语的；这个法子居然很奏效，丰子恺略懂英语，了解课文的内容，通过听老师的讲解，窥破了日语会话门道，日语水平因此而大进，不久就能阅读《不如归》（德富芦花）和《金色夜叉》（尾崎红叶）那样的日本现代文学名著了。而且，这种一箭双雕的办法，使丰子恺的英语也跟着长进，经过一番用功，到后来能够自如地阅读英语小说。丰子恺日后从事文学翻译和音乐美术理论译述，他宽阔的艺术眼界和理论修养，无疑得力于那时下的功夫。

然而，丰子恺在东京学艺却不像掌握日语那么顺当。他本来是做着画家梦来到日本的，孰料到了东京，领教了日本美术界的盛况后，这个梦想破灭了。丰子恺后来这样描述当时的心情："一九二〇年春（实际上应为1921年春）我搭了'山城丸'赴日本的时候，自己满望着做了画家而归国的。到了东京窥见了些西洋美术的面影，回顾自己的贫乏的才力与境遇，渐渐感到画家的难做，不觉心灰意懒起来。每天上午在某洋画学校里当model（模特儿）休息的时候，总是无聊地燃起一支'敷岛'（日本的一种香烟），反复思量生活的

前程，有时窃疑 model 与 canvas（画布）究竟是否达到画家的唯一的途径。"（《〈子恺漫画〉题卷首》）

有必要说明的是，丰子恺立志成为的"画家"，是洋画家，也就是油画家。这个选择有其特殊的历史背景。丰子恺成长的时代，正是中国传统文化受到彻底怀疑、"全盘西化"鼎盛的 20 世纪 10 年代，洋画正成为全社会的宠儿。据有关资料统计，在 20 世纪头二十年的美术学校里，学西洋画的人数是学国画的十倍。年轻的丰子恺无法摆脱这样的历史潮流，他正式学画，就是西洋画路子，先是临摹商务印书馆的《铅笔画临本》，后来又从李叔同先生画炭笔石膏模型，将"忠实写生"视为绘画的不二法门。到了东京后，丰子恺选择了一所颇有名气的洋画研究会——川端洋画研究会，天天对着模特儿画人体素描，接受学院式的训练。

丰子恺在东京究竟领教到了什么，这"西洋美术的面影"到底是什么样子，他自己并没有具体说，这方面的资料也很匮乏，我们只有借助合理的想象，来复原当时的历史情景：当时的日本，正处于文化思想空前活跃与开放的大正时期（1912—1926），美术界五花八门，应有尽有。在东京的各大博物馆里，陈列着毕加索、马蒂斯和凡·高等西方现代艺术大师的作品，还有他们的东洋高徒们虔诚的模仿之作，日本的现代民族绘画——日本画，经过二十多年的努力，于此时已成气候，与洋画渐成抗衡之势；日本的三大美术展览——"院展""文展""帝展"，争奇斗艳，此外数不清的展览会，每天都在东京、横滨等大城市举行。作为一个初次出洋的中国学子，第一次与众多的世界级艺术大师的作品相遇，眼花缭乱，体验到一种类似休克的感觉，进而失去自信，都是很自然的事。

丰子恺的不凡在于，在心灰意懒中，他能够怀疑：模特儿与画布是否就是达到画家的唯一的途径？这个疑问引申开来就是：西洋画是否就等于绘画艺术？是否就是绘画的唯一形式？一下子捅到了问题的要害。

将（洋）画家的难做归结于家境的贫寒，确实是丰子恺的肺腑之言。丰子恺举债赴日本留学，在亲朋好友中东拼西凑借了两千元钱，这点资本距离一个洋画家的养成，好比杯水车薪。而最令人绝望的是，西洋画制作成本昂贵，在国内几乎没有市场，靠它谋生等于做梦。这种情形就像钱锺书在小说《猫》里写到的那样："上海这地方，什么东西都爱洋货，就是洋画没人过问。洋式布置的屋子里挂的还是中堂、条幅、横披之类。"从这个角度看，家境贫寒的丰子恺选择西洋画，从一开始就是个误会。

对丰子恺自认的才力贫乏，则有必要做具体分析，如果是就一个杰出的职业画家必须具备的造型天赋与对纯视觉形式的狂热执着而言，丰子恺的自谦包含着可贵的自知之明：他的绘画天赋算不得杰出，学画的经历也不值得夸耀。从摹印《芥子园画谱》、放大相片，到临《铅笔画临本》，最后接受西洋画的训练，摹写石膏头像，都是"依样画葫芦"，缺乏"天才"的征兆。丰子恺的漫画尽管受到文学圈人士的高度评价，也深得大众的喜爱，但在同行圈子里却没有得到太高的评价，在一些专业漫画家看来，丰子恺的漫画属于票友的客串；而丰子恺本人对自己的漫画持论一直很低调，认为它不是"正格的绘画"，并一再声称自己"不是个画家，而是一个喜欢作画的人"（《随笔漫画》），可以印证这种看法。

但如果是就画家对人生万物的感悟和艺术趣味而言，丰子恺不仅不是才力贫乏，而且简直是才力过人，甚至远远超过那些专业画家。这一点上叶圣陶说得很到位，他认为丰子恺的漫画的最大特色，在"选择题材"方面达到了"出人意料，入人意中"的境界（《丰子恺文集·总序》），也就是说，在对人生世相的观察上，丰子恺有他人难及的眼光与敏锐；丰子恺的恩师夏丏尊说得更透彻："子恺年少于我，对于生活，有这样的咀嚼玩味能力，和我相较，不能不羡子恺是幸福者！"（《〈子恺漫画〉序》）

可惜的是，丰子恺这种丰沛的才力与西洋画并不对路子。当年朱光潜就精到地指出："子恺本来习过西画，在中国他最早作木刻，这两点对于他的作风有显著的影响。但是这只是浮面的形象，他的基本精神还是中国的，或者说，东方的。"（《丰子恺先生的人品与画品》）确实，天生诗人气质、文人趣味极浓的丰子恺，与油画这种技术苦重、完成度极高的洋玩意儿并不相宜。丰子恺后来也表白："我以为造型美术中的个性，生气，灵感的表现，工笔不及速写的明显。工笔的美术品中，个性生气灵感隐藏在里面，一时不易看出。速写的艺术品中，个性生气灵感赤裸裸地显出，一见就觉得生趣洋溢。所以我不欢喜油漆工作似的西洋画，而欢喜泼墨挥毫的中国画；不欢喜十年五年的大作，而欢喜茶余酒后的即兴；不欢喜精工，而欢喜急就。推而广之，不欢喜钢笔而欢喜毛笔，不欢喜盆景而欢喜野花，不欢喜洋房而欢喜中国式房子。"（《桐庐负暄》）丰子恺这样形容自己的创作特点："乘兴落笔，俄顷成章。"（《漫画创作二十年》）

在东京学艺时，面对铺天盖地的西洋画大师们的作品，丰子恺一定意识到自己与它们的距离，因此而产生深深的挫折感。这是一件好事。不破不立，洋画家梦的破灭，正是丰子恺艺术上向死而生的开始，促使他调整了留学计划。此后的丰子恺，不再一味地守在洋画研究会画模特儿，而是把更多的时光泡在浅草的歌剧馆、上野的图书馆、东京的博物馆、神田的旧书店、银座的夜摊、日本全国各处的展览会，以及游赏东瀛名胜古迹上。就是在这种走马观花的游学中，竹久梦二进入了丰子恺的视野。

那是在东京的旧书摊上，一次随意的翻阅，搅动了丰子恺的艺术慧根，使他欣喜若狂。十几年以后，作者还这样深切地回忆——

回想过去的所见的绘画，给我印象最深而使我不能忘怀的，是一种小小的毛笔画。记得二十余岁时，我在东京的旧书摊上碰到一册《梦二画集·春之卷》。随手拿起来，从尾至首倒翻过去，看见里面都是寥寥数笔的毛笔 sketch（速写）。书页的边上没有切齐，翻到题目《Classmate》的一页上自然地停止了。我看见页的主位里画着一辆人力车的一部分和一个人力车夫的背部，车中坐着一个女子，她的头上梳着丸髻（marumage，已嫁女子的髻式），身上穿着贵妇人的服装，肩上架着一把当时日本流行的贵重的障日伞，手里拿着一大包装潢精美的物品。虽然各部都只寥寥数笔，但笔笔都能强明地表现出她是一个已嫁的贵族少妇……她大约是从邸宅坐人力车到三越吴服店里去购了化妆品回来，或者是应某伯爵夫人的招待，而受了贵重的赠物回来？但她现在正向站在路旁的另一个妇人点头招呼。这妇人画在人力车夫的背与贵妇人的膝之间的空隙中，蓬首垢面，背上负着一个光头的婴孩，一件笨重的大领口的叉襟衣服包裹了这母子二人。她显然是一个贫人之妻，背了孩子在街上走，与这人力车打个照面，脸上现出局促不安之色而向车中的女人打招呼。从画题上知道她们两人是 classmate（同级生）。

我当时便在旧书摊上出神。因为这页上寥寥数笔的画，使我痛切地感到社会的怪相与人世的悲哀。她们俩人曾在同一女学校的同一教室的窗下共数长年的晨夕，亲近地、平等地做过长年的"同级生"。但出校而各自嫁人之后，就因了社会上的所谓贫富贵贱的阶级，而变成这幅画里所显示的不平等与疏远了！人类的运命，尤其是女人的运命，真是可悲哀的！人类社会的组织，真是可诅咒的！这寥寥数笔的一幅画，不仅以造型的美感动我的眼，又以诗的意味感动我的心。(《文学与绘画》)

　　这段文字有几点值得提示：第一，竹久梦二的绘画出自毛笔这种中国传统的书写工具；第二，这"寥寥数笔"竟有如此的魅力(行文一向洗练的丰子恺，在短短数百字里竟连续四次用了"寥寥数笔")；第三，也是最重要的，竹久梦二用这样的"寥寥数笔"，诗意盎然地描绘了当下的人间世相，构筑了一个全新的艺术世界。

　　其实，对丰子恺那样从小读私塾，整天与毛笔打交道的人来说，前两点不足惊奇，那是那一代读书人必备的修养和本事。即使以第三点而论，在当时的中国也不是没有，丰子恺的前辈，同是留日的"鬼才"画家陈师曾，不就是用"寥寥数笔"生动地描绘过北平的人生世相吗？丰子恺从小看着他的画长大，在《我的漫画》里他这样说过："我小时候，《太平洋画报》上发表陈师曾的小幅简笔画《落日放船好》《独树老夫家》等，寥寥数笔，余趣无穷，给我很深的印象。"那么，为什么非要到了东瀛，这"寥寥数笔"才显得格外的迷人呢？

　　事情就微妙在这儿。对自家文化传统的轻视，对它的价值与好处熟视无睹，本是"现代化"后发国的人们的通病。况且丰子恺成长的时代正是"全盘西化"鼎盛之时，毛笔作为传统的书写工具与文言一起受到冷落。在人们的心目中，这种落后的玩意儿迟早要被更先进的书写工具替代，就像方块汉字迟早要被罗马拼音文字替代一样。而笔情墨趣这种雕虫小技，也将随着毛笔的淘汰而自然消亡，皮之不存，毛将焉附？年轻的丰子恺不可能不受历史潮流的影响，那时他只重视绘画的人生内容，对"七大山人、八大山人的笔法"不屑一顾，对"笔墨"这一中国画的核心要素比较忽略（《谈自己的画》），正是相应的表现。当年，郁达夫就独具慧眼地指出，丰子恺的散文"清幽玄妙，灵达处反远出在他的画笔之上"。实际上委婉地指出了"子恺漫画"艺术上的限度。

公平地说，"外师造化，中得心源"本是中国绘画的优良传统，"读万卷书，行万里路"更是古代文人理想的生存方式，唯其如此，中国绘画史上才会产生《溪山行旅图》《清明上河图》那样的杰作。可惜的是，这个传统后来逐渐丧失，绘画与现实生活日益脱节，成了文人雅士慕古怀旧、抒发胸中逸气的案头道具，在西风东渐、民族危机日益深重的历史条件下，引起反动是必然的。然而，"一边倒"的西化潮流，在冲决传统堤坝的同时，也从一个极端跳向另一个极端，把绘画引上了一条庸俗的模仿之路。丰子恺学画的经历，也证明了这一点，正如他后来反省的那样："我所最后确信的'师自然'的忠实写生画法，其实与我十一二岁时热中的'印'《芥子园画谱》，相去不过五十步。前者是对于《芥子园》的依样画葫芦，后者是对于实物的依样画葫芦，我的学画，始终只是画得一个葫芦！"（《我的学画》）

正是在这样的背景下，竹久梦二的出现，才显得非同寻常。对于洋画家梦刚破灭的丰子恺来说，不啻是混沌迷茫中的一道闪电，在受到震撼的同时，一定还有"画原来还可以这么画！"的惊喜。这熟悉而陌生的"寥寥数笔"，不正是他的梦魂所求吗？山穷水尽疑无路，柳暗花明又一村。谁敢说这不是上帝冥冥之中有意的安排？

不妨设想：倘如无缘与竹久梦二邂逅，而是带着破碎的梦回国，丰子恺以后的艺术道路会是什么样子？还会不会有"子恺漫画"问世？这都是可疑问的。依丰子恺的谦逊、自律和随缘，在沉重的生存压力下，完全可能放弃绘画——就像他放弃小提琴演奏一样。从这个意义看，与竹久梦二相遇，对"子恺漫画"的诞生有直接的造就之功。

由于经济上的原因，丰子恺不久就回国，离开日本之前，还特地委托友人黄涵秋替他留心竹久梦二的画册。黄果然不负重托，很快替他找齐了竹久梦二的《夏》《秋》《冬》三册，外加《京人形》和《梦二画手本》，从东京寄到沪上，给了丰子恺极大的喜悦。其实，丰子恺游学东京的时候，竹久梦二也在东京，住在涩谷的宇田川。假如丰子恺能在日本住上更长的时间，也许有机会与梦二相识。可惜上帝没有锦上添花，将这个艺术缘演绎得更加完美。但这已无可抱怨，最重要的是，灵感之火已被点燃，丰子恺的艺术之魂开始觉醒。

丰子恺一回国，就开始了艺术上的转向。那是在浙江上虞的白马湖畔，在繁忙的教学之余，丰子恺像竹久梦二一样，用毛笔在纸上描下了"平常所萦心的琐事细故"。这一下不得了，他感受到一种"和产母产子后所感到的同样的欢喜"。周围的同事朋友见了，也惊喜不已，夏丏尊连连称"好"，鼓励他"再画"；文学界的风云人物郑振铎见了这些作品，如获至宝，为其"诗的仙境"和"写实手段的高超"所征服，将这些作品发表到文学研究会的刊物《文学周报》上，并加上"子恺漫画"的题头，"子恺漫画"从此风行全国。中国现代艺术史上第一位被称作"漫画家"的画家，就这样诞生了。

在日本众多的画家中，丰子恺对竹久梦二情有独钟，有充分的理由。竹久梦二，本名茂次郎，1884 年出生于日本冈山邑久町的一家酿酒商家庭，自幼显示出过人的艺术才华，不顾父亲的反对坚持学画，在自由的空气中卓然成才，明治末叶，感应着时代的气运，在日本画坛一举成名，其漫画直面社会人生，同情弱者，在充满哀伤情调的传统日本美感中，融入近代社会主义精神和基督教的悲悯情怀，风靡一时。竹久梦二感情丰沛，一生恋情不断，爱人众多，在艺术才情与生命的慷慨挥霍中，送走了五十岁的短暂生涯。

丰子恺与竹久梦二属于不同的文化背景，人生经历、情感生活很不相同，但在人格性情和艺术气质上，却又有着惊人的相似和默契。

首先，当然是对"意义"的共鸣。在丰子恺看来，过去的日本漫画家"差不多全以诙谐滑稽、讽刺、游戏为主题。梦二则屏除此种趣味而专写深沉而严肃的人生滋味。使人看了慨念人生，抽发遐想"（《谈日本的漫画》）。在日本现代美术史上，若就思想内容而论，竹久梦二肯定属于另类，他的作品尤其是早期的作品，站在底层民众一边，站在被污辱、被损害者一边，对社会黑暗做毫不留情的揭发，含有强烈的批判精神和反权力的倾向，这一切因有基督教悲悯精神的铺垫，更显得恢宏深沉，超越了狭隘的阶级意识与民族意识。丰子恺对此感应敏锐，其实正是他自己的人格精神的反映。大凡伟大的艺术，总是带点神性，丰子恺与竹久梦二，都是通神性的艺术家，前者缘从佛门，后者感化于基督，皈依的神明虽然不同，精神实质却没有什么两样。对这种艺术家来说，"意义"往往是首要的、前提性的。

尽管如此，由于文化背景的差异，"意义"在两位艺术家的天平上又呈现出不同的分量。可以说在对"意义"的重视上，丰子恺较竹久梦二有过之而无不及，这直接影响了丰子恺对梦二艺术的欣赏和理解。丰子恺对梦二的绘画，目光基本上停留在早期那批具有"深沉而严肃的人生滋味"的作品上，对他后来的作品几乎视而不见。值得说明的是，丰子恺在日本游学时，正是梦二的正宗品牌——《黑船屋》风靡之时，那个以梦二的恋人为模特儿，有一双惆怅的大眼，充满怀旧情愫的东瀛美人，似乎不能打动丰子恺，理由只能是：它缺少梦二早期作品的那种严肃的"意义"。丰子恺的这种审美选择带有鲜明的时代和中国特色，与日本国内的梦二评价形成耐人寻味的对比。由于竹久梦二的反权力倾向，日本主流评论界一般不太愿意从社会批判的角度阐释他的作品。在他们看来，梦二的这些作品与其说是对社会世相露骨的讽刺，不如说是伤感情绪的表达，这种伤感表达在日本的艺术传统中源远流长，竹久梦二的作品所以能在日本风靡一时，成为大众的宠儿，很大程度上仰仗了这个传统。日本的文学艺术有根深蒂固的唯美传统，与政治保持着严格的距离。即使是竹久梦二这种人道主义情怀很浓的艺术家，也不能不受这个传统制约。这与丰子恺理解的竹久梦二不能不产生一定程度的错位。

　　然而，这绝不意味着艺术形式对于丰子恺无足轻重，事实毋宁说刚好相反。在丰子恺的精神结构中，"宗教"与"艺术"是两大支柱，它们相辅相成，保持着微妙的平衡。虽然从价值等级上讲前者高于后者，然而就实际魅力而言，后者显然超过前者，这大概也是丰子恺一直徘徊于两者之间，不能六根清净彻底皈依佛门的真正原因吧。而难能可贵的是，两者在丰子恺笔下达到了高度统一，而协调两者的，不是别的，正是"诗意"。也正是在这一点上，丰子恺与竹久梦二有灵犀之通，堪称真正的知音。

　　从丰子恺对竹久梦二绘画的解读中，可以充分感受到这一点，丰子恺总是为梦二绘画中的丰富的"诗趣"所陶醉，甚至连解读本身，都是充满"诗趣"的！竹久梦二的作品一经他的解释，内涵就大大扩展起来，让人久久地回味和思索。《回可爱的家》先是叙述一个贫苦的劳动者行走在荒凉寂寥、狂风肆虐的旷野，向远处一间小小的茅屋归去的情景，然后这样发挥："由这画题可以想见那寥寥数笔的茅屋是这行人的家，家中有他的妻、子、女，也许还有父、母，在那里等候他的归家。他手里提着的一包，大约是用他的劳动换来的食物或用品，是他的家人所盼待的东西，是造成 sweet home（可爱的家）的一种要素，现在他正提着这种要素，怀着满腔的希望奔向那寥寥数笔的茅屋里去。这种温暖的盼待与希望，得了这寂寥冷酷的环境的衬托，即愈加显示其温暖，使人看了感动。"（《文学与绘画》）

在丰子恺眼里，梦二的每一幅绘画，同时又是一首诗。这时，绘画与文学的界限已经完全消失，留下的，只有隽永邈远的意境。竹久梦二有一幅题为《！？》的作品，画面是一片广阔的雪地，雪地上一道行人的脚印，由大到小，由近渐远，迤逦地通向远方的海岸边。丰子恺深爱此作："看了这两个记号之后，再看雪地上长短大小形状各异的种种脚迹，我心中便起了一种无名的悲哀。这些是谁人的脚迹？他们又各为了甚事而走这片雪地？在茫茫的人世间，这是久远不可知的事！讲到这里我又想起一首古人诗：'小院无人夜，烟斜月转明。清宵易惆怅，不必有离情。'这画中的雪地上的足迹所引起的慨感，是与这诗中的清宵的'惆怅'同一性质的，都是人生的无名的悲哀。这种景象都能使人想起人生的根本与世间的究竟诸大问题，而兴'空幻'之悲。这画与诗的感人之深也就在乎此。"略有东方学养的人就可发现：丰子恺与竹久梦二这种深沉的共鸣，已经超越了个人嗜好，背后有同一只看不见的历史文化巨手操纵，它让人看到：东方文化特有的"诗性"，渗透在东方人的灵魂深处，缔结着一根无形的文化纽带。

然而，无论精神多么超拔，诗意多么丰沛，最后必须落实到一套新的艺术语言上，否则一切都谈不上。对于丰子恺那样的东方性情来说，"寥寥数笔"能否凝聚为一个蕴含新时代精神的艺术整体，就成了他能否以艺术安身立命的关键。竹久梦二给予丰子恺的最大馈赠，也就在这儿。

在丰子恺看来，竹久梦二的画风"熔化东西洋画法于一炉。其构图是西洋的，画趣是东洋的。其形体是西洋的，其笔法是东洋的。自来总合东西洋画法，无如梦二先生之调和者"（《谈日本的漫画》）。这是极高的评价。事实上，"子恺漫画"取法的，正是这种"中西合璧"式的艺术手法，正如俞平伯评价的那样："既有中国画风的萧疏淡远，又不失西洋画法的活泼酣姿，虽是一时兴到之笔，而其妙正在随意挥洒。譬如青天行白云，卷舒自如，不求工巧，而工巧殆无以过之。看它只是疏朗朗的几笔似乎很粗率，然物类的神态悉落彀中。"（《〈子恺漫画〉跋》）

对于 20 世纪的中国艺术家来说，"融合东西"是一个响亮的口号，也是一个难以企及的艺术目标。多少人在这条路上苦苦追求，有的辛苦一辈子，也没有踏出一条成功之路，有的要尽聪明，也仅得昙花一现。道理很简单：东西绘画属于不同的美学系统，背后横着巨大的文化鸿沟，假如对双方没有真正的理解和精深的造诣，单凭热情和聪明，是完不成这项事业的。丰子恺的幸运在于，他天生东方诗人气质，自幼习诗文书画，有传统文化的"童子功"，后来又师从李叔同学西洋画，掌握了比较扎实的素描技巧和西洋画理论知识，可以说具备了"融合东西"的条件；东瀛游学又遇上竹久梦二这股强劲的"东风",把灵性之火点燃,原先各行其道的西洋画技巧与传统艺术修养,于此时接通,逐渐融为一体,从此踏上一条左右逢源的艺术之道。

丰子恺与竹久梦二的艺缘,给人以复杂的联想。近代以降,面对西方强势文化,中日两国表现出不同的反应,导致了不同的结果。古老的历史、悠久的文化、"天朝帝国"的自大与根深蒂固的"华夷"观念,加上国内诸多不稳定的因素和难以调和的社会矛盾,使中国无法以正常的心态和有效的方式回应西方列强的挑战,从"中体西用",到"全盘西化",陷于被动的狂奔与危机中,文化精神日趋分裂。而日本作为东洋的一个岛国——一个资源匮乏、文明起步较晚、擅长吸取外来文化的岛国,却显得游刃有余,表现出灵活的应变能力和与时俱进的气魄,既没有狂热地"反传统",摒弃固有的文化,又成功地吸收了西方现代文明,顺利地走上了"近代化"的道路,成为亚洲一枝独秀的现代民族国家。于是,历史上曾是日本老师的中国,不得不低下头,向昔日的徒弟学习"现代化"之道。唯其如此,才会有20世纪初中国学子潮水般涌向东瀛的壮观场面,通过日本学习西方,被认为是中国实现"现代化"的一条捷径。这种将日本当作中国实现"现代化""西化"的手段的现实主义态度,是当时留日思想的主流,在紧张险峻、势不两立的中日关系背景下,其结果之不妙是可想而知的。"我们在日本留学,读的是西洋书,受的是东洋罪",郭沫若的这句名言道出了留日学子的尴尬处境。身在日本,却对这个"同文同种"的国家不感兴趣,甚至骨子里瞧不起,同时又不得不借助于它。在这样的处境下,中日文化的交流就难以产生积极的互动和建设性的成就。令人欣慰的是,在这种主流之外,还有"另类"的存在,丰子恺无疑是其中的杰出代表。他以纯正的眼光和平常的心态观察日本，不因西碍东，更不以西抑东；通过日本，发现了东西方文化融合之道。

作为神交，竹久梦二始终活在丰子恺的心中，也活在他的漫画中。事实上，只要一谈起漫画，丰子恺几乎言必称梦二，从来不讳言自己对梦二的喜爱和梦二对自己的影响。在中日关系日益紧张和国人普遍轻视日本文化的历史背景下，更显得真诚与磊落。由于资讯闭塞，丰子恺回国后对竹久梦二的情况所知甚少，直到1936年秋，也就是梦二逝世后的第二年，他还在向"从日本来的美术关系者"打听这位画家的消息。

二

无独有偶，在丰子恺将竹久梦二介绍到中国若干年之后，他的《缘缘堂随笔》也以类似的方式传播到了日本。

翻译介绍《缘缘堂随笔》的，是日本著名汉学家吉川幸次郎。在《译者的话》中，作者这样写道："我觉得，著者丰子恺，是现代中国最像艺术家的艺术家，这并不是因为他多才多艺，会弹钢琴，作漫画，写随笔的缘故，我所喜欢的，乃是他的像艺术家的真率，对于万物的丰富的爱，和他的气品，气骨。如果在现代要想找寻陶渊明、王维这样的人物，那么，就是他了吧。他在庞杂诈伪的海派文人中，有鹤立鸡群之感。"

由这段话，人们不难联想历史上中日文化交流的盛况和种种佳话，联想起古代的日本人对白居易、陶渊明、王维、梁楷、牧谿等中国的诗人画家的崇拜和向往。作为一位深受中国文化熏陶的汉学家，吉川对丰子恺的推崇，显然是着眼于中国传统文人的"艺术化"

的生活方式，在他看来，丰子恺俨然就是陶渊明、王维的现代传人。这样的定位，在日本帝国主义侵略中国、中华民族生存危机严峻的背景下，会让人感到尴尬，并且容易让人产生误会。然而，说丰子恺是"现代中国最像艺术家的艺术家"，却是一点不假。

如果说，东瀛汉学家的价值天平中难免带有"中国情结"的话，那么，以"唯美"著称、不遗余力追求传统"日本美"的谷崎润一郎对丰子恺的推崇，就更能说明问题。当时，谷崎已是日本功成名就的大作家，对一个完全陌生的中国作家如此器重，就显得很不一般。在专为《缘缘堂随笔》撰写的评论里，作者这样写道："仅仅读了译本一百七十页的小册子，著作的可爱的气禀与才能，已可窥见……这本随笔可以说是艺术家的著作。他所取的题材，原并不是什么有实用或深奥的东西，任何琐屑轻微的事物，一到他的笔端，就有一种风韵，殊不可思议。"

不愧为日本大文豪的直觉和眼光，一下子捉住了丰子恺的要害，难怪丰子恺读到文章后，"感到一种异样的荣幸"，喜不自禁地发出"海外存知己，天涯若比邻"的感慨！然而细读全文，则可发现，谷崎对丰子恺的不失精到的把握中，又隐藏着某种耐人寻味的"错位"。这再一次证明了国际文化交流取同舍异、为我所用的基本原理，也显示了东方文化共同体的张力与活力。

毫无疑问，谷崎对《缘缘堂随笔》的解读带着鲜明的日本趣味，他最欣赏的，是《吃瓜子》那样的妙趣横生的作品，将它看作"最得意"的一篇，并向日本读书界郑重推荐，认为"能把这种些微的题材写得那样有趣，正是随笔的上乘"。《山中避雨》也是谷崎特别喜欢的作品，说它"于短篇之中，富有余韵"。此文写作者带两个女孩子游西湖，在山间遇雨，避雨茶肆，雨老下不止，为解女孩子们的无聊，便向茶博士借了一把胡琴，拉起各式各样的小曲来，女孩子和着唱歌，引得三家村的人都来观看，最后参与进来，一时把苦雨荒山闹得十分温暖。谷崎欣赏这种"风趣"，由此大发思古之幽情，与本国的历史典故联系到一起："不禁想到从前盲乐师葛原氏乘船上京，在明石浦弹琴一夜，全浦的人皆大欢喜的故事来。"谷崎喜爱的作品还有《作父亲》，说它"诗趣横溢"，由此断定"著者是非常喜欢孩子的人"。《作父亲》通过买小鸡的故事，写出了大人的世故与儿童的天真，也是一篇有趣的作品。

其实日本趣味也好，中国趣味也好，都是东方趣味，彼此有着内在的相通。这种相通往大里说，是"天人合一""物我同一"的生命哲学，往小里说，则是对"生活的艺术"或"艺术的生活"的重视和追求，用谷崎润一郎的话来说，就是将"任何琐屑轻微的事物"变成艺术的"趣味"。谷崎与丰子恺的共鸣，不妨说正是建立在此基础上的。丰子恺对日本漫画的喜爱，从根本上讲也是这个原因。在他看来，日本的漫画之所以特别发达，在美术史上占有特殊的地位，是因为"其国民的气质对于此道似乎特别相近。那些身披古装，脚登草履，而在风光明媚的小岛上的画屏纸窗之间讲究茶道、盆栽的日本人，对于生活趣味特别善于享受，对于人生现象特别善于洞察。这种国民性反映于艺术上，在文学而为俳句，在绘画而为漫画。"（《谈日本的漫画》）

读一读日本古代的随笔《枕草子》（清少纳言）、《徒然草》（吉田兼好），再读一读现代日本作家的小说散文，比如谷崎润一郎的《阴翳礼赞》、川端康成的《美丽的日本与我》，便可知道"趣味"这种东西是多么不可救药地操纵着日本人的神经，一脉相承地流传至今，不妨录《枕草子》开篇第一段——

春天是破晓的时候最好。渐渐发白的山顶，有点亮了起来，紫色的云彩微细地飘横在那里，这是很有意思的。

夏天是夜里最好。有月亮的时候，不必说了，就是暗夜里，许多萤火虫到处飞着，或只有一两个发出微光点点，也是很有趣的。飞着流萤的夜晚连下雨也有意思。

秋天是傍晚最好。夕阳辉煌地照着，到了很接近山边的时候，乌鸦都要归巢去了，三四只一起急匆匆地飞去，这也是很有意思的。而且更有大雁排成行列飞去，随后越看去变得越小了，也真是有趣。到了日没以后，风的声响以及虫类的鸣声，不消说也都是特别有意思的。

冬天是早晨最好。在下了雪的时候可以不必说了，有时只是雪白地下了霜，或者就是没有霜雪但也觉得很冷的天气，赶快生起火来，拿了炭到处分，很有点冬天的模样。但是到了中午暖了起来，寒气减退了，所有地炉以及火盆里的火，都因为没有人管了，以至容易变成白色的灰，这是不大好看的。

对"趣味"的讲究，原本是中国古代士人的日常生活方式，直接影响了包括日本在内的周边国家。然而，近代以降，随着西力东渐与民族生存危机的日益严重，这种艺术化的生活方式受到了根本的怀疑与挑战，被视为"落后"和"腐朽"，甚至与亡国亡种扯到一起，迷恋这种生活方式的人成了时代的落伍者。在这样的背景下，丰子恺受到批判与责难是毫不奇怪的。左翼作家柔石读了丰子恺的两篇随笔，对他的"飘然的态度"十分反感，"几乎疑心他是古人，还以为林逋姜白石能够用白话来做文章了"。对丰子恺的《护生画集》，柔石做如此攻击："丰君自赞了他的自画的《护生画集》，我却在他的集里看出他的荒谬与浅薄。有一幅，他画着一个人提着火腿，旁边有一只猪跟着说话：'我的腿'。听说丰君除吃素以外是吃鸡蛋的，那么丰君为什么不画一个人在吃鸡蛋，旁边有一只鸡在说话：'我的蛋'呢？这个例，就足够证明丰君的思想与行为的互骗与矛盾，并他的一切议论的价值了。"（《丰子恺君的飘然态度》）苏雪林在同情丰子恺的基础上，也表示了忧虑："在这十分紧张的工业时代和革命潮流汹涌的现代中国，搏斗之余，享乐暂时的余裕生活，也是情理所许的事，不过沉溺其中不肯出来成为古代真的避世者风度，却是要不得的罢！"（《俞平伯和他几个朋友的散文》）

　　然而丰子恺并不因此而放弃自己的生活理想，他坦率地说："趣味，在我是生活一种重要的养料，其重要几近于面包。"（《家》）甚至发出这样的奇论："我觉得人类不该依疆土而分国，应该依趣味而分国。耶稣、孔子、释迦是同国人。李白、杜甫、莎士比亚、拜伦是同国人。希特勒、墨索里尼、东条英机等是同国人……而我与吉川、谷崎以及其他爱读我文章的人也可说都是同乡。"（《读〈读缘缘堂随笔〉》）简直天真到了极点。难怪在性命攸关的逃难的路上，丰子恺依然本性不改，一有机会，艺术家的性情就发作。那番关于西洋画与中国画的异同和优劣的妙论，就是在逃难的船上有感而发的，而艺术家的才能和名气，也帮了丰子恺的大忙，使他绝处逢生，遂有"艺术的逃难"这句绝妙的名言，为中国现代文学艺术史增添了一段难得的佳话。

　　成名后的丰子恺，亲自设计，在石门湾的老宅建成了缘缘堂，还在杭州西湖边租了公寓，戏称"行宫"，过着隐逸的笔耕生活。他春秋在杭州，冬夏在石门湾；西湖的春花秋月、良辰美景，石门湾的冬暖夏凉、亲情乡情，被这位艺术家一人独享。值得一提的是，从石门湾到杭州，坐火轮、换火车只需两小时，非常方便，丰子恺却不喜欢这种现代交通工具，经常是雇一只客船，顺着运河，悠哉游哉地走上两三天，沿途闲眺两岸景色，或挥毫写生，或上岸小酌，其间的种种乐趣，妙不可言。甚至在船里吃枇杷，也是一件快活的事，因为"吃枇杷要剥皮，要出核，把手弄脏，把桌子弄脏。吃好之后必须收拾桌子，洗手，实在麻烦。船里吃枇杷就没有这种麻烦。靠在船窗口吃，皮和核都丢在河里，吃好之后在河里洗手。"（《塘栖》）

写到这里，不能不谈到夏目漱石。在日本的作家中，夏目漱石是丰子恺最推崇的一个，也是给予他精神上影响最深的一个。丰子恺在自己的文章里，一再提到夏目漱石，说"夏目漱石真是一个最像人的人"，并且引以为知音。在《塘栖》里，作者开篇就引夏目漱石的小说《旅宿》中的一段抨击火车这种"蔑视个性的东西"的文章，然后写道："在二十世纪中，这样重视个性，这样嫌恶物质文明的，恐怕没有了。有之，还有一个我。我自己也怀着和他同样的心情呢。"文章最后这样结束："我谢绝了二十世纪的文明产物的火车，不惜工本地坐客船到杭州，实在并非顽固。知我者，其唯夏目漱石乎？"

然而，丰子恺的作品到底不是一个"趣"字所能概括。事实上，除了"有趣"，《缘缘堂随笔》另有内涵厚重、思想深邃的一格，如《渐》《大帐簿》《两个？》《家》等篇什。其实，即便是那些妙趣横生的作品，在"有趣"的表层里，也往往隐藏着微言大义，与"人生的根本"紧密相关，就像《吃瓜子》最后点题的那样："将来此道发展起来，恐怕是全中国也可消灭在'格，呸''的、的'的声音中呢。"同样，丰子恺对儿童世界的尽力描写，对童心、童趣不遗余力的赞美，包含着对"冷酷的""虚伪的""实利的"的成人社会的批判与绝望。"趣味"在丰子恺那里虽然不可或缺，毕竟只占一层境界，在此之上，还有一个更加阔大的世界。耐人寻味的是，谷崎润一郎没有注意到这一些。

谷崎润一郎对《缘缘堂随笔》唯趣主义的解读，令人想起佐藤春夫对他的那句著名的评论。佐藤说，谷崎润一郎是一个"没有思想的艺术家"。其实，岂止是谷崎，多数日本艺术家都如此。感性胜于理性，趣味优于思想，本是日本文化精神的主流，也是它的基本特色，用佐藤春夫的话来说，就是日本人"非常缺少思考的才能或者嗜好"，"自古以来就是一个既无思想又无哲学的民族"。这并非空穴来风。日本是一个资源贫乏、天灾频仍的岛国，脆弱的生态环境，使它特别重视人际关系的"和"，单一的民族，又保证了这种"和"最大程度的实现。这样的民族，是不需要深刻的思想的，因为任何深刻的思想，都包含着批判性与颠覆性，对于日本这样的民族绝不合适。而东瀛岛国特有的文化风土，它的美丽与润泽，无常与多变，本来也不宜于思想，而更宜于艺术。思想不发达，并不妨碍艺术，不妨反过来说：正因为思想不发达，艺术才格外繁荣，才唯美。

谷崎润一郎与丰子恺这种微妙的"错位"，是大陆与岛国不同的文化风土造成的。如果说丰子恺的"琐屑轻微"里含着"以小见大"的美学追求的话，那么谷崎的"琐屑轻微"就是日本人特有的"以小为美"的艺术本性的表现。在日本文学中难以读到"黄河之水天上来""大漠孤烟直，长河落日圆"那样的雄浑壮阔的意境，在中国文学中也不容易找到"古老寺钟的裂缝里，沉睡的蝴蝶哟"（与谢芜村）那样的精镂微刻、吟味细节的诗句，背后有各自的文化背景的根据。丰子恺很小的年纪，就被两个永恒的问号纠缠：从邻家孩子从壁缝里塞进来的一根鸡毛，可以追踪到空间、宇宙的无限，从账簿上取自《千字文》每句开头一个字的年代编号，可以领悟到时间的神秘；从一个落水的泥阿福，联想到世上万物的命运和来龙去脉，相信有一个记录宇宙万物命运的"大账簿"存在，即使是写钓鱼、养蚕、吃蟹这种儿时的趣事，也要上升到"杀生"的高度，成为自我忏悔的材料。相比之下，日本作家笔下的"琐屑轻微"，更具一种纯粹的审美性质，其表现形式是"小题大做"，螺蛳壳里做道场。就像谷崎在《阴翳礼赞》中肆意发挥的那样，将一种微不足道、空洞虚无的"阴翳"之美，演绎得淋漓尽致；也像"日本画"创作中经常见到的那样：一个风景的局部，一个细小的主题被绘成鸿篇巨制。正是这种文化背景的差异，使丰子恺在由衷地喜爱日本文化的同时，又感到不满足，丰子恺认为："无论什么东西，一入日本，就变本加厉，过分夸张，同时就带有一种浅薄和小家气。"（《小泉八云在地下》）

丰子恺对日本的喜爱尽管不乏"礼失求诸野"的理性要求，本身却是不可救药的。据丰子恺自己回忆，刚从日本游学回来时，他常常喜欢跑到虹口的日本店，去买日本的"敷岛"香烟、五德糊，甚至连自家的鸡毛帚和筷子都不用，而非要用日本的"尘拂"和一次性消毒筷子，尤其是对这种一次性的"割箸"，丰子恺十分称心，晚年在怀旧的文章里还特地提到，认为它比西洋人的刀叉便利，又比中国人的筷子卫生，"是世界上最进步的用品"（《吃酒》）；礼拜天他还常常带着家人出去吃"天麸罗"荞麦面，房间里还陈设日本人用的火钵，俨然是一个地道的"哈日族"。丰子恺这样解释自己的喜爱："日本的一切东西普遍地具有一种风味，在其装潢形式之中暗示着一种精神。这风味与精神虽然原是日本风味与日本精神，无论是小气，是浮薄，总有一个系统，可以安顿我的精神。"（《工艺实用品

与美感》）

一个值得思考的问题是：丰子恺在日本只逗留了十个月，说文化上的影响，似乎有些夸张。那么，丰子恺与日本的这种文化上的亲和力，是从哪里来的？

丰子恺出生于浙江崇德县石门湾（今桐乡县石门镇），那里四季分明，景色秀丽，物产丰饶。丰子恺这样形容自己的故乡："石门湾离海边约四五十里，四周是大平原，气候当然是海洋性的。然而因为河道密布如网，水陆的调济特别均匀，所以寒燠的变化缓和。由夏到冬，由冬到夏，渐渐地推移，使人不知不觉……而每一回首，又觉得两个月之前，气象大异，情景悬殊。盖春夏秋冬四季的个性表现，非常明显。故自然之美，最为丰富；诗趣画意，俯拾即是。"（《辞缘缘堂》）这段描写，几乎可以直接用来形容东瀛列岛的地理气候。

丰子恺坦言不习惯别的地方的地理气候，因此而更加珍惜故乡的一切："我流亡之后，经过许多地方。有的气候太单纯，半年夏而半年冬，脱了单衣换棉衣。有的气候变换太剧烈，一日之内有冬夏，捧了火炉吃西瓜。这都不是和平中正之道，我很不惯。这时候方始知道我的故乡的天时之胜。在这样的天时之下，我们郊外的大平原中没有一块荒地，全是作物。稻麦之外，四时蔬菜不绝，风味各殊。尝到一物的滋味，可以联想一季的风光，可以梦见往昔的情景。往年我在上海功德林，冬天吃到新蚕豆，一时故乡清明赛会、扫墓、踏青、种树之景，以及绸衫、小帽、酒旗、戏鼓之状，憬然在目，恍如身入其境。"这段文字，很容易叫人想起日本文学特有的对自然美的表现，想起永井荷风、谷崎润一郎、川端康成等作家笔下纤细灵敏的韵致。

中国绘画中有"南宗""北宗"之分，诗歌中又有"豪放派""婉约派"之别，它们分别代表着南北两大艺术流派，形成了互补互动的格局和态势。日本在对中国文化的吸收中，由于本土岛国趣味的制约，表现出明显的"取南舍北"的倾向，在空灵纤细上有出蓝之胜，却缺少中国艺术的那种浑厚华滋、大气磅礴。中日文化交流中种种错位的现象，大抵由此造成。吉川、谷崎对《缘缘堂随笔》微妙的误读，当然也不出这个范围。

这很正常，且无伤大雅。这种"错位"恰是中日文化"和而不同"的表现，也是东亚文化共同体生生不息的活力所在。比较中日两国的文化，在共同的"东方性"之下，处处表现出鲜明的差异与互补：地理上的大与小、历史的古老与年轻、文化上的混沌与单纯、种族的复杂与单一等等，唯其如此，才会在文化上形成互相哺育、互相刺激的格局。

不必讳言，丰子恺的"东方观"有着"大中华"的思想背景。他有一段重要的"东洋"文化论可以作为说明："东洋生活趣味，确比西洋丰富。西洋生活机械，东洋生活则富有诗趣。这种诗的生活，发源于中国，到日本变本加厉，益发显著。例如席地、和服、木屐、纸窗、盆栽、庭院艺术，原先是中国的古风，被日本人模仿去，加以夸张，就成了日本风。日本风是中国风的缩图。凡缩图必比原图小巧而明显，一目了然，惹人注意。"(《小泉八云在地下》）在对日本绘画的看法上，丰子恺更是毫不含糊地认为："日本画完全出于中国画，日本画实在就是中国画的一种。"并且援引日本美术界的元老中村不折和著名美术史家伊势专一郎的话来证明："中国绘画是日本绘画的父母。不懂中国画而欲研究日本绘画，是无理的要求。""日本的一切文化，皆从中国舶来，其绘画也由中国分支而长成，恰好比支流的小川的对于本流的江河。在中国美术加一种地方色，即成为日本美术。故日本绘画史的内幕几乎就是中国绘画史。"(《中国美术的优胜》)

需要指出的是，在日本学界，这种"大中华"的日本观过去一直是日本文化论的主流，在历史上，它虽然时不时地受到"大日本主义"的抗衡，其思维方式却完全受制于"大中华"。作为一种思维方式的"大中华"观受到彻底的颠覆，是第二次世界大战后日本在废墟上再度崛起以后的事。如今，"大中华"三个字已成为怀有优越感的日本学者随意嘲讽和调侃的对象。然而公平地说，作为认识日本的知识背景和思想方法，"大中华"仍然有它的合理性，尽管它包含妄自尊大的危险性。在近代之前的漫长岁月里，日本主要是靠吸收中华文明的奶汁成长的，其文化思想自然不脱"大中华"的范围。明治维新的成功，使日本文化民族自信大增，"大日本"的理想终于变成了现实，于是，日本创造了"东洋""大东亚"这些概念，以与历史上的"大中华"抗衡。然而从思维方式上看，"东洋""大东亚"仍是"大中华"的翻版，不同的只是，日本已将亚洲的文化主导权当仁不让地转到自己的名下。

其实，问题不在"大中华"观本身，而在于使用者是否具备纯正的心态和健全的理性。同样的"大中华"思想，也可以导致截然不同的结果：浅薄者，就是将日本的一切都说成中国古已有之，而对日本文化真正的独创性视而不见；而如果有深厚的东方文化学养和纯正的心态，"大中华"思维照样可以得出有价值的结论。丰子恺就是一个很好的例子，他对日本文化的判断，眼光独到而且准确，其中"日本风是中国风的缩图"的论断，堪称精辟，比韩国人类学家李御宁后来提出的著名的"日本文化——缩"的理论，要早整整半个世纪。尽管从总体上看，丰子恺对日本美术的把握不无失衡之处，比如他独尊日本的漫画，而对日本文化的"装饰主义"传统比较忽略，对一脉相承的"大和绘""琳派"艺术和近代的"日本画"几乎没有注意到。但这是属于个人眼光的问题，背后有充分的文化心理背景的依据，由此可以引出一些有价值的话题。重要的是，丰子恺的"大中华"日本观，毫无"华尊夷卑"的优越感，他对日本人和日本文化总是心怀敬意，正如他日后深情地回忆的那样："樱花和红叶，是日本有名的'春红秋艳'。我在日本滞留的那一年，曾到各处欣赏红叶。记得有一次在江之岛，坐在红叶底下眺望大海，饮正宗酒。其时天风振袖，水光接天；十里红叶，如锦如绣。三杯之后，我浑忘尘劳，几疑身在神仙世界了。四十年来，这甘美的回忆时时闪现在我心头。"（《我译〈源氏物语〉》）这同样表现在他的留日题材写作中。

三

由于在日本的时间只有十个月，丰子恺的留日题材写作为数甚少，故事也很平淡，比起不肖生、郁达夫、郭沫若、陶晶孙、张资平诸人洋洋洒洒的同类题材写作来，显得很不起眼。然而，如果不以作品的数量与轰动效应论高低，就可发现，丰子恺的作品有着同类作品无法替代的价值与品位。

近代以降，随着东瀛岛国奇迹般地崛起，中日两国国际地位的历史性逆转，中国人看日本的眼光变得复杂起来，"小日本"的暴发户嘴脸与忘恩负义行为，进一步加剧了中国人对它的反感，感情与理智，从此再也难以平衡。这种情形，在留日题材写作中有充分的反映：《留东外史》里中国浪子随心所欲地将日本女人玩弄于股掌之上，中华武林高手一而再再而三地摆平东洋大力士；《沉沦》的主人公对日本女子又爱又恨的"怨妇"情结，对"祖国快强大起来"的绝望的呼唤；《行路难》里的中国留学生受到势利的日本房东侮辱时，对"忘恩负义的日本人"的呼天抢地的痛斥；《东京》对关东大地震的幸灾乐祸……作为日本军国主义与日本"岛国根性"的直接受害者，留日学子通过写作宣泄胸中的不平之气，是完全可以理解的。

然而这终究是失态的表现，尽管它以极端的方式展示了某种真相，但与整体上的真实却相去甚远。这就是留日文学作品尽管为数众多，艺术精品却稀少的原因。在这个背景下，丰子恺的日本人画像不能不显得相当"另类"。

丰子恺给人的最大惊异在于，他能在中日两国关系极不正常的时刻，以正常的眼光观察日本，在非常的时空背景中写出人性的常态。丰子恺笔下的日本人，都是正面形象，而且对中国颇为友善，其情形就像《吃瓜子》里写到的那样：在赴日本的轮船上，"我"与一位日本人同舱，为解旅途寂寥，"我"打开一罐瓜子与日本人共享，"这是他平生没有吃过的东西，他觉得非常的珍奇。在这时候，我便老实不客气地装出内行的模样，把吃法教导他并且示范地吃给他看。托祖国的福，这示范没有失败。但看那日本人的练习，真是可怜的很！他如法将瓜子塞进口中，'格'地一咬，然而咬时不得其法，将唾液把瓜子的外壳全部浸湿，拿在手里剥的时候，滑来滑去，无从下手，终于滑落在地上，无处寻找了。他空咽一口唾液，再选一粒来咬。这回他剥时非常小心，把咬碎了的瓜子陈列在舱中的食桌上，俯伏了头，细细地剥，好像修理钟表的样子。约莫一二分钟之后，好容易得了些瓜仁的碎片，郑重地塞进口里去吃。我问他滋味如何，他点点头说 umai，umai！（好吃，好吃！）我不禁笑了出来。

我看他那个阔大的嘴里放进一些瓜仁的碎屑，犹如沧海中投以一粟，亏他辨出 umai 的滋味来"。丰子恺与那位日本人相处，彼此似乎没有一点疏离感。这样的眼光，在 20 世纪上半叶紧张恶劣的中日关系背景中，可谓特殊之极。

丰子恺对日本人的好感中，有"东亚情怀"的因素，正如他说的那样："中日两国本来是同种、同文的国家。早在一千九百年前，两国文化早已交流。我们都是席地而坐的人民，都是用筷子吃饭的人民。所以我觉得日本人民比欧美人民更加可亲。"（《我译〈源氏物语〉》）然而，在两国交恶的背景下，"东亚情怀"还能有如此的亲和力，就不能不归因于他的特殊人格性情了。这一切在《东京某晚的事》里有形象的演绎。

文章叙述一件"很小的事"：一个凉爽的夏夜，几个中国学子相约出来散步，途中遇着一位伛偻的日本老太婆，搬着很重的东西，老太婆向他们求援，学子们不愿扰了雅兴，纷纷躲避，避开后却失去了原先的那份从容和安闲。之后，作者一直为这件事萦扰，思索良久，得出这样的结论：老太婆的错误，在于将陌路当家庭，将陌生人当作家人，"但假如真能像这老太婆所希望，有这样一个世界：天下如一家人，人们如家族，互相亲爱，互相帮助，共乐其生活，那时陌路就变成家庭，这老太婆就并不悖事，并不唐突了。这该是多么可憧憬的世界！"。

这就是丰子恺，"博爱"到近乎迂阔的丰子恺。是的，一个内心慈善宽博的人，是不会将世界打量得过于黑暗的——即使这个世界真的很黑暗，对人性之恶也不屑做入木三分的揭露，这毫无办法。这就是为什么在日寇大举入侵中国，中国的"抗战文学"不遗余力地将日本鬼子妖魔化的时候，丰子恺仍在提倡那种"没有乡土，国界的界限"的"人类之爱",提倡"以仁克暴"。其根底,是佛家的"护生"理念,正如丰子恺所说:"我们的爱,始于家庭,推及朋友,扩大而至于一乡,一邑,一国,一族,以及全人类。再进一步,可以恩及禽兽草木。因为我们同是天生之物。"(《全人类都是他的家庭》)这种"护生"理念,在丰子恺是一种不可动摇的信仰,难怪听说左翼作家曹聚仁扬言"护生漫画"可以烧毁的时候,性情温和的丰子恺立即起急,连呼"不可,不可!",断言"此人没有懂得护生之旨及抗战之意"。

这样的人格性情,决定了丰子恺对人生的观察总是着眼于正面,充满同情的理解,决定了他不会偏锋走笔,过分地夸张或丑化。在《缘缘堂随笔集》里,我们找不到一个"坏人"——那种由政治道德激情模压出来的反面人物,当然也看不到一个"英雄"——那种叱咤风云、不食人间烟火的圣人,一切都按生活的常态显示。这种眼光也许不能穿透人性之恶与人生的变态,却更符合生活的一般真实。

凭着这副纯正之眼,丰子恺看到了其他留日学子不容易看到的东瀛生活的真实。那个总是令中国学子想入非非、神魂颠倒的人情的世界,到了丰子恺笔下,变得平平常常。凭画家训练有素的眼光,丰子恺一眼发现了东瀛女子身体上的破绽,足以消解郁达夫的东瀛女子身体神话:"日本女子最缺乏当模特儿的资格,因为那岛国的人身材异常地矮小……而矮的地方全在两条腿上。平时穿着长袍,踏在半尺把高的木屐上,看去还不讨嫌。等到脱了衣裳,除了木屐,站在画室的台上,望去样子真是难看,只见肥大的一段身子,四肢短小如同乌龟的脚。"(《绘画的技法》)这个发现虽然很煞风景,却不乏拨乱反正之功,有助于人们认清东瀛女子的真正魅力所在。

丰子恺面对东瀛两性风俗时的坦然眼光,让人相信"柳下惠坐

"怀不乱"这种事情并非不可能，并且这样风俗具有纯正的审美价值，请看以下的描写——

　　日本女子的服装结束，就不及中国这般严密。她们的胸部露出，通行赤足，而且不穿裤子。这在中国人看来是何等的放浪！但在日本人视为当然。我记得有一次在东京乘车，车厢里拥挤得很，和许多人站在车尾的月台上。车在某站停了一停，正要开动的时候，一位妇人急忙地跑来搭车了。她的一脚跨上扶梯，车子已经开动。她的呼声不能被驾驶员听见，她的跳车技术又不高明，她终于从车梯上翻到路上，两脚朝天，大风吹开她的裙子，把她的下体向月台上的群众展览了。这在异国人的我觉得又惊又奇；但看站在月台上的日本人的态度，似乎惊而不惊。他们大家喊"危险"，而没有一个人取笑她。我想这未必是他们道德高尚的表示，大概是司空见惯的缘故吧。除了服装以外，日本人的盛行洗浴也是使女子身体解放的一原因。他们的浴池，不分男女；或虽分男女而互相望见。他们把洗浴看作同洗面一样的常事，自然避不得许多……我有一次去访问住"贷间"的朋友，在门口连打了几声招呼。里面发出稔熟的女主人的答应声。我推门进去，原来女主人正在门边的小间里洗浴，这时候赤条条地开出浴门来，用一手按住了小腹而向我行鞠躬礼，口中说着"失礼"，请我自由上楼去看我的朋友。我的惊奇使我失笑了。（《日本的裸体画问题》）

　　丰子恺笔下的日本人，几乎都同"艺术"发生点关系，他们或者是音乐研究会里的先生、学员，或者是洋画研究会里的模特儿、画家，而且都有良好的品质和教养，没有"小日本"通常的令人反感的毛病。这个事实内含这样一个单纯的"子恺式"的逻辑：热爱艺术者天性必定善良，"艺术"与"宗教"，在这里又一次得到了完美的统一。

《记东京某音乐研究会中所见》讲述一个近乎"乐盲"的上年纪的医科学生，经过半年的苦学，终于入音乐之门。这位乡下出生的医科老学生，利用课余的时间到一家音乐研究会学小提琴，仅仅是为着平生缺乏艺术修养，甚至决心到音乐最发达的德国去深造。"我"一开始根本不相信他能成功，因为他"全然没有音程观念，没有手指技巧，没有拍子观念，又没有乐谱知识"，觉得这是一个"可怜的无自觉的妄人"；然而事实教育了"我"，经过半年刻苦的训练，他居然上了轨道，作者不由发出感叹："这个可怜的不自量力的妄人，我最初曾经断定他是永远不能入音乐之门的，不料他的毅力和奋斗果然帮他入了音乐之门。"

这是一个典型的日本式的"自我超越"的故事，作者的写作用意非常清楚。文章一开始就引一篇署名向愚的描写东京帝国大学学生"勤学苦干的精神"的文章，最后又援引了胡适在《敬告日本国民》中的一段话："日本国民在过去六十年中的伟大成绩，是日本民族的光荣，无疑也是人类史上的一桩'灵迹，任何人读日本国维新以来六十年的光荣历史，无不感觉惊叹兴奋的。"然后发挥道："我想，这个'灵迹'大约是我在东京某音乐研究会中所见的医科老学生及向愚先生所述的帝大学生之类的人所合力造成的。"

这篇作品表明，即使是丰子恺这样极具超越精神的博爱主义者，仍在以自己的方式关心着民族的生存与国家的命运，其爱国之心，并不逊色于那些摇旗呐喊的革命家。对于中国读者，这位医科老学生，无疑是一位很好的"启蒙"教员，可以帮助我们认识自己，反思自己。然而丰子恺的可贵在于，即使是将日本人作为启蒙的"工具"，也绝不随意篡改他（她）的面目。

借用一个过时的文学术语，那位"医科老学生"不愧为一个"典型"。他并不是一个"自强不息"的抽象符号，而是一个有血有肉的艺术造型。丰子恺以写生高手的眼光和手腕，寥寥数笔，就把人物刻画得孔穴分明："其人身躯短小，脸上表出着多数日本人所共有的特色：浓眉、黑瞳、青颊、糙皮肤，外加鼻尖下一朵胡子。他的脸上少有笑颜，态度严谨，举止稳重。"那刻画生动的纯朴、戆直、坚毅的性格，不正是日本"乡巴佬"的典型表现吗？

相比之下，《林先生》显出更纯粹的艺术品位，整篇作品在怀旧的气氛中展开：整理旧书时，一册旧乐谱封面上的几行神秘的英文诗，勾起了作者温馨的回忆，我们跟着作者，一起来到东京春日町小胡同里的一家小小的音乐私塾，亲耳聆听那位毛发蓬松、性情孤独而古怪、手指上长着十张螺钿的林先生美妙无比的演奏，领教他那高超的音乐传授技术，还到那间除了乐谱、贝多芬的照片和写有那首神秘英诗的壁饰之外一无所有的卧室，听他谈论对人生与艺术的见解，感受他的孤独和充实，平凡与超拔，贫穷与富有，单调与丰富。

《林先生》只有短短数千字的篇幅，有关这位孤独艺人的身世，我们除了知道他毕业于日本的音乐学校，又到德国留学，回国后十年来一直在这条小胡同里以音乐为生以外，没有别的更多的消息。因此，《林先生》有足够的空白，可以让人发挥想象，给出多种解释。那首告诫世人"别让人知道你的内心"的英诗，给整篇文章笼罩上一片神秘的气氛，作者没有揭开林先生的最后隐秘，隐秘却在读者心里丰富地展开。通过这位孤独的仙人，人们可以窥见这个

"以和为贵"、讲究"人情美"的岛国的另一面，了解日本人特有的"安分守己"的本性，领略日本艺术家特有的"职人"气质（指那种精益求精的匠人职业操守），当然，还可以感受到东瀛岛国浓郁的艺术情调和日本人对艺术的热爱。显然，在这个人物身上，作者倾注了全部的情感和灵感，其中有这样一段描写：

这时候我从他手指上的十张螺钿看到他那细长的手，筋肉强硬的臂，由于长年的提琴负担而左高右低了的肩，以及他那不事修饰的衣服，毛发蓬松的颜面，几乎不能相信教课时那种美丽的音乐，是这个身体所作出来的。我便想象，他的身体好比一架巧妙的音乐演奏的机器，表面虽因年代长久而污旧，里面的发条、齿轮、螺旋等机件都很齐全、坚强而灵便，是世间上无论何种真的机器所不及的。又想：人间制作音乐艺术，原先是为了心灵的陶冶，趣味的增加，生活的装饰。这位先生却屏弃了一切世俗的荣乐，而把全生涯供献于这种艺术。一年四季，一天到晚，伏在这条小弄里的小楼中为这种艺术做苦工，为别人的生活造福。若非有特殊的精神生活，安能乐此不倦？于是我觉得这个毛发蓬松的人可爱，这双粘着螺钿的手可爱。

这是留日文学中不可多得的日本人画像，能与之媲美的，大概只有鲁迅笔下的藤野严九郎，不能不叫人惊叹纯正的眼光和中锋用笔的力量。谷崎润一郎非常欣赏这个人物，称"这东洋的奇人风貌，用著者的笔致传出，尤觉得非常地适宜"。比较一下同类题材的写作，就更清楚了。《留东外史》洋洋一百多万言，登场的日本人无数，能给人留下一点印象的，几乎没有。平江不肖生虽具高超的写实手腕，也有足够的日本生活经验，但由于缺乏纯正的艺术心态，加上大众的低级趣味的推波助澜，不免将日本人大大"妖魔化"，如椽之笔浪费大半。名噪一时的《沉沦》，除了让人看到一个性压抑的、过分自恋的"自我"，并没有提供别的更多的内容，其中的日本人，都是"印象派"式的涂抹，除了东瀛少女那双含情脉脉的大眼和性感的身体，一切都是模糊不清的。陶晶孙笔下的"东瀛女儿国"尽管写出了地道的氛围，却因过分地"东洋化"而失去审视的距离，反而给人以"不识庐山真面目"之感。而只有短短十个月留日经历的丰子恺，却凭着博大的生命情怀与纯正的艺术心，真实地写出了日本人的可爱与可敬，给阴暗混沌的留日文学增添了温暖明亮、弥足珍贵的一笔。

想象的中华白马王子

——张闻天与他的《旅途》

张闻天是我国著名的老一辈无产阶级革命家，也是中国新文学的先驱，像那个时代的许多伟人一样，他也经历了"投笔从戎"的人生转折。然而，在正式投身革命事业之前，张闻天已经在他的小说《旅途》里经历过革命，上演了一场轰轰烈烈的国际版"革命加爱情"激情剧。

《旅途》叙述失恋青年王钧凯在美国的一段人生之旅。在民风淳朴的西部亚罗镇，王钧凯得到克拉先生一家的善待。克拉先生的掌上明珠，健康活泼、年轻貌美的安娜小姐对他一见钟情，关爱有加。然而，这怀着时代苦闷远渡重洋的中国学子并未摆脱心中的伤痛。在克拉先生举办的家庭舞会上，王钧凯与加利福尼亚大学法兰西文学科的女大学生玛格莱相遇，眼前这位气质脱俗、思想激进的美国少女吸引了他，而中国学子身上那种深沉的气质也打动了玛格莱。宿命般的爱，不可避免地成长起来。原来，玛格莱与王钧凯在爱情上有类似的伤痛：前者是金钱崇拜的受害者，后者则是封建礼教的牺牲品；在精神上更是心有灵犀：都喜欢欧洲浪漫主义文艺和纯洁无垢的大自然。现实的黑暗与社会的不公,使他们崇拜革命,崇拜破坏,崇拜所谓"力"。对比玛格莱,中产阶级趣味的安娜小姐不能不黯然失色,在与克拉先生一家同赴郁舍丽公园的野游中,王钧凯与玛格莱不期而遇并释放出巨大的激情,两人沉醉于湖光山色,互相倾吐心中的爱与革命的理想,完全忘记了安娜的存在。这期间,安娜因不堪失恋的痛苦而投湖自杀。王钧凯得知后十分悲痛,更加坚定了献身革命的决心,他与玛格莱约定:同赴水深火热的中国,参加革命斗争。不料玛格莱临行前染疾,死于与王钧凯会合的途中。王钧凯化悲痛为力量,独自回到祖国,接受血与火的洗礼,在捍卫民族独立的战斗中英勇献身。

以上是《旅途》的故事梗概,倘以现实主义的艺术规范解读这部小说,疑点似乎很多。跨国恋爱在中国现代留学生写作中是一个热门的题目。由于种族歧视、文化差异等复杂的原因,这种描写总是惨淡不堪,性的苦闷、压抑,爱的失落、空虚、疯狂乃至自杀,不一而足。《旅途》却摆脱了这种套路,中国学子由命中注定的失恋者,一变而为东方的"白马王子"。然而,书中的主人公万里之外受到美国资本家的聘用,并没有充足的理由,而在美国"白马王子"式的经历,更是令人匪夷所思:无论留学生的传记资料,还是实际的历史情形,都没有提供相应的佐证。这里仅举一例:据梁实秋回忆,珂泉大学举行毕业典礼时,按惯例,是毕业生男女成对地排成纵队走向讲台领取毕业文凭,这一年,包括他在内的中国毕业生有六个,美国女生却没有一个愿意和他们结对排在一起。学校当局煞费苦心,只好让六个黑发黄脸的中国学生自己排成三对,走在队伍的最前列。对于中国学子,这是何等的屈辱!难怪闻一多在一旁见此情形,怒不可遏。美国姑娘既然连与中国学子结对排列这种摆摆样子的事情都不愿做，遑论其余！梁实秋留美之时，恰是张闻天游美之际，他们面对的是同一个美国。

可以说，《旅途》在中国现代小说写作史上开了"高于生活"的先河，作为一个具有革命家气质、得时代风气之先的青年，张闻天及时地将一种革命理念演绎到自己的作品中。作者刻画了两位美国女子，一位美丽单纯、健康活泼、崇尚世俗享受，另一位有艺术家气质、思想激进、痛恨现实的金钱社会。这从外貌描写就可看出：一个是"面色红润，眼睛深蓝，黄金色的卷发如像赤练蛇一般盘在她的头上，身体健全而窈窕，穿着一身丝织布制的长衣"。另一个则是："她的面色微带苍白，黑色的头发如像乌鸦般盘在她头部的后面。她的态度显然和克拉小姐不同，她很沉静如像风平浪静时的太平洋。然而从她的黑眼睛中，那闪耀着的神光不就是热情的火焰吗？不就是风涛澎湃时的太平洋吗？"这是两种截然不同的形象，前者代表庸俗的中产阶级的生活趣味与人生理想，后者则代表反抗资本主义现代性的革命者的人生态度与价值理想。中国学子拒绝了安娜，接受了玛格莱，实际上是对历史选择的一种隐喻。

张闻天笔下的异域生活，既没有闻一多式的"弱国子民"的激愤和梁实秋的那种"咸水鱼投在淡水里，如何能活"的悲哀，也没有他们的对美国现代机械文明的恐惧（如同闻一多在《孤雁》里写到的那样："这是一片鹰的领土——／那鸷悍的霸王啊！／他的锐利的指爪，／已撕破了自然的面孔，／建筑起财力的窝巢。／那里只有钢筋铁骨的机械，／喝醉了弱者的鲜血，／吐出那罪恶的黑烟，／涂污我太空，闭熄了日月，／教你飞来不知方向，／息去又没地方藏身啊！"）。一个具有革命气质的中国学子，此时显示出一般中国留学生不具备的自信和自负。初出国门的王钧凯一踏上美国的土地，就开始了对美国的现代文明高屋建瓴的批判——

美国的文明！机器又是机器，速率又是速率。一般忙忙碌碌的人，在街道上驾着汽车、坐着电车或是用着一双健全的腿，来来往往地跑。他们进饭馆或出饭馆，进公事房出公事房，进戏园出戏园，坐着自己的汽车到处地跑，回家洗澡然后像木头一般睡下去一直到大天明。哈哈，这就是西方的文明吗？钧凯一个人在旧金山马克街上踱来踱去时默默地这样想，他的面上露出轻蔑的微笑。

在中国学子高傲的灵魂面前，美国一切足以骄人的现代文明成果都黯然失色。美国的戏院，只能给人一些肉体上的快乐："他们把妇人差不多赤裸裸地献出来一个一个给你看，但是你所看到的也只是一团一团的肥白的肉而不是一个优美的具有人格的希腊式的妇人。他们把他们的音乐队差不多全体放在台上，差不多把所有新式的乐器全体拿在手里，但是他们所吹出的还不过是那些刺激你的神经使你感到一种生理的兴奋的'曲调'，而不是把你引导向崇高的天堂与柔和的南国的'音乐'。哦，所谓 JASS 的音乐——这名称就有些可笑。"美国的出版界，以貌似丰富多彩的外表，掩盖着惊人的内容的贫乏，除了让人觉得有趣、开心，没有别的；精美华丽的包装里，是些不经咀嚼、无须消化的膨化食品。美国的房子虽然宽敞实用，设备齐全，但没有一点艺术品位，散发着令人厌恶的铜臭。让中国学子略感满意的，只有美国的公园和大学的校园、建筑、图书馆。

这种指点江山的气魄，无疑有最先进的历史观和精神乌托邦的支撑。这也决定了中国学子在美国人面前的堂堂自信。在克拉先生家温暖的客厅里，面对克拉太太"我们大家都是人，为什么要分彼此"的国际主义,以及"我个人与其欢喜本国人,还是欢喜东方人"
的真诚安慰,中国学子想到的却是:中华民国现在在列强宰割之下,
如果自己不争气,把它改造成一个强国,靠人家一点人道主义,一
点世界主义来苟延残喘,实在是一种耻辱。美国现在是世界上第一
等强国,所以美国人是处在强者的地位,他们说人道主义、世界主
义以至四海皆兄弟主义都是可以的;而他是世界上第三等国家的国
民,是处在弱者的地位,所以,如果他附和这些主义就等于承认自
己是弱者。于是,王钧凯这样回答美国朋友:"我很欢喜你们能够有
这样广大的心胸,但是我觉得中国人的受轻视有许多地方也是自取
之咎,不能完全责备人家的。我想一个人不要受人家的轻视只有立
起来努力做一个人的时候;一个国家也是如此,它不愿受别国的轻
视只有在努力自成一个真正的国家的时候。"

或许在作者的想象中,正是这种不卑不亢的弱国强者姿态,夺
得了美国少女的芳心,安娜就是在王钧凯侃侃而谈救国大计的时候,
热烈地爱上了他,将他当成一个拯救中国的超级英雄。其实,安娜
小姐的浪漫冲动,并不符合一个崇尚享乐的美国中产阶级女子的心
理逻辑(更不至于因失恋而自杀!)。相比之下,王钧凯与玛格莱
的爱显得更加合理,至少在理论上能够自圆其说。王钧凯对玛格莱
的爱,实际上是对初恋情人蕴青的爱的延续:万恶的封建礼教生生
地拆散了他们,使他万念俱灰,自我放逐到异国他乡,幸亏遇上玛
格莱,使他的精神再度复活。蕴青与玛格莱,虽属于不同国度,不
同的民族,却有相同的地方,那就是"革命";如果说前者指向"反
封"的话,后者已经上升到"反帝"的高度,其精神实质完全一致。
值得注意的是,在王钧凯的"革命/爱情"互动结构中,爱占有压
倒一切的分量,王钧凯将蕴青视作自己的"救星"、点燃自己新生的

"火焰"，推而广之，也可理解为将"爱"当作"革命"不可或缺的动力，正如他对蕴青坦白的那样——

　　蕴妹，我是一个最不道德，最不自爱的青年；如其没有你的爱给我以生命，我恐怕我早已完了。蕴妹，现在你是我的生命，我的南针，我的火焰；我希望你永远在我的前面引导着我使我不至走入迷途，那就万幸了。——因此我又联想到中国现在一般在苦闷中，在失望中浮沉着的青年人了。他们只因为没有爱，所以那样颓丧。他们不是不情愿奋斗，只是没有爱的奋斗生活是他们所不愿有的罢了。唉！我们应该怎样用我们的爱去救醒他们呵！

　　然而，对于王钧凯这样有远大的志向和抱负、"超我"格外发达的叛逆青年，仅仅是情感上的两性之爱，是无法令他满足的；两性之恋如果没有"革命"这一崇高的终极目标，就无法救渡苦闷的灵魂，反而可能加重这种苦闷。王钧凯拒绝了安娜的爱，就是因为这种爱仅停留于"人生的享乐"这一浅薄的层次，缺少一种深沉的精神内涵，而与玛格莱的爱，恰好满足了这种精神需要。然而从另一角度看，当"革命"成为至高无上的存在时，势必会收编"爱"，吸收"爱"，甚至吞噬"爱"；到了这个地步，"爱"就不得不成为革命的附丽与点缀。在这一点上，作为女性的玛格莱和蕴青，比王钧凯似乎更有自觉，更加义无反顾。安娜自杀后，王钧凯痛不欲生，玛格莱却这样提醒他："你记好，我们是要革命的，我们不能因为过度的悲伤把自己的身体弄得柔弱不堪，毫不能吃半点苦。记好这几句话，钧凯，我们是要革命的。至于我们的爱，那你倒不必忧愁，只要我们不死——革命的精神不死——是永远不会变动的。"临终前的玛格莱更是再三叮嘱王钧凯："你不要因为我的死而丧气……我知道你的性情，你是最容易陷于失望中间的……你记好我们的爱情与我们相结合的由来……革命！这是我们的一切，把我们俩驰向于血浪潮中的就是它！……你不要忘记这个……我相信你爱我不会忘记我的话的。……进行呀，进行呀！"

张闻天以自己的想象，演绎了一场国际版的"革命加爱情"。可以说，这是一场没有丝毫"欲"的气息的精神之恋，尽管作者使出浑身解数，调动了各种场面：舞会、野餐、月夜、瀑布、镜湖、峡谷、小提琴、贝多芬的《月光》曲、蒲鲁东的情诗、法兰西恋歌、古诗十九首……当读者期待这场"革命加爱情"有更实质性的表现时，玛格莱却突然死于急病，让中国学子一人回到祖国，战死沙场。仔细想一想，如此安排也是出于无奈，玛格莱不走，故事就没法收场，作者只好忍痛让她死于非命，就像作者让安娜自杀一样。

张闻天于 1922 年 8 月应"少年中国学会"之邀乘坐"南京号"赴美国旧金山，1923 年底坐"林肯号"邮轮回国，在美国的时间仅一年零四个月。根据传记资料及张闻天致友人的书信，他在美国的日子很不如意。据《张闻天传》记载：刚到美国时，张闻天曾在加利福尼亚大学伯克利分校选过几个钟点的课程，但不是正式学生，通常一整天或一上午在该校图书馆用功，下午或晚上赶到坐落在旧金山天后庙街（Weverly street）18 号的《大同报》上班，月薪仅四十美元，而且常常拖欠。为了维持生活，他有时不得不到餐馆洗盘子。离开报馆后，张闻天主要靠打工度日，后来潜心翻译，没有了收入，只得向朋友求助，处境窘困。"弱国子民"的身份和辛苦而机械的勤工俭学生活，使他悲观虚无，中共党史学家将张闻天的这一段海外生活称作"苦闷期"。在 1922 年 11 月 11 日致郁达夫的

信中，张闻天将美国当作一个仅仅可供绝望的中国青年避难的场所，
本身却是"一样的无味"，犹如"撒哈拉沙漠"，真是苦闷到了极点，
其中这样写道："我现在除了作工半天外，坐在图书馆里情愿永远不
出！因为我觉得只有那里的空气比较温暖，比较令人麻醉，一出了
那门，我就颤抖，我又觉得我走到人生的末路！这真是末路，因为
这是走不通的路！"在这样的心境下，张闻天甚至说出这种话："群
众是不能改造的，是永远不能改造的，这我早已知道，不过有时高
兴的时候也不妨把他们来玩一下，像科学家试验昆虫一样把他们来
试验一下，我相信人生根本是无聊的，就是什么文学艺术也都是无
聊的表现。所以如其我真有改造社会的决心，那倒是无聊的最好消
遣法，可惜我不能，我没有下这个决心的意志。我只在旁边向他们
观望着！其实，如其我有下这些的决心的勇气，我早已自杀了！自
杀实是消灭一切烦恼的最好方法！"这个张闻天，与《旅途》里那
个自信堂堂、居高临下审判美国物质文明世界的中国学子，简直判
若两人。在一个多月以后给友人的信中，张闻天的虚无苦闷变本加
厉，称自己现在的生活既无"过去"，也无"现在"和"未来"，甚
至产生了打道回府的念头——

　　我不日将抛弃报馆的工作。虽是我要生活，但是我不能做机器。
如其我实在没有法子想，我还是回中国。出了中国，我觉得中国是
可怀的，犹之别了久亲的朋友，我只有朋友的念头了。人呀！人
呀！我觉得你无意义，但是我也觉得只有你有意义。我现在虽不想
做学者，但是觉得除了看书以外，也没有别的可玩，这也许是和你
一样的。

　　这里的朋友，不知什么缘故，我终交不惯。他们以愈虚伪愈妙，

象我这样当然和他们"交"不起来的了。我要找象你和泽民这样的人，简直找不到。我恐怕在美国永远是孤独的人。女子方面更不可得。总之，都看不惯！外国女子，我底同学，好的不少，但是我是黄人，支那人，我没有资格去巴结她（所以外国女子也是不好的）！

　　这段话，透露了张闻天在美国勤工俭学时真实的情感生活，比照《旅途》里的中华白马王子，反差之大近乎天壤，这并不难解释：出于革命家的自负和自恋，张闻天不愿或者不屑于面对"弱国子民"的现实，而宁愿另外营造一种"现实"。艺术创作与生活真实的错位和脱节，本是那个时代的文学写作普遍存在的现象，而留学生的异域题材写作，由于"弱国子民"寄人篱下的处境和对异域生活、异域文化的深层隔膜，更容易助长这种错位和脱节。其表现的方式也是因人而异，如果说郁达夫的《沉沦》从消极的方面极度夸大了"弱国子民／性苦闷"的刚性逻辑，老舍的《二马》以无奈的、理智的态度面对这个逻辑的话，那么张闻天则从根本上超越了这个逻辑。张闻天的不同寻常之处在于，他能从异国他乡爱的荒漠里，生长出中华白马王子——革命的白马王子征服美国少女的想象，从而将"弱国子民"的沮丧一扫而空，个人的"小我"消融于扭转乾坤、毁灭旧世界的英雄豪情中。

　　从艺术的角度看，《旅途》的创作确实非常大胆。张闻天在美国仅一年零四个月，几乎是在华侨中文报纸《大同报》、加利福尼亚大学伯克利分校的图书馆度过的，这期间写了四幕剧《青春的梦》，翻译了安特列夫的剧本《狗的跳舞》、倍那文德的《热情之花》、邓南遮的《琪琊康陶》、柯罗连科的小说《盲音乐家》等外国文学作品，发表了论述战后世界经济的长篇论文《赔款与战绩》和针对中国文坛现状的《生命的跳跃》，案头工作占据了他绝大部分时间，使他没有多少时间去体验美国的社会生活，如此短暂而且有限的异域生活经验，与一部长篇小说的创作，距离之遥是不言而喻的；进而言之，假如连语言之类的障碍都尚未克服，又怎么进入异域生活，获得真实的艺术感觉？然而换一个角度看，恰好是这方面的先天不足，给概念化的国际版"革命加爱情"提供了自由想象的空间，一厢情愿的中华白马王子才得以登台亮相，空想的"浪漫主义"才由此诞生。张闻天在回国后短短五个月之内，就写出了《旅途》，这种急就章式的写作速度，本身也说明了问题。一年之后，张闻天加入中国共产党，并受中共派遣赴莫斯科中山大学留学任教，从此开始了职业革命家的生涯。《旅途》作为张闻天革命生涯的一个前奏，为中国现代文学史提供了一个独特的文本。

错位的东方『康桥』

——徐志摩与日本

　　说起来，徐志摩与日本并没有什么特别的渊源，一曲脍炙人口的《沙扬娜拉》，却将他的名字刻在近代中日文化交流史上。

　　这不能不归功于 1924 年之夏的东瀛之行。该年 4 月，应中国讲学社邀请，印度大诗人、诺贝尔文学奖得主泰戈尔来华访问，徐志摩负责联络翻译。访华期间，徐志摩一直伴随泰戈尔左右，殷勤而出色的表现，深得老人的欢心，泰戈尔因此给徐志摩起了一个印度名字——素思玛，徐志摩则亲热地称泰戈尔为"老戈爹"，两人成了忘年交。访华结束，徐志摩恋恋不舍，又陪同老戈爹继续访问日本。这就是徐志摩此次东瀛之行的背景。

　　其实，这并不是徐志摩头一次到日本，早在七年前（1918），徐志摩乘"南京号"邮轮，从上海十六铺码头启程赴美国留学，途经日本时，领略过岛国景色，还在横滨下船，到东京盘桓过数小时。在后来的文章中他这样回忆："早七年我过太平洋时曾经到东京去玩过几个钟头。我记得到上野公园去，上一座小山去下望东京的市场，只见连绵的高楼大厦，一派富盛繁华的景象。"然而，那次顺道的观光并没有给徐志摩留下什么特别的印象。

这并不奇怪，徐志摩赴美留学之际，正是中国"全盘西化"鼎盛之时，豪门巨族送子弟出洋留学，眼光都是盯着欧美，实力逊色的，才退而求其次去日本；而且此时，日本向中国提出了颠覆性的"二十一条"，中日关系急剧恶化。在这样的背景下，对西方满怀憧憬、一心想成为中国的"汉弥尔顿"（苏格兰哲学家）的徐志摩与日本擦肩而过，是一件十分自然的事。

可以证实这一点的是，在徐志摩1924年6月之前发表的文字中，几乎找不到与日本相关的内容，略有涉及的，是徐志摩离开英国之前写的《康桥再会罢》，其中写道"当年辞别家乡父母，登太平洋去"，途中领略了"扶桑风色"；还有，就是在《艺术与生活》这篇对中国传统文化充满偏见、不遗余力赞美西方的论文中，引述法国作家埃里库对日本裸体舞蹈者的歧视性描写，以证明古希腊人种的健美，东方人种的丑陋，显然徐志摩是完全赞同埃里库的观点。

而此次的东瀛之行，情况已经大不一样。这不仅因为此时的徐志摩已是一位大名鼎鼎的海归诗人，受过英国"康桥"贵族文化与欧洲浪漫主义文艺的洗礼；更主要的是，他是以泰戈尔的陪同、泰戈尔一行的成员这样一种身份赴东瀛。这层关系非同小可，很大程度上决定了徐志摩此次东瀛之行的心情与感受。

有关徐志摩在日本的活动情况，由于史料的匮乏无法详述，但其受到隆重的礼遇和热情的接待，却是毫无疑问的。据徐志摩后来的记述：泰戈尔在东京的那次讲演会，他与张海韵没有出席，因为画家横山大观有约，请他们到家里吃了饭，还陪他们参观了博物馆。横山大观是近代日本画的开创人，日本画界泰斗级人物。能够受到他的邀请，足以证明徐志摩在日本受到重视的程度。

　　日本是一个景色秀丽、礼仪发达、充满"人情美"的国度，性情浪漫、喜爱美女的徐志摩，以贵宾的身份来到这样一个蓬莱仙岛，会有什么样的表现，是不难想象的。回国不久，徐志摩发表《沙扬娜拉》十八首，真实地记录了他当时的状态。那是一种类似于被催眠了的感觉，无论是沐浴在金色朝阳中、浮沤在扶桑海上的翡翠般的群岛，还是神户山中墓园的清风、松馨、流云，大阪祝典上满城的花雨、联翩的蛱蝶、满街艳丽的灯影，保津川青山连障的锦绣、激流里穿行自如的扁舟、游客共醉风光的狂欢，都投射着诗人幸福的灵性，甚至连那一声声木屐，听上去都是"殷勤"的！最后六首，更是妙笔生花，将东瀛女郎的魅力展示得淋漓尽致：她们妩媚、典雅、轻盈、温柔，宛如"薰风与花香似的自由"，恍惚中，诗人也变成了蝴蝶："我是一只醋醉了的花蜂；／我饱啜了芬芳，我不讳言我的猖狂；／如今，在归途上我嘤嗡着我的小嗓，／想赞美那别样的花酿，我曾经恣尝——沙扬娜拉！"正是在这种醋醉的状态下，一曲中国现代异域文学的绝唱自然涌出——

　　最是那一低头的温柔，
　　　像一朵水莲花不胜凉风的娇羞，
　　道一声珍重，道一声珍重，
　　　那一声珍重里有蜜甜的忧愁——
　　　沙扬娜拉！

　　日本女子的温柔妩媚，是留日文学一再描写的主题，也是中国男子心猿意马、想入非非的对象。从这个现象，可以引出耐人寻味的有关中日文化的话题。那些长期受封建礼教压抑、性心理不够健全的中国学子，对东瀛女子的魅力总是表现出不能自已的迷恋，这在郁达夫、陶晶孙、张资平，甚至郭沫若的笔下都有充分的表现。然而，像《沙扬娜拉》那样，将东瀛女子的温柔演绎得如此美妙、空灵，达到美的极致的，却属罕见。这当然得归功于"康桥"贵族文化对徐志摩的熏陶，但更离不开特定场景的刺激。其实，东瀛女子不仅温柔妩媚，更崇拜身价高贵的男子，崇拜那些身怀绝技的能人名人，最乐于为了他们献身，这种时候，她们表现出来的女性魅力与无私奉献，足以惊天地，泣鬼神，正如徐志摩领略到的那样——

太翁初次在日本的成绩，只淘成了真真软心肠的娘们儿——她们就不很管富国强兵那一套，她们见了他那银白的大胡子，听了他动人的语调，她们的心肠还不是像糖人儿烤火全化了不是？这是真的事实，他在 Karuizawa（轻井泽）的那几天，那一群女子大学的学生们伺候他，无微不至的体贴他老人家的性情，由不得他心花怒放，末了他离别的时候那班女学生真的如梁任公先生说的"紧紧的握着他的手不放，搂了他亲了又亲，亲了又亲……把从娘胎里带来的一副热泪浸透了他托腮上那可爱的大白胡子"。这不是开玩笑，那一部分感情真是可贵、可爱。这一次他又去重新八年前的旧交情，他对待那女孩子的样子，那女孩子们对待他的神情，我们都是亲眼见过来的，那真叫人感动，真叫人知道纯粹的人情；无所为的人情，到最真挚的时候的真实与可爱与自然。

当年，深谙日本的才女凌叔华曾这样婉讽好友徐志摩："他对日本印象完全充满幻想，可由他的'沙扬娜拉'诗里看出来。那首诗是他陪泰戈尔老诗人游日本时写的，他们那时的光阴，真是'烂若舒锦，无处不佳'。日本人原本最会作东道主人，他们有心招待人，真是体贴入微，使宾至如归一样舒适，尤其是女性，她们差不多都值得小泉八云的赞美。"（《重游日本记》）这个批评很到位，体现了作者清澈的理性和女性审视同类的客观性。

徐志摩在日本逗留的时间仅一个月，留下了诗文《沙扬娜位》《留别日本》《富士》，从这些作品看，他对东瀛的自然美与人情美的感觉之准，令人惊叹。徐志摩留学欧美，对日本没有什么研究，满脑子都是"康桥""翡冷翠"。显然，他是凭诗人超常的悟性和得天独厚的地域文化背景，轻而易举地把握了东瀛文化神韵的。徐志摩出生于浙江海宁，那里的地理文化风土与日本十分相似，中国的"日本通"大半出在江浙：周氏兄弟、郁达夫、陶晶孙、戴季陶、蒋百里、夏丏尊、丰子恺、缪崇群……可以开出一个长长的名单，徐志摩显然也是沾了地缘文化的光。

然而徐志摩与日本另有一种契合。

1924 年 7 月 2 日，在离日赴香港途经长崎的船上，徐志摩写信给胡适，表示回国后"想到北京来串一场把戏，提倡一种运动——beauty moment（唯美活动）"。7 月上旬在香港与泰戈尔分别后，徐志摩上庐山小住，翻译泰戈尔在中国与日本时的讲演稿，在《清华讲演》译稿的"附述"中他这样写道："这次见了日本我才初次想象到生活的确有优美的可能，才初次相信泰戈尔的话不是虚设的，在他辟透的想象里他的确看出我灵魂的成分里曾经有过即使现在稀淡了，美的品性，我们的祖先也的确曾在生活里实现过美的原则，虽则现在目前看得见的除了龌龊，与污秽，与苟且，与懦怯，与猥琐，与庸俗，与荒伧，与懒惰，与草率，与残忍一切的黑暗外，我不知道还有什么？我们不合时宜的还是做我们的梦去！"这些都表明：

此次东瀛之行对徐志摩产生了重要影响。在此前他肯定没有想到，他的"人生是艺术"的理想与信仰，竟能在东瀛找到栖息地，这与他四年前在英国发现了"康桥"，开启灵性，有异曲同工之妙。

徐志摩能够在日本发现"优美的生活"，当然不是无稽之谈。日本是一个举世公认的美丽国度，正如戴季陶形容的那样："海国山地当中，溪谷冈陵，起伏变幻，随处都成一个小小丘壑，随地都足供人们赏玩。而这些山水都是幽雅精致，好象刻意琢成功一样。这样明媚的风光，对于他们的国民当然成为一种美育，而自然的赏鉴遂成为普遍的习性。"（《好美的国民》）在这样的环境中，艺术与生活你中有我、我中有你地融合在一起，艺术渗透到日常生活的每一个细节，正像周作人所认为的："日本国民天生有一种艺术的感受性，对于天物之美，别能领会，引起优美的感情。如用形色表现，便成种种美术及工业（艺）的作品，多极幽雅纤丽，如用语言表现，便成种种诗歌。就平常家庭装饰，一花一石，或食用事物，一名一字，也有一种风趣，这是极普通易见的事。"（《日本的衣食住》）英国的"日本通"小泉八云说得更彻底："诗歌在日本同空气一样普遍，无论什么人都感着，都能作能读，不但如此，到处还耳朵里都听见，眼睛里都看见。耳里听见，便是凡有工作的地方，就有歌声。"

然而，这仅是东瀛生活的一个方面，东瀛生活还有令人望而生畏的另一面，大名鼎鼎的武士道产生于此地，绝非偶然；近代以降军国主义的扩张，更是令人瞠目，应当说，"菊与刀"的互补，才是东瀛生活真实的整体。对此，学世界历史出身的徐志摩不会不知道，从《国际关系》译稿的"志摩赘笔"，我们也可以知道这一点。在这篇附文里，徐志摩通过泰戈尔第一次访日的尴尬遭遇，对日本的国家主义做了批判，他模仿日本政客对"亡国奴"泰戈尔的傲慢口气这样写道："老先生你又何苦来着，人家拿你当诗圣诗哲好意来捧场……偏偏你要跳出做诗人的圈子，要来批评什么政府、外交、战争、国家主义，这不是你自个儿活该？你也不想，这是什么地方，欧洲的强国经过了这次大战还不全变了阉子，在东方，青岛是我们的了，中国也让我们的'二十一条'抓住了再也喘不过气来，将来的世界除了我们还有谁？这不都是我们国家主义，富强主义的崭新的成绩？我们上自天皇下至人力车夫谁不是兴高采烈的？"然而，观念与知识层面上的理解，并不意味徐志摩对日本真有深刻的认识，不像鲁迅、郁达夫、郭沫若，徐志摩从没有在日本真正生活过，没有体验过"弱国子民"的屈辱与东洋种族歧视的滋味，这种人生经验上的隔膜，决定了徐志摩认知日本的限度，而不可救药的浪漫性情与西方化了的思维方式，更是助长了它的偏差。

的确，徐志摩对日本的观察，外形的准确与内涵的错位，总是胶着在一起，同时给人美妙的启示与深刻的误导。1924 年秋，徐志摩应邀到北京师范大学做讲演，现炒现卖，拿不久前的日本之行说事，对关东大地震中日本人表现的勇猛与毅力，极尽赞美之能事，将此归结为日本民族勇于向命运宣战的"精神的胜利"。这种看法尽管有些笼统，倒也没有什么大错，以下的发挥就不靠谱了："你们试想在那时候，假如你们亲身经历时，你的心理该是怎么样？你还恨你的仇人吗？你还不饶恕你的朋友吗？你还沾恋你个人的私利吗？你还有欺哄人的机会吗？你还有什么希望吗？你还不搂住你身旁的生物，管他是你的妻子，你的老子，你的听差，你的妈，你的冤家，你的老妈子，你的猫，你的狗，把你灵魂里还剩下的光明一齐放射出来，和着你同难的同胞在这普遍的黑暗里来一个最后的结合吗？"（《落叶》）了解真相的人却知道，在这场大地震中，四千名在日朝鲜人，几百名中国人，并非死于天灾，而被自发组织起来的日本民众杀害的！无政府主义革命者的大杉荣夫妇及其孩子，是被日本宪兵甘粕正彦等杀死的！日本人丑陋野蛮愚昧的岛国根性，在这场大地震中暴露无遗。在如此严酷的历史事实面前，徐志摩一厢情愿的人道主义想象不能不显得过于天真。在东游记《富士》里，徐志摩以同样的方式礼赞日本，其中这样写道——

　　有富士山永远地站着，为他们站着，他们再也不胆寒。太阳光，地土的生长力，太平洋的波澜，山溪间倒映在水里的杜鹃——全是他们的，他们欣欣的努力的作事，有富士山看着他们，像一个有威严而又慈爱的老祖父。

　　他们再也不胆寒，地不妨震，海不妨啸，山不妨吐火，地不妨陷，房屋不妨崩裂，船不妨颠覆，人不妨死——他们还是不害怕，他们的一颗心全都寄存在富士山宽大的火焰纯青的内肚里。泥鳅有时跳，巨鳌有时摇，他们的信心是永远付托在朝阳中的富士的雪意里。

　　"富士，富士……"他们一代继一代讴歌着，拖着木屐，拍着掌，越翻越激昂，越转越兴奋，他们唱和着富士的诗篇。

　　他们不胆寒，因为他们知道地震是更大的生命在爆裂中的消息。何况这动也许是富士自身忍俊不住欢畅的颠播！富士从他伟大的破坏中指示出一个更伟大的建设。看他们收拾灾害后一切的手腕的劲……

　　这种对富士的想象虽然超拔，却未免太浪漫了一点，也太唯美了一点，至于"从伟大的破坏中指示一个伟大的建设"，那完全是西方式的社会进步论的理解。然而对于日本人来说，富士是一座令人敬畏的神山，无论它宁静安详，还是它狂暴恐怖，都只有服从的份儿，日本人在地震面前处惊不乱，与其说是出于那种西方的抗争命运的进取心，不如说是顺从"自然神"的认命与达观：因为他们都属于神国的一分子，而这个"自然神"又是和日本的祖先神，那个万世一系的"天照大神"合而为一的。故此，这个民族具有超常的内聚力与排外性，当它威力向外发作起来，就像富士火山爆发一样，是极其恐怖的；只有破坏，没有建设，可惜这最关键的一点徐志摩没有看破。唯其如此，面对后来的一系列事变，徐志摩的唯美主义日本论实在无法解释，只有偃旗息鼓。1928 年 5 月 3 日山东"济南惨案"发生，给徐志摩很大刺激，他在日记中这样写道："这几天来生平第一次为国事难受……一方面日本人当然的可恶，他们的动作，他们的态度，简直没有把中国人当'人'看待，且不说国家与主权，以及此外一切体面的字样，这还不是欺人太盛？有血性的谁能忍耐？"但仍然看不出对日本有更加深刻的认识。

1928 年 6 月徐志摩第三次到日本，不过这次是出游美欧的途经，孤零零一个人，与昔日陪行泰戈尔同游东瀛的盛况已有天壤之别。他在神户、东京小作盘桓，会见过陈西滢、凌叔华夫妇之后，就登上了离开日本的船。在给陆小曼的信中，除了对日本内海的美妙风光、神户山林的景致的赞美，还有几句抵制日货的话，就没有什么别的发现。1931 年"九一八事变"发生，日寇侵占我国东三省，举国上下为之震惊，一片敌忾。然而，婚姻生活陷于泥淖、焦头烂额的徐志摩，这次连一点反应也没有。

在此之前，有一件事已经暗示了徐志摩日本幻想的破产。1928年 8 月徐志摩重编自己的诗集《志摩的诗》时，《沙扬娜拉》十八首中的前十七首和《留别日本》悉被删去，只保留了《沙扬娜拉》最后的一首。也许是实在不忍割爱，这最后的一首才得以保留的吧。

　　徐志摩的日本幻想有着复杂的文化思想背景。近代以降，西力东侵，古老衰朽的中国无力回应西方现代文明不可抗拒的攻势，一系列割地赔款、丧权辱国的事变使民族生存的危机不断加深；从"中体西用"到"全盘西化"，经过七十年的抵抗与挣扎，文化思想上的"主权"最终也不得不拱手相让，一种文化上的自卑与自虐，不可避免地泛滥开来。与之同时，吸着古代中国文化的奶汁长大的日本，却反其道而行之，成功地学习了西方，抵御了西方，成为亚洲唯一摆脱沦为西方殖民地悲剧命运的国家，并且跻身世界列强。这一盛一衰，不能不引起中国有识之士的深思，崇日之风由此兴起；认识日本，也由传统的"大中华"观，让位于西方近代的进化论、启蒙主义。然而徐志摩的特点表现在，他是站在西方贵族资产阶级的立场上，依据"人生是艺术"的生活理想赞美日本的，这与鲁迅、陈独秀、胡适等人站在西方启蒙主义立场评价日本有很大的不同，如果说鲁迅欣赏的是日本国民性中的"认真"，陈独秀、胡适称赞的是日本人勇于进取、不畏竞争的精神，那么徐志摩赞美的，就是日本的"优美的生活"。众所周知，徐志摩是从美国的实用主义，皈依到英国"康桥"浪漫主义的麾下的，如他在《吸烟与文化》中自我表白的那样："我自己也是深感这浪漫的思乡病的一个；我只要／'草青人远，一流冷涧'……"贵族士绅家庭的出身与诗人的浪漫性情，决定了徐志摩的这种精神变化轨迹。由此可见，徐志摩对日本的迷恋，与他对"康桥"的迷恋同出一辙，而这一切，都是因为有一个令人绝望的参照——腐朽黑暗的中国的存在。

　　耐人寻味的是，足以令西方浪漫主义者发思古之幽情的中国，在徐志摩的眼里却是如此的不堪，是一个丧失了"灵魂"、一潭死水般的世界,一个没有"生活",进而也不可能有"艺术"的国度,一个愧对伟大的祖先、腐败麻木的民族。(《艺术与生活》)徐志摩对异国日本的想象与赞美,就是建立在这样一种不可救药的民族虚无主义之上,正如《留别日本》表达的那样:"我惭愧我来自古文明的乡国,/我惭愧我脉管中有古先民的遗血,/我惭愧扬子江的流波如今溷浊,/我惭愧——我面对着富士山的清越!"通篇忏悔中华文明的衰败堕落,缅怀洛阳的月色、长安的阳光、蜀道的啼猿、巫峡的涛声,羡慕东瀛岛民保持往古朴素的风尚,它雅驯、清洁、壮旷。显然在徐志摩的心目中,日本是汉唐文化的真正继承者,而中国则是背弃这个传统的不肖子孙。这种看法并不新鲜,在清末以降的中国知识界十分流行,甚至成为革命志士反清排满、光复中华的重要思想资源。然而到徐志摩笔下,它已悄然变形,成为"全盘西化"的一种变奏,日本俨然就是东方的"康桥"。

其实,这毫不奇怪,作为"康桥"贵族文化的狂热崇拜者,作为西方浪漫主义的皈依者,徐志摩的头脑已彻底西化,甚至连他与东瀛的这段因缘,都带着西方强势文化的巨大投影。假如没有西方世界的认同,就不会有举世闻名的东方"诗圣"泰戈尔,也不会有"素思玛"与"老戈爹"的交情,还有他们的春风得意的东瀛之行;因此,徐志摩对东瀛"优美的生活"的发现和认同,离不开"康桥"的撮合。然而,在恶劣险峻的中日关系背景下,这个东方的"康桥"注定昙花一现。

寂寞中的诞生

——老舍与英国

　　舒庆春 1924 年秋赴英国应聘伦敦大学东方学院华语讲师时，并没想到日后会成为一名作家，那时他已经二十七岁（虚岁），连一个文学青年都算不上。一年之后，一部令人捧腹的《老张的哲学》使他蜚声中国文坛，以此为契机，他的人生轨迹发生了重要变化，舒庆春变成了老舍（按：《老张的哲学》于 1926 年 7 月至 12 月初载于《小说月报》第 17 卷第 7 至 12 号，初署名舒庆春，自第 8 号起改署名老舍）；之后，他又发表了《赵子曰》《二马》，到 1929 年秋回国时，已是三部畅销长篇小说的作者，未来的文学事业由此奠定。

　　老舍成为一名小说家绝不是偶然的，那是异域的生存环境与作家本人的禀赋通力合作的结果，它启示人们：一种特殊的精神禀赋，在特殊的外部环境的刺激和催化下，发挥到极致，就能取得不俗的成就，化作某种精神品牌。关于那段经历，老舍日后有这样的自我剖白——

　　二十七岁出国。为学英文，所以念小说，可是还没有想起来写作。到异乡的新鲜劲儿渐渐消失,半年后开始感觉寂寞,也就常常想家。从十四岁就不住在家里,此处所谓"想家"实在是想在国内所知道的一切,那些事既都是过去的,想起来便像一些图画,大概那色彩不甚浓厚的根本就想不起来。这些图画常在心中来往,每每在读小说的时候使我忘了读的是什么,而呆呆地忆及自己的过去。小说中是些图画,记忆中也是些图画,为什么不可以把自己的图画用文字画下来呢?我想拿笔了。

但是,在拿笔以前,我总得有些画稿子呀。那时候我还不知道世上有小说作法这类的书,怎办呢?对中国的小说我读过唐人小说和《儒林外史》什么的,对外国小说我才念了不多,而且是东一本西一本,有的是名家的著作,有的是女招待嫁皇太子的梦话。后来居上,新读过的自然有更大的势力,我决定不取中国小说的形式,可是对外国小说我知道得并不多,想选择也无从选择起。好吧,随便写吧,管他像样不像样,反正我又不想发表。况且呢,我刚读了 *Nicholas Nickleby* (《尼考拉斯·尼柯尔贝》) 和 *Pickwick Papers* (《匹克威克外传》) 等杂乱无章的作品,更足以使我大胆放野;写就好,管它什么。这就决定了那想起便使我害羞的《老张的哲学》的形式。(《我怎么写〈老张的哲学〉》)

这段创作谈读来平淡无奇,却包含几个重要的事实:第一,老舍是在异域生活的"寂寞"中与文学创作结缘的,也就是说,假如不"寂寞",老舍不一定写作;第二,念外国小说,勾起老舍记忆中的"图画",这"图画"成为他写作的素材与原动力;第三,狄更斯的《尼考拉斯·尼柯尔贝》《匹克威克外传》等一批"杂乱无章"的外国作品给老舍提供了写作的模本,三种因素的互动,将老舍推上了文学创作之路。

关于老舍在英国的"寂寞"及其破解之道，其中包含着丰富的内涵，值得做进一步的梳理。老舍在英国的生活，可以用"清苦"二字概括，名义上是伦敦大学东方学院的华语讲师，其实不过是一名廉价的"打工仔"：每周二十课时，每天工作时间从早上十点到下午七点；学生五花八门，从十几岁的孩子到七十多岁的老叟，应有尽有；教学工作繁重而枯燥，所得到的回报，仅是二百五十英镑的年薪。当时，一个普通的英国大学生每年至少要花三百英镑，而牛津、剑桥等名牌大学的学生则要花四五百英镑或五六百英镑。靠每月二十来英镑的收入，老舍既要维持自己的生活，又要供养远在国内的老母，难免捉襟见肘。工作两年之后，老舍给学校写信要求增加工资，信中这样写道："到学期末，我在本校已工作两年，根据合同规定，我提请你考虑给我增加工资。对于工作，我尽了最大的努力，不管是否属于合同规定的，只要是学生愿意学的课程，我都教了，现在250镑的年薪，不足以维持我在伦敦的生活和赡养我在中国的寡母。如能应允提高工资，本人将不胜感谢。"（李振杰《老舍在伦敦》）由于老舍出色的工作表现，他的年薪由二百五十英镑提高到三百英镑，但区区五十英镑的加薪，不足以从根本上解救老舍经济上的困窘。为了增加收入，老舍利用假期辅导个别学生中文，按学校规定收入归自己。此外，他还有过两次额外的收入，一次是到 BBC 电台播音，得到了三英镑多的报酬；另一次是录制灵格风唱片，得到了三十英镑的报酬。这些收入对于老舍虽然不无小补，终究是杯水车薪。

老舍伦敦时代的友人宁恩承这样描绘他："一套哔叽青色洋服长年不替，屁股上磨得发亮，两袖头发光，胳膊肘上更亮闪闪的，四季无论寒暑只此一套，并无夹带。幸而英国天气四季阴冷，冬天阴冷时加上一件毛衣，夏季阴冷时脱掉一件毛衣也就将就着过去了。""老舍以二百五十镑，既要保持自己的灵魂和身体不分家，又要寄钱回北京奉养老母，自然要顾此失彼，顾彼失此。"(《老舍在英国》)老舍的胃溃疡病，就是住公寓时落下的，发作时到一家叫"上海楼"的中餐馆吃一碗价钱仅值一先令的最便宜的汤面，疼痛就能减轻。然而，就连这么廉价的"特效药"老舍也不敢随便吃。回国的时候，老舍穷得连一张最便宜的三等舱的整船票都买不起，只好先到新加坡，在那里教书，挣到了钱再走。

　　然而对于老舍这样的人，贫穷所带来的心灵的创伤，远远超过身体的折磨。老舍曾不止一次向宁恩承诉说自己住公寓时，因"穷酸"而受下女奚落的故事：一个周末，住公寓的人都外出了，中午吃饭时只剩下老舍一个人，餐厅的下女脸色非常难看，显然是在怨恨这一位客人妨碍了她的自由。吃完饭，老舍知趣地告诉她：晚饭不吃了，他也要外出，不料下女竟冷冷地回答说："Marvelous！"（太好了！）气得老舍说不出话来。

　　有件事情最能说明问题：老舍在英国住了整整五年，在东方学院教华语时接触过无数英国人，然而除了一个汉学家艾支顿，没有第二个英国朋友。老舍并非性格孤僻者，而是一个喜交朋友的人，否则他也成不了一位小说家。究其原因，除了"囊中羞涩"，别无更好的解释。在资本主义大都市的伦敦，贫穷意味着彻底的孤独和寂寞。老舍的旅英生涯，基本上是在宿舍公寓、东方学院的课堂图书馆度过的，社交、娱乐、休闲消费之类与他几乎不沾边。正如老舍自述的那样："从一九二四年秋天，到一九二九年的夏天，我一直在伦敦住了五年。除了暑假寒假和春假中，我有时候离开伦敦几天，到乡间或别的城市去游玩，其余的时间都销磨在这个大城里。我的工作不许我到别处去，就是在假期里，我还有时候得到学校去。我的钱也不许我随意的去到各处跑，英国的旅馆与火车票价都不很便宜。"（《东方学院》）这与前后于他留英的徐志摩、朱自清形成鲜明的对比。徐志摩、朱自清在英国的时间都没有老舍长，却能一定程度上融入英国社会，至少在情感心理上与英国社会没有太大的隔阂。尤其是徐志摩，他在"康桥"如鱼得水的感觉，那种世外桃源的光景，在在令人神往；朱自清的留英日记，更是记录了令人眼花缭乱的社交生活，1931 年 12 月 23 日的日记这样写着："到今天为止我已看了二十七次演出。"这时作者到英国仅三个月多，也就是说，每隔三四天，他就要去剧院看戏或者听音乐。笔者根据朱自清的日记统计，从 1931 年 11 月 4 日至 1932 年 1 月 31 日不到三个月时间里，朱自清听音乐会，观看戏剧、电影共二十八次。朱自清一个月的零花钱，有时高达二十多英镑，相当于老舍一个月的收入。故此，朱自清在日记里一再告诫自己"不要做挥霍者"。（《新文学史料》1981年第 1 期）

如果说囊中羞涩将老舍的异域业余生活限制在读书、爬格子上，英语能力的低下，则将他隔在了英国社会之外。老舍二十二岁时才开始学英语，已过了最佳的学外语的年龄。起初是在北京缸瓦市基督教堂办的一所英语夜校业余学习，后来利用业余时间到燕京大学旁听过一段英文，学习条件可想而知。老舍的英语一到英国就露了馅儿，用他自我解嘲的话说，就是"英国人把我说得一愣一愣的，我可也把他们说得直眨眼"。那口古怪的"贞头曼"英语一定把大英帝国的海关官员骇得不轻，结果吃了一个"只准停留一个月"的签证图章，差点耽误大事。后来老舍授课之余大量阅读英国文艺作品，英语水平有了很大提高，但仍然属于哑巴英语。受制于东方学院华语讲师的饭碗，老舍身在英国，却没有多少机会讲英语，一天到晚重复那些简单的北京官话，某种意义上可以说进入了一个文化的"国中之国"，打交道的除了东方学院教汉学的同事、学汉语的学生，研究中国学问的汉学家，就是自家同胞。假如给老舍旅英五年盘盘店，就可发现他做的事情大体上未超越"中国"这个范围：三部长篇小说中《老张的哲学》《赵子曰》，写的全是国内的事情，《二马》有所不同，场景在伦敦，故事是北京的二马父子与英国房东母女匪夷所思的跨国恋爱，目的却是"比较中国人与英国人的不同"，立意还是在中国；帮助汉学家艾支顿翻译古代白话小说《金瓶梅》，为此与艾支顿一起住了三年；在东方学院做"唐代的爱情小说"的讲演，与学院的同事共同编写一套汉语教材《言语声片》，负责中文部分的编辑工作；除此之外，就是在东方学院日复一日的汉语教学了。由此可见，东方学院华语讲师的工作拴住了老舍，使他没有机会接触英国社会。

在《英国人》里，老舍这样抨击英国人："据我看，一个人即便承认英国人有许多好处，大概也不会因为这个而乐意和他们交朋友"；"至于一个平常人，尽管在伦敦或其他的地方住上十年半载，也未必能交上一个朋友"。据老舍的观察："一个英国人想不到一个生人可以不明白英国的规矩，而是一见生人说话行动有不对的地方，马上认为这是野蛮，不屑于再招呼他。英国的规矩又偏偏是那么多！他不能想象到别人可以没有这些规矩，而有另一套；不，英国的是一切；设若别处没有那么多的雾，那根本不能算作真正的天气！"并且，"除了规矩而外，英国人还有好多不许说的事：家中的事，个人的职业与收入，通通不许说，除非彼此是极亲近的人。一个住在英国的客人，第一要学会那套规矩，第二要别乱打听事儿，第三别谈政治，那么，大家只好谈天气了，而天气又是那么不得人心。自然，英国人很有的说，假若他愿意，他可以谈论赛马、足球、养狗、高尔夫球等等；可是咱又许不大晓得这些事儿。结果呢，只好对愣着。对了，还有宗教呢，这也最好不谈。每个英国人有他自己开阔的天堂之路，乘早儿不用惹麻烦。连书籍最好也不谈，一般来说，英国人的读书能力与兴趣远不及法国人。能念几本书的差不多就得属于中等阶级，自然我们所愿与谈论书籍的至少是这路人。这路人比谁的成见都大，那么与他们闲话书籍也是自找无趣的事。多数的中等人拿读书——自然是指小说了——当作一种自己生活理想的佐证。一个普通的少女，长得有个模样，嫁了个驶汽车的；在结婚之夕才证实了，他原来是个贵族，而且承袭了楼上有鬼的旧宫，专是壁上的挂图就值多少百万！读惯这种书的，当然很难想到别的事儿，与他们谈论书籍和捣乱大概没有甚么分别。中上的人自然有些见识了，可是很难遇到啊。况且这些有见识的英国人，根本在英国就不大被人看得起，他们连拜伦、雪莱和王尔德还都逐出国外去，我们想跟这样人交朋友——即使有机会——无疑的也会被看成怪物的"。这些话都说得很到位，统统击中了英国人的要害，然而明眼人也可以从中读出一种苦涩的味道。老舍看英国的眼光中显然多了一点东西，也少了一点什么。贫家子弟的身份和寂寞的异域生存处境，决定了老舍感知英国的方式，不可能像那批得风气之先的留欧精英那样舒适自在，而处处带着局外人的挑剔。丁文江笔下人情淳厚的司堡尔丁小镇，徐志摩笔下的与英国文化名流的交往，费孝通笔下的智趣横生的英国学术沙龙，在老舍的笔下是看不到的。

　　值得一提的是，老舍与英国的隔膜，更有深层的心理原因。众所周知，老舍的父亲舒永寿死于洋鬼子之手：1900 年八国联军攻入北京，舒永寿作为满洲八旗正红旗的一员下级旗兵在保卫皇城的巷战中牺牲，当时老舍尚在襁褓中。洋鬼子的罪恶通过母亲的反复讲述牢牢嵌进老舍的童年记忆，老舍后来说："在我童年时期，我几乎不需要听什么吞吃孩子的恶魔等等故事。母亲口中的洋兵是比童话中巨口獠牙的恶魔更为凶暴的。况且，童话只是童话，母亲讲的是千真万确的事实，是直接与我们一家人有关的事实。"（《〈神拳〉后记》）这个杀父之仇对老舍一生影响至深，潜在地制约着他对西方文明的看法。有人或许可以举出老舍加入基督教、接受教会的洗礼这件事作为反证，然而，形式上的入教并不等于精神上的皈依，仅仅说明着老舍也是一个现实的人。在那个"全盘西化"思潮盛行的时代，有志青年想有所作为，出人头地，除了出国留学别无他途，而对于老舍那样的没有任何社会背景的贫家子弟，则是除了教会，不存在第二条通向海外之路。1921年老舍在北京缸瓦市基督教堂英语夜校学英语，结识了刚从英国回国的神学院毕业生宝广林，加入了他组织的"率真会"和"青年服务部"，并经常参加聚会。这期间，老舍受到基督教博爱主义的感化，于1922年正式接受洗礼，成了一名基督教徒。以此为契机，老舍得以结识在燕京大学教书的英国传教士伊文思教授，伊文思看好老舍一口纯正地道的北京官话和教师的经历，当然还有基督教徒的身份，推荐他当上了英国伦敦大学东方学院的华语讲师，连赴英国的船票，都是由伦敦传教会提供的。

然而老舍一到伦敦，就与基督教分道扬镳。根据现有的材料，没有发现老舍与英国教会有任何关系；而据宁恩承回忆，老舍在伦敦期间，与留学生中的基督教组织也没有任何关系。可以辅证这一点的是，老舍在小说《二马》中对英国教会的抨击不遗余力，甚至达到妖魔化的程度，比如他这样描写伊牧士："伊牧士是个在中国传过二十多年教的老牧士。对于中国事儿，上自伏羲画卦，下至袁世凯作皇上（他最喜欢听的一件事），他全知道。除了中国话说不好，简直的他可以算一本带腿的'中国百科全书'。他真爱中国人：半夜睡不着的时候，总是祷告上帝快快的叫中国变成英国的属国；他含着热泪告诉上帝：中国人要不叫英国人管起来，这群黄脸黑头发的东西，怎么也升不了天堂！"伊牧士这个人物形象令人想起伊文思，他们的身份经历都相似；而在现实生活中，老舍对伊文思这位改变了自己命运的"恩人"同样没有表示过好感，伊文思显然是伊牧士的原型。

同那时代多数中国知识精英一样，老舍也不信上帝，这并不重要。比起简单的信或者不信，同情的理解，理解的批判，才是最重要的。比如胡适也不信基督教，但并不排斥，而是抱着求知的态度认真研究；他结交了许多教会的朋友，收藏了大量的中国方言版《圣经》，正是通过对基督教的深入研究，胡适认识了美国文化的深层。相形之下，老舍对基督教的态度不能不显得过于简单，由于缺乏同情这个基础，理解不免褊狭，批判也就绝对化。综观老舍笔下的洋教士、教民，都是令人鄙视的漫画像，没有一个有血有肉的形象，这表明情感上的厌恶左右了理性的判断，妨碍了老舍进入基督教的世界，也在相当程度上妨碍了他进入英国社会。

《二马》是老舍旅居英伦的最后一部长篇小说，尽管在语言和艺术构思上较此前的《老张的哲学》《赵子曰》有进步，但从艺术整体的角度看，却是一部失败之作，理由很简单：巧妇难为无米之炊。由于前述的各种原因，老舍身在伦敦而被隔离在英国社会之外，宛如置身于一个无形的玻璃罩内，对于英国的评判因此只能依赖知性的概念和本能的情感，这个弱点在《二马》的写作中充分暴露出来，正如老舍后来自我剖析的那样——

　　在材料方面，不用说，是我在国外四五年中慢慢积蓄下来的。可是像故事中那些人与事全是想象的，几乎没有一个人、一件事曾在伦敦见过或发生过。写这本书的动机并不是由于某人某事值得一写，而是在比较中国人与英国人的不同处，所以一切人差不多都代表着些什么；我不能完全忽略了他们的个性，可是我更注意他们所代表的民族性。因此，《二马》除了在文字上是没有多大的成功的。其中的人与事是对我所要比较的那点负责，而比较根本是种类似报告的东西。自然，报告能够新颖可喜，假若读者不晓得这些事；但它的取巧处只是这一点，它缺乏文艺的伟大与永久性，至好也不过是一种还不讨厌的报章文学而已。

　　对于英国人，我连半个有人性的也没有写出来。他们的褊狭的爱国主义决定了他们的罪案，他们所表现的都是偏见与讨厌，没有别的。自然，猛地看过去，他们确是有这种讨厌而不自觉的地方，可是稍微再细看一看，他们到底还不这么狭小。我专注意了他们与国家的关系，而忽略了他们其他的部分。幸而我是用幽默的口气述说他们，不然他们简直是群可怜的半疯子了。幽默宽恕了他们，正如宽恕了马家父子，把褊狭与浮浅消解在笑声中，万幸！

　　这是极中肯的自我评判，不过公平地说，《二马》并不像老舍说的那样只有一点文字上的成功，在描写伦敦的自然景物上也颇有可圈可点处，比如作者这样描写泰晤士河："太阳光从雾薄的地方射到嫩树叶儿上，一星星地闪着，像刚由水里捞出的小淡绿珠子。河上的大船差不多全没挂着帆，只有几支小划子挂着白帆，在大船中间忽悠忽悠的摇动，好像几支要往花儿上落的大白蝴蝶儿。"其中最精彩的，要数对伦敦的雾的描绘——

伦敦的天气也忙起来了。不是刮风，就是下雨，不是刮风下雨，就是下雾；有时候一高兴，又下雨，又下雾。伦敦的雾真有意思，光说颜色吧，就能同时有几种。有的地方是浅灰的，在几丈之内还能看见东西。有的地方是深灰的，白天和夜里半点分别都没有。有的地方是灰黄的，好像是伦敦全城全烧着冒黄烟的湿木头。有的地方是红黄的，雾要到了红黄的程度，人们是不用打算看见东西了。这种红黄色是站在屋里，隔着玻璃看，才能看出来。若是在雾里走，你的面前是深灰的，抬起头来，找有灯光的地方看，才能看出微微的黄色。这种雾不是一片一片的，是整个的，除了你自己的身体，其余的全是雾。你走，雾也随着走。什么也看不见，谁也看不见你，你自己也不知道是在哪儿呢。只有极强的汽灯在空中漂着一点亮儿，只有你自己觉着嘴前面呼着点热气儿，其余的全在一种猜测疑惑的状态里。大汽车慢慢的一步一步的爬，只叫你听见喇叭的声儿；若是连喇叭都听不见了，你要害怕了：世界已经叫雾给闷死了吧！你觉出来你的左右前后似乎都有东西，只是你不敢放胆往左往右往前往后动一动。你前面也许是个马，也许是个车，也许是棵树；除非你的手摸着它，你是不会知道的。

这是一幅精微绝伦的雾都景观，在展示老舍过人的观察力和描写力的同时，也证实了老舍对伦敦自然景物熟悉的程度。海外老舍研究专家李振杰曾根据《二马》里写到的伦敦景观，逐一做过实地考察，结果发现，《二马》中几乎所有伦敦地名都是真实的，在《老舍在伦敦》一书中，作者这样写道："可以说《二马》中画出了一幅真实的伦敦地理环境图。小说中一共出现了近四十个地名，其中有街道、大院、车站、码头、展览馆、教堂、公园、河流等。这些地名绝大部分都是真实的，经得起核对。小说中对这些地方的描述，方位清清楚楚，在六十年前的伦敦能找到，在今天的伦敦也能找到。这些地方大部分分布在伦敦市区，只有伦敦码头和韦林两处离市区较远。个别地名比较模糊，但根据小说描述的方位，可以找到真实的地方……小说中人物活动的几条路线也是真实的，有的是步行，有的是乘车，但都符合伦敦的实际情况。"背景如此真切，生活于其中的英国佬却如此概念化，证明老舍对英国的了解很不平衡，知性大于感性，环境胜于人。

　　有人断言：老舍能成为一名作家，是孤寂清苦的旅英生活逼出来的；老舍自己也承认："设若我始终在国内，我不会成了个小说家——虽然是第一百二十等的小说家。"（《我的创作经验》）这至少说中一半实情。异域的生存环境促使老舍成为一名小说家，更确切地说，异域的生存环境激发了老舍特有的天赋，使老舍成为老舍那样的小说家。老舍旅英时代的三部长篇小说尽管在取材、人物、结构、语言上存在着差异，却有一根红线贯穿始终，那就是幽默。正是这种幽默，把他带到文学创作的路上；这也表明，尽管老舍拥有不亚于常人的良知、思想和悲悯情怀，其真正的过人之处，却是幽默的天才，用他自己的话说，就是"会开玩笑"。擅长什么，显摆什么，这本是人之常情，到了异国他乡，在孤独寂寞的刺激压迫下必然会膨胀放大，玩幽默于是成为老舍排遣乡愁、维持精神平衡的重要砝码。

　　受家庭出身、知识背景和性格气质上的限制，老舍身上缺少一种鲁迅那样的文化超人与思想家的气度，写小说并不是出于什么高迈的理想和使命感，而只是抱着"玩玩"的心态。就像老舍在《我怎样写〈老张的哲学〉》中说的那样："我爱文学，正如我爱小猫小狗，并没有什么精到的研究，也不希望成为专家。"但是这种"玩玩"一旦弄出点名堂，就会严肃起来，变成一种安身立命的事业，正如李振杰在《老舍在伦敦》中记录的那样："他常对朋友说，'你们各有专业，各有所长，我拿什么呢？'感叹自己一无所长，故立志写小说。他梦想写十几本小说，得点版税，维持个最简单的生活。"在准备极不充分的条件下，老舍率尔操觚，一上来就写长篇小说，居然一炮走红，靠的就是搞笑的绝活儿。《老张的哲学》对京城恶棍老张的"钱本位"哲学做了淋漓尽致的嘲讽。老张是北京德胜门外一所"公私立官商小学堂"的校长，身兼兵、学、商三种职业，信仰回、耶、佛三种宗教，干尽坏事，却平步青云，爬上了北郊自治会会长的位置，甚至当上南方某省的教育厅长。小说尽管对老张的恶行进行了充分的揭露，并对被侮辱被损害的人们寄予同情，然而推动小说发展的，却是各式各样的笑料。比如老张脸上那只"像柳条上倒挂的鸣蝉"的鼻子，和那张"最容易错认成一个夹陷的烧饼"的薄嘴，就引起老舍极大的兴味，重笔描写之后犹嫌不足，继续发挥："批评一个人的美丑，不能只看一部而忽略全体。我虽然说老张的鼻子像鸣蝉，嘴似烧饼，然而决不敢说他不好看。从他全体看来，你越看他嘴似烧饼，便越觉得非有像鸣蝉似的鼻子配着不可。"因此在《老张的哲学》里，"可笑"是故事发展的第一动力，正如老舍自白的那样："我是个爽快的人，当说起笑话来，我的想象便充分的活动，随笔所至自自然然的就有趣味。教我苦丧着脸讲严重的问题与事件，我的心沉下去，我的话也不来了！"（《我怎样写〈大明湖〉》）这种"幽默先行"的创作态度表明老舍的精神结构中尚缺少一种高屋建瓴的制衡，笔走偏锋也是难免的。《赵子曰》描写一群病态的大学生，对学生运动竭尽讽刺挖苦之能事，甚至把学生与军阀相提并论，其中这样写道："在新社会有两大势力：军阀与学生。军阀是除了不打外国人，见谁也值三皮带。学生是除了不打军阀，见着谁也值一手杖。于是这两大势力并进齐驱，叫老百姓见识一些'新武化主义'。不打外国人的军阀要是不欺侮平民，他根本不够当军阀的资格，不打军阀的学生要是不打校长教员，也算不上有志的青年。"这种走偏中，显然有搞笑冲动的推波助澜，正如老舍后来自我检讨的那样："我在解放与自由的声浪中，在严重而混乱的场面中，找到了笑料，看出了缝子。……它不鼓舞，而在轻搔新人物的痒痒肉！"（《我怎样写〈赵子曰〉》）

《老张的哲学》和《赵子曰》尽管在世俗社会获得成功，批评界对此却有很大的保留。比如胡适对老舍作品的评价就不高，认为老舍的幽默是勉强造作的；朱自清在肯定的同时，也指出了老舍过于夸张的毛病：认为在《老张的哲学》与《赵子曰》中，"'发笑'与'悲愤'这两种情调，足以相消，而不足以相成"。对此老舍的回答很中肯："有人说《老张的哲学》并不幽默，而是讨厌。我不完全承认，也不完全否认。有的人天生不懂幽默；一个人一个脾气，无须再说什么。有的人急于救国救文学，痛恨幽默，这是师出有名，除了太专制点，尚无大毛病……有的人理会得幽默，而觉得我太过火，以至于讨厌。我承认这个。前面说过了，我初写小说，只为写着玩玩，并不懂得何为技巧，哪叫控制。我信口开河，抓住一点，死不放手，夸大了还要夸大，而且津津自喜，以为自己的笔下跳脱畅肆。

讨厌？当然的。"（《我怎样写〈老张的哲学〉》）

确实，在那个严峻的时代玩幽默，本来就是一件不讨好的事，更何况，这是在孤独的异国他乡；当然，这一点只有经历相同的人才能体会。当幽默成为寂寞清苦的异域生活不可缺少的补偿时，必然会变形扭曲，而笑料的过度开采，肯定会降低它的纯度，落入"辞气浮露，笔无藏锋"的陷阱。然而对于老舍这样一介寒士，在冷漠的异域打发日子，何以解忧？唯有幽默！从这个角度看，倒是那些指责老舍玩弄幽默的人有点"站着说话不腰疼"。

《二马》是老舍写于英国的最后一部作品。一开始老舍曾想学一学英国大作家康拉德，把《二马》写成一部能够"像球一样滚动起来"、心理分析工细的作品，可是一上手，幽默又把他拉回原来的套路，"于是心理的分析又走入了姿态上的取笑，笑出以后便没法再使文章萦回跌宕"。坦率地说，受各种条件限制，尤其是对英国生活缺乏深度的感性体验，老舍当时不可能写出一部康拉德式的作品，而"比较中国人与英国人不同处"的主题预设，却为他的幽默表演搭好了平台，正如作者后来所说的那样："比较是件容易的事，连小孩也能看出洋人鼻子高，头发黄，因此也就很难不浮浅。注意在比较，便不能不多取些表面上的差异作资料，而由这些资料里提出判断。脸黄就是野蛮，与头发卷着的便文明，都是很容易说出而且说着怪高兴的……"（《我怎样写〈二马〉》）确实，读《二马》感觉就像看哈哈镜里的人物：伊牧士除了中国话说不好，堪称一本带脚的"中国百科全书"，是一个口是心非的伪君子；伊太太是一位"长一部小胡子"，看上去人不人、鬼不鬼的悍妇，傲慢自大到了非理性的程度；温都太太心目中的英雄是"一拳打死老虎，两脚踹倒野象"，见了女人却千般柔媚、万般奉承的白种帅哥；而老马这个头脑僵化且自以为是的京城遗老迁居到英国伦敦这个资本主义大都市之后，更是洋相百出：火车到伦敦车站时不紧不慢地下车，俨然"前清道台下大轿"的架势；住在伦敦享清福，"下雨不出门，刮风不出门，下雾也不出门"的第一闲人光景；在大街上遇见英国总理的车都得听从警察的指挥，认为洋鬼子"不懂得尊卑上下"的愤愤不平；看到外国人六七十岁仍埋头工作，认为是"洋鬼子不懂得尊敬老人"的议论……所有这些，都是令人可笑的，但笑过之后却不能给人留下太深的印象，这不能不归咎于幽默分寸感的失当。

老舍旅英时代的小说创作得之于幽默，也失之于幽默，这是初出茅庐弄文学的人不可避免的过程，证明艺术上的成功从来不是一蹴而就。回国后受国内文坛思潮的影响，老舍有意改变写作路子，放弃幽默，写出了《大明湖》与《猫城记》这两部十分严肃的作品，可是艺术上并不成功。老舍由此悟出"一条狗很难变成一只猫"这样一种道理，正如他后来自剖的那样："讽刺与幽默虽然是不同的心态，可是都得有点聪明。运用这点聪明，即使不能高明，究竟能见出些性灵，至少在文字上。我故意的禁止幽默，于是《猫城记》就一无可取了。《大明湖》失败在前，《猫城记》紧跟着又来了个第二次。朋友们常常劝我不要幽默了。我感谢，我也知道自己常因幽默而流于讨厌。可是经过两次的失败，我才明白一条狗很难变成一只猫。我有时候很想努力改过，偶尔也能因努力而写篇郑重、有点模样的东西。但是这种东西缺乏自然的情趣，像描眉擦粉的小脚娘。让我信口开河，我的讨厌是无可否认的，可是我的天真可爱之处也在里边……"（《我怎样写〈猫城记〉》）

由此也就不难理解，在英国众多的作家中老舍为什么对狄更斯的作品情有独钟："我是读了些英国的文艺之后，才决定来试试自己的笔,狄更斯是我在那时候最爱读的,下至于乌德豪司与哲扣布也都使我喜欢。这就难怪我一拿笔,便向幽默这边滑下来了。"(《鲁迅先生逝世两周年纪念》)他乡遇知音,使他产生一种"心有灵犀一点通"的感觉,《老张的哲学》的问世,可以说就是狄更斯的《尼考拉斯·尼柯尔贝》和《匹克威克外传》示范的结果。这两部小说结构松散,风格幽默,作为初写小说的老舍的模本,真是太合适不过了,它们鼓励老舍放胆纵笔,施展自己的搞笑看家绝活儿。英国文学史家艾弗·埃文斯这样评论《匹克威克外传》:"喜剧因素从来就不是附加上去的,因为它是喜剧的生活观的一种不费力的表现。狄更斯仿佛特别以一种逗乐和夸大的方式看待事物;他的早期作品中精力充沛地从一种冒险故事投入又一个冒险故事,根本没有想到什么情节或构思。"《英国文学简史》这番话几乎可以原封不动地挪用到对《老张的哲学》和《赵子曰》的评论上。事实上,狄更斯的长处就是老舍的长处,狄更斯的短处也是老舍的短处。老舍崇拜狄更斯,甚至连狄更斯的短处,都可以成为给自己护短的理由。《老张的哲学》完稿后,老舍曾寄给挚友罗常培征求意见,罗认为这部小说思想没有哲学基础,后来得到老舍这样的回答:"狄更斯又有什么哲学基础来着?"(罗常培《我与老舍》)老舍的看法确实不无道理,狄更斯的作品并不以深刻的思想见长,离托尔斯泰的小说登峰造极的艺术境界还差一步之遥,正如老舍的作品缺少一种思想穿透力,离鲁迅的精神高度还差一截一样,这是那一类作家共同的局限。如此看来,老舍与狄更斯结下不解之缘,更是情理中的事了。

塞纳河上，
是否风光依旧？
——傅雷的留学
生涯及意义

　　一提起傅雷，人们首先想到的，是杰出的翻译家，巴尔扎克的
《人间喜剧》小说系列、罗曼·罗兰的鸿篇巨制《约翰·克利斯朵夫》，
都是通过他的生花妙笔走进中国人的精神世界。其次是傅聪——钢琴
大师傅聪，傅聪是傅雷的另一件杰作，打造的过程在《傅雷家书》里
有精彩的呈示。此书20世纪80年代初问世以来，累积发行量已达天
文数，在许多人心目中，它是一部艺术教育的"圣经"。

　　但傅雷的价值不止于这些。在中国现代文化史上，傅雷有特殊
的意义，尽管出生迟到，未能扮演中国新文化筚路蓝缕的角色，却
承前启后，将前贤的事业发扬光大。他不仅学贯中西、通今博古，
更具超常的艺术感觉与理性分析能力。是傅雷，也只有傅雷，在中
国现代文化史上搭建了一座贯通文学、音乐、绘画的桥梁；蔡元培
当年倡导的"美育"理念，到了傅雷这儿得到了充分的实现。傅
雷不是画家，一生没有画过一幅绘画，在中国现代美术史上，却有
任何人都无法替代的重要性。傅雷不是音乐家，却培养了钢琴奇才
傅聪，他对西方古典音乐的理解，不亚于专业音乐工作者，而从

音乐文化史的角度看，他对中西方音乐的认识和研究，令后者望尘莫及。

　　傅雷的人生道路经历过三次重大的选择：四岁时从闭塞的家乡渔潭乡迁到十里外有"小上海"之称的周浦镇，开蒙读书；十二岁时从"小上海"迁到"大上海"，考入上海市南洋中学附属小学；十九岁那年自费赴法国留学。这三次选择对傅雷的人生历程都有举足轻重的意义。尤其是最后一次，傅雷经受了欧风西雨的洗礼，眼界大开，知识结构发生了重大变化，思维方式得到调整，文化人格得到提升，在探索西方艺术宝库的同时，认清了中国传统文化的价值，未来恢宏的事业由此开端。

一

　　1927 年岁末最后一天，停泊在上海黄浦江码头的法国邮船"昂达雷·力逢号"鸣笛起锚，缓缓驰向吴淞口。随着故乡亲人的远去，傅雷内心掀起阵阵波浪，往事在脑海里一幕幕涌出，百感交集。不像富家子弟出洋留学是为了占据生存竞争的先机，傅雷的出国是为一种精神苦闷所驱使。其时，傅雷正处血气方刚的青春年华，血管里奔涌着五四新文化运动的余脉所激起的浪潮，桀骜不驯的个性和叛逆行为，使他多次被学校开除，北伐时又因参加驱逐学阀运动而遭到当局追捕，不得不躲到乡下隐居。客观地看，当时的中国容不得傅雷这样的叛逆青年，而傅雷丰沛的求知欲也无法在教育十分落后的中国得到满足，出路只有一条：出洋留学去。望子成龙的母亲，不顾未来孤儿寡母天各一方的相思之苦，同意了傅雷的请求，卖田筹款。傅雷选择了法国。

关于这次航行，傅雷在十五通《法行通信》中有详尽的记述。前十三篇写上海至马赛一路所见所闻、所思所想，后两篇写初到巴黎的观感，字里行间，跳荡着一颗赤诚的中国心，交织着苦闷激愤的情感。在傅雷眼里，香港这座城市带有一种中年妇女涂脂抹粉的俗气，散发着大英帝国的傲慢与偏见；西贡参天的绿荫，无法掩盖满目的疮痍；看上去美丽而圣洁、令人缅怀故乡的日本少女，竟是供外国水兵取乐的陪酒女；名叫"燕子窝"的鸦片馆里活尸横陈，乌烟瘴气，为法国殖民当局带来滚滚不断的财源；新加坡风景虽好，却不过是"金玉其外，败絮其中"；只有亚丁湾自由飞翔的海鸥，苏伊士运河沿岸乡民朴实热烈的呼唤，才给他带来真正的快乐和兴奋。

傅雷冷眼审视沿途英法当局统治下的殖民地，目光是严厉的，也是挑剔的，然而其中所包含的自省，更令人悚然。比如看到邻席一位安南学生进餐时双腿摇抖，大口狂吞的丑态，傅雷不信这是一个受过中等教育的人，在替安南人失望时，马上反顾自己的同伴，反省自己，立即有一种"危惧"之感。据同船赴法的友人洪永川回忆：该邮轮三等舱旅客中只有他们俩是中国人，同住一室，为了不使洋人轻视中国人，他们言谈举止、衣着打扮都非常注意，傅雷还和他定了几条口头公约：一、维护中国的尊严，不卑不亢对待外人，不失国格；二、在公开场合，不论寒暑都应穿着合时服装，打好领结，内外衣服整洁；三、按时进入餐厅，席间无故不离开，进膳时不大声说话，但也不默然用膳；四、在餐厅和其他公共场合，各自注意姿势和举止，如发现对方有失检之处，当即用华语轻轻提醒，随时改正。这条邮船设备先进，游乐设施齐全，有舞厅、电影院、弹子房和两座游泳池，但傅雷和他除了每周看两次电影，从不到别的场所游玩，每天有严格的作息时间。船快到终点时，他们打听了

应付小费的数额后，特地多给船员百分之五十小费，连同帆布躺椅
一起送给他们，为的是不让人家说中国人吝啬。然而，具有讽刺意
味的是，在科伦坡码头，他们穿着整齐，风度翩翩地上岸游览，却
被人当作日本人，一位英国人傲慢地问："你们是日本人吧？"傅雷
严正地回答："我们是中国人。"英国人听了耸耸肩，表示怀疑，傅
雷急了，严厉质问道："先生，为什么我们不能是中国人？"那人回
答："因为你们穿戴时髦，像日本人呢。"这句话深深地刺痛了他们，
他们边走边议论，越说越气愤，游兴顿失，回到船上，连饭都不
想吃。

　　自尊与自卑，本是同一硬币的两面，因不同的场合有不同的表
现。上船不久，傅雷结识了一位学眼镜学的俄国青年，一交谈，就
为他的老练魁梧、勇敢镇静和天真未凿所感佩，认为"像这样的青
年，才配称青年"；后来又领教了他在文学方面的造诣，更加佩服，
不禁发出这样的感慨："他是学眼镜学的，所以几何三角，以及一切
数学上的智识当然是很充分的了；不料他对于文学也有这样的欣赏
的素养，这实在使我们贫弱空洞的病夫惶愧艳羡，至于无极的！更
使比他大了一岁的浅薄无聊的我，彷徨无措。"傅雷这里将"我
们"称作"贫弱空洞的病夫"，令人想起洋鬼子"东亚病夫"的蔑
称，两者意思相同，立场与宗旨却有天壤之别。傅雷到达巴黎时，
正值寒冬时节，走进卢森堡公园，看见两位中年男子在打木球，唤
起了儿时记忆，赞美之情随之涌上心头："现在复有到了老当益壮的
他们，莫叫我衷心地惭愧！在他们，原没有什么童年老年的分别的。
暮气沉沉的我们，真怯弱得可耻了！"后来又看到一对七八岁的幼
童在寒风里做水中游戏，引起这样的思索："故国的小朋友，在这冷
冽的寒冬，照例是禁止出门的；就是庭院里的娱乐，也为爱护至极

的母亲所不许的。我深感母亲的挚爱。但看了他们的那种活泼强健的小孩，同着我们文弱清秀的小朋友们比起来终觉得有些怅怅。文弱清秀，原是中国人形容温文尔雅的风度的言辞，但手无缚鸡之力的文人，终究造成了可怜的老大的病夫！"

《法行通信》显示了傅雷敏锐的观察力、丰沛的才情和精湛的文字功底，比如作者这样描写苏伊士运河沿岸的景色——

傍晚，温和的太阳，微笑地仰着躺到远山怀抱中去了，剩着的桃红娇紫的余光，从伞形的林隙间偷窥过来。深绿的丛树，衬着远远的不深不浅的复杂的红光，多么调和地温柔啊！清冽之气，充塞着宇宙，我呼吸到故乡的早秋暮春之气了。泥土的香味，树木的清气，使我魂游在家里的后园，堂前的庭院里了……

如此精妙的文字，在走马观花、急就章式的游记写作中是不多见的。据洪永川回忆，傅雷每到一地，必登岸游览，遇到感兴趣的事物，总是细心观察，凝神思考，回到船上伏案疾书，下笔千言，一挥而就，从来不打草稿。这无疑是大家风范。其实，类似《法行通信》的写作当时有不少，巴金、陈学昭、郑振铎、朱自清、徐霞村等人都有作品留世，然而无论就内容的丰富性，还是描写的生动性，《法行通信》都高出一筹，难怪名编辑家曹聚仁一读到就赞赏不已，将其编入《名家书信集》。

经过三十三天的航行，"昂达雷·力逢号"于 1928 年 2 月 3 日到达马赛。傅雷于次日一早抵达巴黎，小住一周，办完各项手续和准备事宜后，就去法国西部维埃纳省的普瓦捷补习法语，开始了三年又七个月的留学生活。

二

傅雷在法留学的情形，由于缺少类似《法行通信》的自传性文字而难以细述，我们只能根据留法同人的讲述、傅雷留法时期的写作，加上他日后的回忆，尽可能做历史的还原。一份写于 1957 年反右运动中的《傅雷自述》这样记述——

在法四年，一方面在巴黎大学文科听课，一方面在巴黎卢佛美术史学校听课。但读书并不用功。一九二九年夏去瑞士留三月，一九三〇年春去比利时作短期旅行，一九三一年去意大利二月，在罗马应"意大利皇家地理学会"之约，演讲国民军北伐与北洋军阀斗争的意义。留法期间与外人来往较多，其中有大学教授，有批评家，有汉学家，有音乐家，有巴黎美专的校长及其他老年画家；与本国留学生接触较少。一九二八年（实际应为 1929 年——笔者注）在巴黎认识刘海粟及其他美术学生，常为刘海粟任口译，为其向法国教育部美术司活动，由法政府购刘之作品一件。

细读这段自述，遥想傅雷三年又七个月的异域生活及收获，足以领略傅雷不拘一格、天马行空式的留学方式与通才的胸怀气度。所谓"读书并不用功"，显然不是真的吊儿郎当，而是天才学子特有的表现，说明傅雷没有像平常学子那样按部就班地上课、考试、拿学分、得学位，而是根据自己的兴趣爱好和需要，随机应变地学习，最大限度地利用异域文化资源，有效地利用时间。其中游历采风，应是傅雷留学的重要学习方式，而应"意大利皇家地理学会"之约，在罗马做关于国民军北伐的演讲，已超出一个留学生的作为和待遇，那是

1931 年初夏的事情。三十年后傅雷在致洋儿媳弥拉的家书中这样回忆："当时我很年轻，而学生的口袋，你们不难理解，时常是很拮据的。相反的，我反而有机会结识罗马的杰出人物，意大利的作家与教授，尤其是当时的汉学家，还有当地的贵族，其中尤以巴索里尼伯爵夫人（一位七十开外的夫人），以及她那位风度绰约的媳妇 Borghese 公主，对我特别亲切。由于她们的引荐，我得以在六月应邀于意大利皇家地理学会及罗马扶轮社演讲，谈论有关现代中国的问题。我那时候才二十三岁，居然在一群不仅杰出而且渊博的听众面前演讲，其中不乏部长将军辈，实在有些不知天高地厚。"（1963 年 10 月 14 日）至于为中国现代画坛风云人物刘海粟当口译，并成功说服法国教育部美术司收购他的画作，也是一件不同寻常的事情，显示了傅雷出色的外交公关能力和令人信服的艺术史家的修养，顺便提一下，那幅作品最后由法国国家博物馆收藏，名叫《卢森堡之雪》。

由此可见，与一般中国留学生相比，傅雷具备更加强烈的融入异域生活的意愿和实际能力，这与他出国之前的文化教养与相当程度的法语、英语基础有很大的关系。此外，笔者以为还有一个重要的因素：傅雷与法国、与欧洲似有一种天生的亲和力，一种文化上的"夙缘"。那么，具体的留学过程又是怎样的呢？

在 1954 年 4 月 7 日致傅聪的家书中，傅雷曾这样介绍自己当年学法语的经验：初到法国半年，请私人教师与房东太太双管齐下补习法文，教师管读本与文法，房东太太管会话与发音，整天地改正，不是用上课的方式，而是随时在谈话中纠正。半年之后，他在法国的知识分子家庭中生活，已经一切不成问题。十个月之后，就能在大学里听几门不太难的功课。这封家书透露了两个信息：一、傅雷学习法语刻苦认真；二、他与房东关系亲密。据洪永川回忆：傅雷那段时间因学习过于用功，导致身体虚弱，房东十分担心，写信给他，让他劝傅雷注意健康，后来还陪他到瑞士小住。

1928 年 7 月，傅雷携带西洋文学史书籍与厚厚的外语词典，只身一人来到距普瓦捷两个半小时车程的维埃纳河畔一个名叫 L'Isle Jourdain 的小镇消夏。这里民风淳朴，风景优美，堪称世外桃源。傅雷的房间面临维埃纳河，"隔岸教堂巍然高耸，把傍晚的阳光，反射到河面上，一泓绿水中，映着金黄色的钟楼的倒影。河中长长的一带小洲，独立着像是河居时代的乐园，洲上林木阴翳，极饶幽趣"。"清早醒来，环境都异了。四个月来震耳欲聋的摩托声没有了，笨重的木轮，滞缓地辗过去的格格声，也离我远去了。这里，是这般地静寂：只有檐前呢喃的燕语与河滨清脆的捣衣声幽幽地传到枕边。墙下几声高亢的鸡啼，报告我是起来的时候了……"（《湖上通信》）

傅雷是这里唯一的外国人，却悠然自得，没有丝毫的陌生感。他与店主夫妇从容地交谈，倾听他们对生活的看法，话题涉及广泛：欧战时华工的状况，战前的生活与战后的生活，物价、税收、政客的虚伪无耻……谁能想得到，这位谈吐流畅、举止得体的中国留学生，来到法国只有短短半年。傅雷白天用功，傍晚外出采风，徜徉于湖光山色，沉醉在天人合一、物我两忘的状态中。夜幕已降，一轮明月，在群星的簇拥之中升上太空，河面蒙上一层银灰的薄雾。这时，法国著名浪漫主义诗人拉马丁的法文名篇《湖上》涌上脑际。这说明，经过半年的苦学，傅雷已能理解并且背诵法文诗歌，傅雷的中文翻译是——

　　那晚，还记得吗？我们荡舟在无边的静寂中，
　　远远地，在水波上，在碧空下，只闻得
　　舟子的打桨之声，在协和的涟波上

有节奏地弹奏，

突然间，不相识的音调，从岸上，
从幽美的湖畔传出这回声；
引入的声浪，悦耳的口音，
吐出这歌词：

"啊，时间，敛了你的翅翼吧！你，慈惠的光阴
休了你的行程吧！
任我们，享受这迅暂的快乐，一生中
唯一的美好时光！"

这肯定是傅雷最早的文学翻译作品，虽然显得稚嫩，或许还有不够准确的地方，但人们一定要记住：这是一代外国文学翻译大师的起步之地。此情此景，令人想起中国古代诗人画家特有的生活方式：读万卷书，行万里路；外师造化，中得心源。不经意间，傅雷将这个悠久的文化传统带到了异国他乡，使他的留学生涯大放异彩。

三

傅雷留法，原本是准备攻读文学的，到了法国后，面对星罗棋布的美术馆、博物馆、画廊，受到极大诱惑。说来奇怪，出国之前并没有接触过西洋美术的傅雷，对西洋的造型艺术，绘画的色彩、线条颇有领悟力。于是在巴黎大学文科学习的同时，又到卢佛美术史学校听课。后来，傅雷结识了来自上海私立美专的画家刘抗，两

人成了好友，一起住进巴黎郊外 Nogent sur Mane 的一个家庭式公寓，经常结伴参观巴黎的博物馆、画廊，观摩古代大师的名作。

傅雷后来与美术结下深缘，除了自身的艺术慧根，与另一个人的影响有很大关系，他就是上海私立美专校长，大名鼎鼎的"艺术叛徒"刘海粟。

1929 年春，刘海粟以教育部"特派驻欧洲研究员"身份来到法国，其时傅雷就在巴黎大学文科听课。经友人介绍，傅雷成了刘海粟的法文老师、翻译。据刘海粟晚年回忆：傅雷教他法语认真而执着，当他准备付报酬时，傅雷当场翻了脸，说他这样做不是为了钱，而是为了中国的美术事业。刘海粟比傅雷大十多岁，见多识广，对傅雷的学识和才华十分欣赏，于是他们结成了忘年交。

在刘海粟《欧游随笔》的系列文章中，傅雷的身影频频出现：1929 年夏刘海粟率家人前往瑞士，先期到达的傅雷亲自赶到火车站接应，下榻于友人白格郎的山间别墅中。此后一个多月，他们置身湖光山色，写生采风，谈艺论道，其乐融融，傅雷还拍下刘海粟摘苹果的照片，称"这是阿尔卑斯山刘海粟偷苹果的纪念"（《瑞士纪行》）。1929 年 9 月 28 日晚上，刘海粟、傅雷、张弦等人聚集一堂，热议法国秋季沙龙的盛况。就是这时，傅雷替刘海粟填写了该年度法国秋季沙龙的出品志愿书，第二天早上，陪同刘海粟冒雨送画到熙熙攘攘的秋季沙龙办公室，申请者编号为 7611。一个月后，刘海粟意外地接到了秋季沙龙入选通知书（《1929 年的秋季沙龙》）。1929 年 10 月 2 日，刘海粟、傅雷、张弦三人在观摩"现代巴黎画派展览会"时，获悉艺术大师布尔德尔逝世的消息，先是震惊，继而惆怅，傅雷说："法兰西艺术界蒙丧。"刘海粟补充说："那是，不但是法兰西艺坛的损失，也是全世界艺苑失了曙光。"两天后他们一起去布尔德尔在巴黎的工作室出席丧仪，瞻仰大师的遗容，傅雷走在前头，负责交涉，礼仪从容。另据刘海粟晚年回忆：在卢浮宫临摹德拉克洛瓦的代表作《但丁的小舟》时，傅雷为他做了大量案头工作，将此画的创作背景调查得一清二楚，使临摹工作顺利进行；1931年春，他应德国法兰克福大学邀请办画展，做中国画学的演讲，傅雷根据他几句简单的"思想"，写出洋洋洒洒的《六法论》，使讲演圆满成功。(参见简繁《沧海》第一部《背叛》)

在《瑞士纪行》中，刘海粟这样写道："我们要了解艺术家的口味与天才，他的所以爱好某种对象，某种色彩，表现某种感情的原因，一定要在他所处的时代、环境，以及当时一般思想中去找。为了解一件艺术品，必须要把当时艺术家的概况，周环和生活的情形极详密地考察出来，只要翻开艺术史的各重要时代，便可发见艺术之诞生与绝灭的原因。"这些论述与法国美学家丹纳的《艺术哲学》中的"种族、时代、环境"理论非常接近。当时傅雷随身携带法文版的《艺术哲学》，天天研读，做翻译的准备。他们的交谈中肯定少不了这个话题，刘海粟急用先学，将丹纳的理论吸收到自己的文章中。

据刘海粟晚年自述：傅雷当时也尝试过绘画、作曲、弹琴，但没有取得预期的成绩，为此十分苦恼。刘海粟看出傅雷的才具所在，劝他不要再把时间花在创作上，集中精力研究美术理论、美术史，这同样可以大有作为，傅雷接受了这个劝告。

当时的刘海粟，是傅雷心中的艺术偶像，傅雷视他为"现代中国文艺复兴的大师"，是"远征绝域，以艺者的匠心为我们整个民族争得一线荣光的艺人"。傅雷怀着虔敬之心，这样描写刘海粟在巴黎的朴素生活："我有时在午后一两点钟到他寓所去，海粟刚刚从卢佛宫临画回来，一进门就和我谈他当日的工作，谈 Rembrandt 的用色的复杂，人体的坚实，……以及一切画面上的新发现。半小时后刘夫人从内面盥洗室中端出一锅开水，几片面包，一碟冷菜，我才知道他还没有吃过饭，而是为了'物质的压迫'连'东方饭票'的中国馆子也吃不起了。"（傅雷《刘海粟》）可惜这些只是发生在特定时空环境中的佳事。事实上，傅雷与刘海粟的交往只有这么一段黄金岁月。回国之后不久，傅雷在上海私立美专任教，因看不惯刘的"商人办学"作风而与之疏远，后来因刘对教员张弦之死的冷漠态度，拍案而起，与之绝交长达二十年。这已经是后话。

　　然而，傅雷兴趣不限于绘画、文学，对音乐同样如此。据刘抗回忆：在 Nogent sur Mane 与傅雷朝夕相处的日子，受傅雷的影响，他在音乐和文学方面获益不浅，他们经常一起上歌剧院、音乐厅欣赏音乐和歌剧，精神上得到很大享受。而据傅雷的自述，他是读了罗曼·罗兰的《贝多芬传》之后，如受神光烛照，音乐慧根随之觉醒。在 1934 年 3 月 3 日给罗曼·罗兰的信中，傅雷这样写道："曩者，年方弱冠，极感苦闷，贾舟赴法，迅即笃夏朵勃里昂，卢梭与拉马丁辈之作品。其时颇受浪漫派文学感染，神经亦复衰弱，不知如何遭此人生。无论漫游瑞士，抑小住比国修院，均未能平复狂躁之情绪。偶读尊作《贝多芬传》，读罢不禁嚎啕大哭，如受神光烛照，顿获新生之力，自此奇迹般突然振起。此实余性灵生活中之大事。"可见，罗曼·罗兰的《贝多芬传》对于青春苦闷期中的傅雷有着重要的拯救意义，正如傅雷日后告白的那样："疗治我青年时世纪病的是贝多芬，扶植我在人生中的战斗意志的是贝多芬，在我灵智的成长中给我大影响的是贝多芬，多少次的颠扑曾由他挽扶，多少的创伤曾由他抚慰，——且不说引我进音乐王国的这件次要的恩泽。"至此，横隔在各门艺术之间的壁垒对于傅雷已经不复存在，一个四面通透、气象万千的艺术空间在他眼前敞开。

四

　　傅雷留法生涯中，有一件事不能不提，那就是与法国少女玛德琳的恋爱。

　　傅雷赴法留学时，正值情感骚动的青春年华，在巴黎这样一个浪漫的花都，不受诱惑是不可能的。法国女郎素来以多情风流著称，且无种族偏见，对东方男子别有一种吸引力。正是在这样的环境中，傅雷陷入情网。

　　关于傅雷与玛德琳的这场恋爱，目击者刘海粟有这样的描述："开始是法国女郎玛德琳比较主动。这位女郎会弹会唱，略通绘画，喜欢探索艺术，但理解上并不深刻。傅雷的人品、学问，很快使玛德琳倾倒；年轻的傅雷，穿着当时艺术界流行的服装，打着花式领结，留着长长的头发，昂首天外的神态，颇有中西合璧的风度，更使玛德琳这位法国女郎所迷醉。玛德琳一头金发，皮肤白皙，眼珠有如地中海的海水一样碧蓝，与傅雷谈起话来，就像塞纳河中的流水声响一样喁喁不绝。两人频繁接触当中，感情逐渐炽热起来。尽管傅雷早就爱上了朱梅馥，但现在面对有着共同爱好的玛德琳，他觉得，这位迷人的法国女郎，要比表妹可爱多了。"(《傅雷二三事》)

　　傅雷与玛德琳的恋爱无疑带着东西方两性文化的错位，失败是命中注定的，其情形如刘抗描述的那样："一边热情似火，披肝沥胆，另一边却意马心猿，别有怀抱，始终唱不出一曲合欢调来。"(《傅雷的世界》)20 世纪初出洋留学的中国学子，精神上充满矛盾分裂，他们既现代又传统，既开放又保守，他们能接受西方女子火一样的热情，却不能接受她们情感上的轻率与自由放任，于是给自己带来无穷的痛苦和麻烦。初尝爱果的傅雷看不破这一切，于热恋中，竟给母亲写了一封信，声称婚姻应该自主，自己另有所爱，要求解除与表妹朱梅馥的婚约。这一举动在当时的知识界属于平常，具体到傅雷却是非同一般。傅雷四岁丧父，二弟一妹相继夭折，独苗仅存，母亲含辛茹苦把他培养成人，在他身上寄托了全部希望；还为他订下一桩青梅竹马、日后证明美满无比的婚事；又以慈母非凡的胸怀，甘愿忍受空巢的孤独，送他出国留学。现在，母亲要是看到这样一封忤逆不孝的信，会有什么样的结果？傅雷没有勇气去寄这封信，就将此事委托给刘海粟。凭过来人的丰富经验和对朋友高度负责的精神，刘海粟悄悄将信压了下来。果然，傅雷与玛德琳的恋爱很快出现危机，傅雷无法接受玛德琳的轻浮风流，玛德琳也无法忍受傅雷过分的感情要求，两人为此不断发生摩擦，冲突升级，终于到无法收拾的地步。一天，傅雷脸色苍白，手里拿着一支手枪，情绪冲动地来到刘海粟的公寓，称玛德琳又有别的男朋友，自己太痛苦了，不想活了。刘海粟静观事态，趁傅雷不注意时拿走了他的手枪，然后开导他："难道你就为她活着吗？这又何苦？当初也是她先追你的，你尽可处之泰然。"傅雷这时说出了心里话："我是在自讨苦吃，谁也不怨，扪心自问，没有对不起玛德琳的地方。我之所以想自杀，只因为上次的信给母亲的打击太重了。当时太糊涂，如果表妹寻死，老人家还活得成么？"刘海粟这时拿出那封信，傅雷眼睛一亮，心里石头落地，感激之余，痛哭地自责："我究竟写一封什么信啊，我对不起她们！"（参见刘海粟《从傅雷在法国说起》）

这桩失败的异域恋爱对傅雷具有重要的成长意义，傅雷不只以两情相悦、浃肌沦髓的方式体验了东西方文化的冲突与差异，由此亦领悟了爱的真谛，借用革命样板戏《红灯记》里的一句台词："有了这碗酒垫底，什么样的酒都能对付。"傅雷日后与朱梅馥相濡以沫、琴瑟和鸣的夫妻生活，直至最后为维护生命的尊严，携手以死相对的壮举，完全证明了这一点。1936 年傅雷在黄沙蔽日的龙门石窟考察石刻艺术时，遇上一位美丽可爱的汴梁女子，然而此时他的爱已得到升华。在 1936 年 12 月 6 日致刘抗的信中傅雷这样写道："我告诉她我的身世，描写我的娇妻、爱子、朋友，诉说我的苦闷，叙述我以前的恋爱史。是痴情，是真情，是借他人酒杯浇自己胸中块垒！——不用担心，朋友！这决没有不幸的后果，我太爱梅馥了，决无什么危险。感谢我的 Madeleine（玛德琳），把我渡过了青春的最大难关。如今不过是当作喝酒一般麻醉罢了。何况同是天涯沦落人，相逢何必曾相识！我的爱她亦如爱一件'艺术品'，爱一个无可奈何的可怜虫，爱一个不幸运而落在这环境里的弱女子。要是我把她当作梅，当作我以往的恋人，当作我好友的代表，而去爱她，那有什么不好？实在说来，我爱她，更有些把她作为孤苦无告的人类代表的意思。"

五

1931 年 8 月中旬，傅雷与刘海粟结伴，乘坐"楠沙号"邮轮回国，抵上海时适逢"九一八事变"。算下来，在法国生活三年又七个月，对于傅雷来说，这是弥足珍贵的浓缩的黄金岁月，收获有——

第一，精通法语，熟读法国社会，沉浸到法兰西文化风土的深处，为日后的翻译事业打下了坚实的基础。傅雷后来能够成为译介法国文学特别是巴尔扎克小说的首席巨匠，与此是分不开的。

第二，饱览沃看西洋美术名作杰构，在此基础上探明了西方美术的源流，奠定未来美术批评事业的根基。从这时期发表的文章看，年轻的傅雷已显示出艺术批评大师的风采。《〈艺术论〉译者弁言》对丹纳的实证主义美学的得失分析，切中要害；《塞尚》（1930）对西方"现代绘画之父"塞尚的艺术做了高屋建瓴的透视，从中可以领略一个东方学子与西方艺术大师心灵的共鸣，其中这样写道："所谓浮浅者，就是缺乏内心。缺乏内心，故无沉着之精神，故无永久之生命。塞尚看透这一点，所以用'主观地忠实自然'的眼光，把自己的强毅浑厚的人格全部灌注在画面上，于是近代艺术就于萎靡的印象派中超拔出来了。"可谓字字珠玑。《现代中国艺术之恐慌》，是 1931 年 7 月应法国美术杂志 *L Art Vivant* "中国美术专号"之约撰写的，从东西方美学的冲突和历史悖论的高度，对中国现代艺术的危机状态做了深刻的剖析，显示了作者深邃的理性。其中对东西方美术差异性的阐述，对中国绘画美学特性的阐述，可谓独具慧眼，上升到文化哲学的高度，由此开启傅雷打通中西画学，构建中国画学体系的学术研究之旅。

第三，通过研究西方美术，认识了中国绘画的美学特性与价值，正如他在家书中对傅聪写下的那样："越研究西方文化，越感到中国文化之美，而且更适合我的个性。我最早爱上中国画，也是在二十一二岁在巴黎卢佛宫钻研西洋画龙的时候开始的。"日军统治上海时期，傅雷闭门不出，潜心学问，在老画家黄宾虹的作品中，找到了精神寄托。黄宾虹是中国现代美术史上承前启后的艺术大师，此时正以浑厚华滋、灵光四射的笔墨抒发胸臆，激励国魂，傅雷深为之折服，于是不遗余力地向世人推介。黄宾虹生平独一无二的个展——八秩纪念展，就是由傅雷一手操办的。为了这个展览，傅雷鞍前马后，事无巨细，鞠躬尽瘁，写下了脍炙人口的解释黄宾虹艺术的《观画答客问》。傅雷对中国画的真知灼见，散见于写给宾翁的一百多通书信中，其对中国绘画的热爱和拳拳之心，感人至深。傅雷当时曾预言：黄宾虹的价值，半个世纪后定为社会承认。这个预言如今已经变成现实。

第四，由罗曼·罗兰笔下的贝多芬的启示，进入音乐的堂奥，以此为契机，日后成为中国绝无仅有的杰出的音乐批评家、教育家，在一个动荡混乱的年代培育出钢琴大师傅聪，为中国争光。一部极富艺术慧思与人文情怀的《傅雷家书》，更是为后人留下一笔珍贵的精神遗产，实践了贝多芬的那句名言："音乐应当使人类精神爆出火花。"

第五，古典精神和现代理性的确立。傅雷属于冲动善感气质的人，假如不是到法国留学，饱受西方古代艺术经典和现代理性的熏陶，精神结构将缺乏制衡并容易走偏，从这个角度讲，留法对于傅雷意义非同小可。傅雷衡文论艺，从此获得坚实的基础，感性与理性获得高度平衡，思想锋芒潜藏于深厚的学养而历久弥新。这一切，在他编译的《世界美术名著二十讲》中有充分体现。此书超越时流，探本寻源，对文艺复兴初期至19世纪十几位欧洲艺术大师做了深入浅出的解释。正如作者在《序》里自白的那样，他编译这部书稿，是有感于国人对西洋美术本质上的无知，好骛新奇者盲目追随西方现代诸流派，肤浅庸俗者一味模仿西方学院派，而对西洋美术的理论及其历史一无所知；他清醒地意识到：东西方艺术，技术形式不同，精神境界大异，制约这一切的是民族性的差异，在对西方美术理解未臻透辟之时，奢谈创造，是一句空话，唯有学殖湛深之士，惴惴默默之辈，方能孜孜矻矻，树百年之基。这是极中肯的金玉良言。

第六，中西合璧文化人格的形成。傅雷成长于西化氛围最浓的十里洋场上海，出国前已初步接受现代文化科学知识，有了这些基础，留法后能迅速融入当地生活，经过近四年的浸泡，他的生活习惯、思维方式不可避免地法国化、西方化了，而在这个过程中，中国传统文化的价值与精髓又不断地被激活，两者经过博弈对话融合，形成了他中西合璧的文化人格。这种文化人格，用傅雷自己的话概括，就是"东方的智慧、明哲、超脱"与"西方的活力、热情、大无畏精神"的融合，只有这种人才能充当中西文化的桥梁，为人类与世界文化的沟通做出贡献。《傅雷家书》中有一句写给傅聪的话："你能用东方人的思想感情去表达西方音乐，而仍旧能为西方严格的卫道者所接受，就表示你的确对西方音乐有了一些新的贡献。"这也是傅雷的夫子自道，他是一个中国人，然而是一个深知西方的中国人。

傅雷一辈子都怀念法国，怀念欧洲，希望有朝一日还有机会重游故地，这一念想通过旅居英国的傅聪，一定程度上得到了弥补。1963 年 9 月傅聪偕妻畅游瑞士、意大利、法国，傅雷亦随着他们而神游，重温往昔的美好时光。1963 年 10 月 14 日在写给儿媳弥拉的信中傅雷这样写道："看到你描绘参观罗浮宫的片段，我为之激动不已，我曾经在这座伟大的博物馆中，为学习与欣赏而消磨过无数时光。得知往日熏日蒙尘的蒙娜丽莎像，如今经过科学的清理，已经焕然一新，真是一大喜讯。我多么喜爱从香榭丽舍大道一端的协和广场直达凯旋门的这段全景！我也永远不能忘记桥上的夜色，尤其是电灯与煤气灯光相互交织，在塞纳河上形成瑰丽的倒影，水中波光粼粼，白色与瑰色相间，我每次坐公共汽车经过桥上，绝不会不尽情浏览。告诉我，孩子，当地是否风光依旧？"

在那个东西方冷战的时代，傅雷重游故地的愿望注定不可能实现。就在写完这封信三年之后，"文革"狂飙肆虐神州大地。面对造反派的抄家、批斗与人格侮辱，傅雷以死相对，从容立下遗书之后，于 1966 年 9 月 3 日凌晨，偕妻子朱梅馥双双自杀，告别丑陋的世界。

令人痛惜、令人无言的傅雷！

论国际化程度之高，中国现代作家中恐怕没有第二个人比得上巴金，这不仅表现在巴金的作品在全世界广为流传，表达方式和语言风格最为欧化，也表现在他异域题材写作的丰富多样上。

谈到巴金的异域题材写作，人们自然会联想起巴金的留法生涯。1927 年 1 月 15 日，苦闷中的巴金登上法国邮轮"Angers 号"，经过三十多天的航行，到达目的地。巴金在法国生活两年，时间虽然不长，对他的人生道路却有极为重要的意义。正是在法国，巴金开始了他的文学生涯，创作了处女作兼成名作《灭亡》。并且，那段异域生活成为他日后创作的重要酵母。

巴金的异域题材写作始于回国一年半之后，一个奇异的梦，宛如神启，成为这种写作的契机，巴金日后这样回忆——

在一九三〇年七月的某一夜里，我忽然从梦中醒来。在黑暗中我还看见一些悲惨的景象，我的耳边也响着一片哭声。我不能再睡下去，就起来扭开电灯，在寂静的夜里一口气写完了那篇题作《洛伯尔先生》的短篇小说。我记得很清楚：我搁笔的时候，天已经大亮了。我走到天井里去呼吸新鲜空气，用我的带睡意的眼睛看天空。浅蓝色的天空中挂着大片粉红的云霞……（《写作生活底回顾》）

以《洛伯尔先生》为发端，巴金一口气写出十几篇小说，这些作品以法国生活为背景，笔下所及，有法国人、犹太人、德国人、意大利人、波兰人、俄罗斯人，俨然是一个小小的"地球村"。巴金的第一个短篇小说集《复仇》，就是这样问世的。

巴金没有就此罢手，接着又写出了《好人》《未寄的信》《马赛的夜》《爱》《在门槛上》，甚至还有以法国大革命为题材的历史小说《马拉的死》《丹东的悲哀》《罗伯斯庇尔的秘密》和以法国的报刊新闻为素材的《罪与罚》，还有以旅居中国东北的俄侨的生活经历为题材的《将军》。后来，巴金又以日本生活为题材，写了《神》《鬼》《人》。巴金以如椽之笔，横扫了大半个地球，在写作题材的广度上，显示了前所未有的气魄。

巴金的国际题材作品可分两类：一类根据自己在异域的实际生活写成，如《复仇》集里的《房东太太》《亚丽安娜》《初恋》《神》《鬼》《人》；另一类是在西方文学阅读经验基础之上的二度创作，也可分两种：一种是直接脱胎于某外国文学作品，如《哑了的三角琴》，就是根据一位美国新闻记者的英文原作改写而成，《爱》《好人》则是莫泊桑《模特儿》的翻版；另一种是在此基础上的自由改编，如《洛伯尔先生》。然而，无论哪一类作品，哪一篇作品，其中都含有一个西方式的"二元对立"的主题模式，诸如善与恶（《不幸的人》）、贫与富（《狮子》）、灵与肉（《爱的摧残》）、自由与禁锢（《亡命》《亚丽安娜》）、正义与邪恶（《复仇》）、青春与衰朽（《老年》)、光明与黑暗（《利娜》）、神与人（《神》），甚至连父爱与情爱（《父与女》），都纳入了这种二元对立的模式。

这些作品给人的最大惊异莫过于，它们几乎不像是中国作家的手笔。且不说那批脱胎于外国小说的作品，内涵和格调与翻译过来的外国小说简直没有什么区别，假如不标明作者，人们很可能把它们当作外国小说看；就是那些根据巴金自己在法国的生活经历写成的作品，也是洋腔洋调，没有多少中国气息。中国留学生来到国外后总会生发的种种新奇感、陌生感、惶恐感，由此引发的对中国人的民族性、种族文化身份，以及中西文化的差异和冲突之类的思考，这一类在留学生写作或者异域文学写作中经常写到的问题，在巴金笔下几乎没有涉及。《未寄的信》写到中国留学生与法国女子的恋爱：中国学子因怯于种族的障碍，最终拒绝了法国姑娘的爱，回国以后又深深地后悔。作品尽管涉及了种族差异与爱情问题，却无意探讨，结果被演绎成一则伤感的爱情故事匆匆结束。

毋庸讳言，从艺术的角度看，巴金这类写作带有率尔操觚的性质。巴金在法国生活不足两年，法语尚未学地道，活动范围仅限于巴黎一角和法国小城沙多—吉里两地，并且大部分时间耗费在案头课堂；短短的两年里，巴金创作了中篇小说《灭亡》，翻译了克鲁泡特金的《伦理学》（上），阅读了屠格涅夫、左拉、罗曼·罗兰、莫泊桑等人的文学作品和有关法国大革命的大量著作，再加上到法语夜校上课，实际上没有多少时间去体验法国社会生活。这一点巴金自己也不否认，他说："我在法国住了不到两年，连法文也没有学好。但是我每天都得跟法国人接触，也多少看到一点外国人的生活。我所看到的不用说只是表面。单单根据它来写小说是不够的。"巴金还承认，他是在缺乏艺术准备的情况下投入写作的："我事先并没有想

好结构，就动笔写小说，让人物自己在那个环境里生活，通过编造的故事，倾吐我的感情。"(《谈我的短篇小说》)

关于写作动机，巴金在《复仇》的《序》里有清楚的表白："这是人类的痛苦的呼吁。我虽不能苦人类之所苦，而我却是以人类之悲为自己之悲的。""虽然只是几篇短短的小说，但人类的悲哀却在这里面展开了。有被战争夺去了爱儿的法国老妇，有为恋爱所苦恼的意大利的贫乐师，有为自己的爱妻和同胞复仇的犹太青年，有无力升学的法国学生，有意大利的亡命者，有薄命的法国女子，有波兰的女革命家，有监牢中的俄国囚徒。他们同是人类的一分子，他们是同样的具有人性的生物。他们所追求的都是同样的东西——青春，活动，自由，幸福，爱情，不仅为他们自己，而且也为别的人，为他们所知道、所爱的人们。失去了这一切以后的悲哀，乃是人类共有的悲哀。"

当仁不让地以"人类"的代言人自许，巴金的自负与自信由此可见。然而，艺术的规律并不屈从于道德激情，博大的人类情怀倘若没有切实的人生经验做铺垫，势必变得空泛，对于艺术创作来说并没有太大意义，因为文学创作面对的，是具体的人——那种背负着独特的种族/文化风土的人。正因为缺少这样的具体可感的人物形象，巴金笔下的地球村显得单调划一，其中的老外，无论法国人、德国人、意大利人，还是波兰人，几乎都是一个模样，看不出多少民族与地域的特征。从本质上讲，这是一批人为的、想象中的"世界公民"，就像那种具备各种语言的共性，却没有一点独特性的"世界语"一样。凭借强烈的道德激情，巴金毫不费力地飞越了种族/文化的鸿沟，却不可避免地陷于艺术的虚空。

在《生的忏悔》中巴金这样表白："我缺乏艺术家的气质；我

不能像创造一件艺术品那样，来写一本小说。当我写的时候，我忘记了自己，简直变成了一件工具；我既没有空也没有这份客观，来选择我的题材和形式。像我在《电》的前言里所说的，我一写作，自己的身子便不存在了。在我的眼前，出现一团暗影，影子越来越大。最后变成了一连串悲剧性的画面，我的心仿佛被一根鞭子在抽打着；它跳动不息，而我的手也开始在纸上移动起来，完全不受控制。许多许多人抓住了我的笔，诉说着他们的悲伤。你想我还怎么能够再注意形式、故事、观点，以及其它种种琐碎的事情呢？我几乎是情不自已的。一种力量迫使着我，要我在大量生产的情形下寻求满足；我无法抗拒这种力量，它已经变成我习惯的一部分了。"这番话表明，巴金具备一种常人不具备的炽热的道德激情，在这种激情驱使下，他可以不受艺术规律的支配，无限制地大量生产文学作品，以抚慰自己的心灵。

巴金的异域题材写作有一个特点：几乎所有作品都以第一人称写成。这种写法不是巴金自己的发明，而是从俄国老师屠格涅夫那里学来的。然而，屠格涅夫的第一人称写法到了巴金手里，被大大地简便化了，对此巴金有诚实的交代："我开始写短篇的时候，从法国回来不久，还常常怀念那边的生活同少数的熟人，也颇想在纸上留下一些痕迹。所以拿起笔来写小说，倾吐感情，我就采用了法国生活的题材。然而又因为自己对那种生活知道得不多，就自然地采用了第一人称的讲故事的写法。""屠格涅夫喜欢用第一人称讲故事，并不是因为他知道得少，而是因为他知道得太多，不过他认为只要讲出重要的几句话就够了……我却不然，我喜欢用第一人称写小说，倒是因为我知道得实在有限。自己知道的就提，不知道的就避开，这样写起来，的确很方便。"（《谈我的短篇小说》）事实确实如此。如果说，第一人称的叙述方式在屠格涅夫是十八般武艺中的一种，是表现屠格涅夫式的朴素的有力手段的话，那么在巴金那里，第一人称是最容易操作的，也是唯一的选择，其功能，仅限于讲故事，倾吐感情。

然而，巴金也有超越老师的地方。屠格涅夫的第一人称"我"，都是俄国人，不管是作者本人，还是别的叙述人，种族文化身份相当明确，显示了屠格涅夫严谨的现实主义写作态度，而巴金的第一人称"我"，却可以随意地超越种族国家。这个"我"，在《洛伯尔先生》里是一个法国少年，叫作雅克，一个不幸的私生子；在《狮子》里叫布勒芒，一个不谙人世苦难的法国富家子弟；在《亡命》里叫维克多，一位与外国亡命客有交往的法国大学生；在《父与女》里则叫酿莱，一个在父爱与情爱两难中徘徊的善良法国少女；在《哑了的三角琴》里，他又成了一个俄国外交官的儿子……

这确实是一种很有意思的创作现象，当巴金把"我"想象成一个法国人，通过这个法国人的眼睛审视人世间的种种悲惨和不平，甚至一本正经地"替法国人惭愧"的时候，他一定不觉得这有什么困难。而在现实中，这却是一件不可能的事。我们固然可以超越种族、地域的差异，在理性的层面理解西方人与西方社会，然而，一方水土养一方人，不同的生活环境、思维方式与文化心理，决定了一个国家（民族）的人无法在感性层面上真实地想象另一个国家（民族）的人。于是，一切只有依赖主观的想象。具体到巴金，有一个因素不能不考虑。据巴金自述，他十五岁就接触了俄国无政府主义者高德曼的文章，被其"雄辩的论据，深透的眼光，丰富的学问，简明的文体，带煽动性的笔调"所征服，巴金称其为"我的精神上的母亲"，是"第一个使我窥见了安那其主义的美丽的人"。（《信仰与活动》）到巴金写作异域题材小说时，他已经在无政府主义的理想国里浸染多年，受其影响自不待言。确实，在巴金的视野里，地域、民族、国家之类都是无足轻重的东西，会随着历史的发展自动消亡；一个没有国界、没有阶级、没有权力组织的大同世界，终将在世界上诞生，其光景，就像《复仇》开场描写的那样：在一个风景优美、河流环抱的乡村，一批国籍不明的人士生活在一起，读书、打猎、划船、游泳，空下来时闲谈各种有益的话题，探讨理想的社会，真是一个融融泄泄的无政府现代乐园。第一人称"我"的国际化，与巴金的这种"无政府"信仰，应当说有着内在的、合乎逻辑的联系。从这个意义看，这个"我"无论由哪一国人担任，都不重要，重要的是其能否替"人类"诉苦申冤。

巴金笔下的"世界公民"形象尽管带有主观想象成分，却不是空穴来风，而是近代历史潮流的产物。正如马克思在《共产党宣言》里高瞻远瞩地指出的那样："过去那种地方的和民族的自给自足和闭关自守状态，被各民族的各方面的互相往来和各方面的互相依赖所代替了。物质的生产是如此，精神的生产也是如此。各民族的精神产品成了公共的财产。民族的片面性和局限性日益成为不可能，于是由许多种民族和地方的文学形成了一种世界的文学。"马克思指出随着科学技术和生产力的发展全球结成一体，"世界性"逐渐代替"民族性"的必然历史趋势。然而，这却是一个漫长的历史过程，不可能一蹴而就。在这个过程中，出于对现行社会体制的憎恨和推动历史进步的急切愿望，容易出现历史虚无主义和庸俗社会进步论的激进倾向，具体表现为对"传统"与"现代"、"民族性"与"世界性"、"地域性"与"国际性"缺乏辩证的认识，将它们人为地对立，以后者否定前者，以后者取代前者，结果不能不导致人类文化的单一化、雷同化。具体到巴金，正是这种不言自明的世界主义，使他专注于"人类""世界"，而忽略"民族""传统"，导致笔下的异域生活公式化、人物概念化，这也是在所难免的。

《神》的写作过程，最能说明问题。

1934 年 11 月，巴金出于"到日本看看的兴趣"，化名黎德瑞，东渡日本，在那里住了半年多，写下了小说《神》《鬼》《人》。抵达横滨后，由朋友事先的介绍，巴金住到一个姓武田的横滨商业学校的汉语教师的家里，三个月后，因无法忍受主人成天念经拜佛的骚扰，搬出了武田家，移住东京。小说《神》《鬼》就是巴金根据这三个月的生活经历写成的，其中的《神》，据作者自己交代，是住进武田家几天之内写成的。

小说以书简体的形式，描写一个叫长谷川的日本小公务员，由一名"无神论"者变成一个"有神论"者以后对神的狂信，以及"我"对这种行为全知全能式的分析批判。关于这篇小说的写作动机和主题，巴金说得很明白："我的朋友认识武田（即小说中的长谷川）的时候，他还不是个信佛念经的人。这个发现对我是一个意外。我对他那种迷信很有反感，就用他的言行作为小说的题材……""这个无神论者在不久之前相信了宗教，我看，是屈服于政治的压力、社会的压力、家庭的压力。他想用宗教来镇压他的'凡心'，可是'凡心'越压越旺。他的'凡心'就是对现存社会秩序的不满，这是压不死、扑不灭的火焰。'凡心'越旺，他就越用苦行对付它，拼命念经啦，绝食啦，供神啦，总之用绝望的努力和垂死的挣扎进行斗争，结果呢，他只有'跃进深渊'去。"（《关于神·鬼·人》）

小说里有一个细节特别值得一提：主人公的藏书里，除了大量法国和俄国进步作家的文学名著，还有无政府主义者蒲鲁东、巴枯宁和日本的社会主义者幸德秋水、大杉荣、河上肇等人的著作，这一切，都证明着长谷川过去曾是一个思想自由的无神论者。四十年以后，在巴金的创作回忆录里仍清楚地写着："我住在武田君的书房里，书房的陈设正如我在小说中描写的那样，玻璃书橱里的书全是武田君的藏书，他允许我随意翻看，我的确也翻看了一下。这些书可以说明一个事实：他从无神论者变成了信神的人。"

　　言之凿凿，武田由"无神"向"信神"的转向，看来是铁的事实。然而，偏偏有人就这个细节提出了疑问。东京大学文学部教授藤井省三在研究过程中发现，《神》的主人公长谷川与其原型武田之间存在着原则性的差异：现实生活中的武田，并不像《神》描写的那样，是一个曾经有自由思想的人，而是一个属于右翼的汉语教师，当初出于"雄飞大陆"报效大日本帝国的念头选择了中国语专业，考入东京外国语学校汉语部，后来追随日本汉语界右翼师祖宫越健太郎，毕业后当过他的助手。日本侵华战争爆发后，他自动辞去商业学校副教授职务，作为日本军队的少佐翻译来到中国，参加侵占济南的军事行动；此后先后在张家口、包头等地的日军特务机关任职，为日军侵略中国尽犬马之劳。藤井就此疑惑给巴金写信请教，谜底这才揭开。巴金回信说明：那些有思想问题的书，都不是武田的，他有的只是文学书，而像蒲鲁东、巴枯宁、拉萨尔等人的著作，都是他自己的藏书；并且这样辩解：《神》是一篇小说，不是新闻报道，人物与故事没有必要拘泥于生活事实。（藤井省三《东京外语学校支那语部：在侵略与交流的狭隙之间》）

　　巴金的辩解也许不无道理，这里涉及艺术真实与生活真实、文学创作中写实与虚构的复杂关系等问题，不是几句说就能说清楚的，但是可以肯定的是：巴金对武田这个人存在着严重的误读，因为巴金在文章里说得很明确："小说里的长谷川君就是生活里的武田君。"（《关于神·鬼·人》）正是由于这种误读，使巴金将一个日本右翼知识者、日后充当侵略中国鹰犬的汉学者，演绎为一个安分守己的弱者，一个向命运屈服的曾经的无神论者。然而，现实生活中的武田，假如能够做历史还原的话，只能是一个思想保守、效忠天皇，并且有着日本人独特的"暧昧"性格的男子，在安分守己的外表下，有着不可救药的岛国根性。这样的日本男子在日本并不少见，可惜不在巴金视野中。

按道理讲，初到异国他乡，语言不通，风土生疏，应该虚下心来，尽量以空白的感觉体验那里的一切，获得真实的艺术感受，只有这样，才能克服既有文化背景的束缚，突破异质文化的壁垒，读懂日本。然而巴金不是这样，下船伊始，就克制不住写作冲动，把一点并不可靠的发现敷衍成篇。由此可见，是一种自以为知的"无知"，导致了这种误读。

巴金认定武田过去是一个"无神论者"唯一的依据，就是听一位介绍他认识武田的中国朋友说过武田过去不念经信佛，这个并不可靠的证据，在眼前所见的刺激下，启动了巴金头脑里早已预设好的人／神二元对立程序，使他深信武田"从无神论者变成了信神的人"，于是才虚构出主人公藏书中有大量无政府主义革命家的著作这样一个细节。这个虚构的细节，随着时间的推移，在巴金的回忆中终于变成了生活真实，说明人的记忆并不可靠。

以西方"有神"／"无神"二元对立的观念解释日本人的精神生活，本来就很牵强。日本原是一个"人""神"难分的国度，求神问佛，消灾祈福，在日本是家常便饭；如果一定要做硬性的区分，那么只能说，绝大多数日本人都是"有神论"者，但这个"神"不是西方的上帝，而是东瀛岛国的祖先神／自然神和在此基础上产生的"万世一系"的"活神仙"——天皇及其皇祖——天照大神，这个"神"作为日本的象征，千百年来统治着日本民众的心，凝聚着大和民族的精神，甚至可以成为日本富国强兵、实现近代化的强大精神动力。巴金在日本游历的时候，正是这个"神"大发其威、神力登峰造极的时候，包括武田在内的许多日本文化人成为侵略中国的鹰犬，很大程度上都是这个"神"激励的结果。可惜的是，如此重要的现实却不在巴金的视野中。日本人特有的"岛国根性"，就这样轻易地消融到了"人类"的普遍性中。

武田热衷于念经求佛，个中原委其实并非无迹可求，小说里无意中写到这样一个细节：长谷川恐惧地对"我"表示，今年正好是自己三十三岁的"凶岁"，假如今年不发狂，以后就有好日子。这个被巴金一笔带过的细节，也许正是武田成为"有神论者"的真正原因，按照日本的习俗，处在"大厄之年"的人，要举行各种消灾禳解的仪式，比平常更多地敬神拜佛，过了这个时期，一切恢复常态。生活中的武田，正如巴金后来在回忆文章中写到的那样，并没有像他在小说中断定的那样"跳进深渊"，而是恢复了常态。假如巴金对日本的宗教生活与风俗习惯有足够的了解，或者退一步说，假如他不是那么自信，不屈从急近的写作冲动，而能以冷静之眼审察日本的生活，结果也许会是另一种样子。

巴金在武田家住了三个月，终于无法忍受鬼神的骚扰而搬出，离开横滨前，又写了《鬼》。巴金这样说："《鬼》不过是《神》的补充，写的是同一个人和同一件事。"说明经过将近三个月的朝夕相处，巴金对武田的认识并没有发生任何变化。当然比起《神》来，《鬼》有更多的虚构，"我"与堀口君成了大学时代的同学、毕业后的挚友（显然是出于见证人神搏斗的需要）。这个故事也比较完整，堀口同一位叫横山满子的姑娘相爱，私定婚约，但由于两家父亲的反对，断绝了关系。横山几次约堀口一起情死，他都没有答应，认为"违抗命运的举动是愚蠢的"。横山后来嫁了一个商人，患肺结核死去，堀口与一个自己并不爱的女子结婚，生了一个女儿，过着灰色的人生，求神事鬼，成了他唯一的精神寄托。小说结尾，巴金以汹涌而起的海涛，暗示堀口人性的觉醒。

《鬼》延续着《神》的思路，人与神的冲突，通过更具体的恋爱悲剧得到表现，其反封建的主题，让人联想起巴金后来的《家》。其中虽然写到不少东瀛民俗生活细节，如往海里抛供物啦，在家里驱鬼啦，向路边的马头观音石碑合掌行礼啦，等等，却不能产生多少生活真实感，这毫不奇怪：当生活细节仅仅是演绎人/神二元对立的证据时，其鲜活的内涵就不能不丧失。日本与中国毕竟有很大的差异性，巴金用西方的二元对立进步观演绎新旧势不两立的中国社会现实，尚不失有效性，但以此来解释有"万世一系"的皇统和根深蒂固的集团精神的日本社会，就难免发生错位了。

写完《鬼》以后，巴金意犹未尽，寄稿的时候，在手稿第一页上标题后面写了一行字：神—鬼—人。后来巴金这样解释："这说明我还要写一个短篇：《人》。这三篇是有关联的，《人》才是结论。我当时想写的短篇小说《人》跟后来发表的不同。我不是要写真实的故事，我想写一个拜神教徒怎样变成了无神论者。"然而，巴金没能实现自己的写作意图，一次突如其来的拘捕打乱了他的计划，使他不得不提前回国。此次被拘捕的最大收获，是一篇以自己的狱中体验为内容的纪实散文《东京狱中一日记》问世，后来经过修改，变成了《人》，《神·鬼·人》三部曲由此诞生。《人》与前两篇小说结构上尽管明显地不配套，主题内涵上却是一脉相承。人与神的冲突，被引入了东京神田的拘留所，其中因偷书而入狱的七十六号囚犯，被塑造成一个真正的"人"。他不仅一再驳斥迷信神、软弱愚昧的七十七号囚犯，并且这样向"我"表示："我偷高尔基的书，托尔斯太的书，罗曼·罗兰的书。高尔基教我认识真理，为着真理而奋斗；托尔斯太教我爱人，不承认上帝的权威。但是为了他们的书我却给关进这里面来了。"这位囚犯学识渊博，思维敏捷，甚至对《罪与罚》里拉斯科尔尼科夫的主张，对孔子的春秋笔法，都了然于胸。然而，这一切显然都是出自巴金的虚构，就像他虚构长谷川（武田）的进步藏书一样；确切地说，他就是巴金自己的化身。

　　受制于时代的潮流和特殊的人格气质，巴金信奉绝对的进步理念，将世界视作"光明"与"黑暗"搏斗的两大阵营，不遗余力地呼唤前者，咒诅后者，而对两者之间复杂的联系与互动关系却缺乏清醒的认识，这一切在巴金的异域题材写作中有明显的反映，为后人留下了反思的空间。

眼泪引发的笔墨官司

——徐志摩与郭沫若的一次碰撞

郭沫若和徐志摩是中国现代文学史上双峰并峙的大诗人，一个留学日本，一个留学美英；一个弃医从文，继而以文从政，一个弃经从文，为艺术而艺术；一个长寿，一个早夭，演进着截然不同的人生轨迹。他们差不多同时学成回国，住在同一城市上海，却无缘结交。倒是回国不久，不经意之间发生了一次碰撞——那是一场由眼泪引发的笔墨官司。

1923年5月6日，徐志摩在《努力周报》第51期上发表了一篇文艺札记《坏诗、假诗、形似诗》，不小心踩着了地雷，文中不指名地批评了郭沫若的诗，其中这样写道——

我记得有一首诗，题目好像是重访他数月前的故居，那位诗人摩按他从前的卧榻书桌，看看窗外的云光水色，不觉大大的动了伤感，他就禁不住——

"……泪浪滔滔。"

固然做诗的人，多少不免感情作用，诗人的眼泪比女人的眼泪更不值钱，但每次流泪总得有个相当的缘由。踹死了一个蚂蚁，也不失为一个伤心的理由。现在我们这位诗人回到他三个月前的故寓，这三月内也不曾经过重大的变迁，他就使感情强烈，就使眼泪"富裕"，也何至于像海浪一样的滔滔而来！

我们固然不能断定他当时究竟出了眼泪没有，但我们敢说他即使流泪也不至于成浪而且滔滔——除非他的泪腺的组织是特异的。总之形容失实便是一种作伪，形容哭泪的字类尽有，比之泉涌，比之雨骤，都还在情理之中，但谁能想象个泪浪滔滔呢？

此文公之于世后，即有好事者写信报告郭沫若，郭大为愤怒，将此事通报伙伴成仿吾，成仿吾马上写了一封措辞激烈的责问徐志摩的信，并与另外两封徐志摩此前写给他的，其中有对创造社尤其郭沫若表示恭维的信一起，在 6 月 3 日的《创造周报》上公开发表，信中这样痛斥徐志摩："你一方面虚与我们周旋，暗暗里却向我们射冷箭，志摩兄！我不想人之虚伪，一至于此！我由你的文章，知道你的用意，全在攻击沫若的那句诗，全在污辱沫若的人格……你自己才是假人。而且你既攻击我们是假人，却还能称赞我们到那般田地，要你才配当'假人'的称号。我所最恨的是假人，我对于假人从来不客气。"

徐志摩与创造社短暂的"蜜月"从此宣告结束，有人将此归结为文坛上的宗派关系，这是不错的，因为在《坏诗、假诗、形似诗》一文中，徐志摩以亲密的口气提到胡适，两人一唱一和，攻击"坏诗"与"假诗"，尤其是对所谓"假诗"，更是竭尽贬损之能事；而此前不久，创造社与胡适刚有过一次激烈的冲突。事情由郁达夫批评少年中国学会的余家菊的翻译引起，胡适在《编辑余谈——骂人》

一文中批评郁达夫"浅薄无聊而不自觉",引起创造社诸公的强烈反应,郭沫若发表了《反响之反响》,成仿吾发表了《学者的态度》,予以凌厉的反击,双方因此交恶。那时徐志摩刚从海外归来,并不知道这一切,尽管他反对门户宗派,但与胡适一唱一和,攻击"假诗",讽刺郭沫若的"泪浪",实际上已将自己划入与创造社对立的胡适文人集团,引起创造社诸公的激烈反应是很自然的。

面对成仿吾咄咄逼人的攻势,徐志摩迅速回应,写了一封长信,取名《天下本无事》在《晨报·副刊》上发表,信中徐志摩在竭力给自己辩护,向对方道歉的同时,批评对方缺乏"幽默感""反射性过强",一副地道的西方绅士的派头,其中这样写道:"仿吾兄,你自己也是位评衡家,而且我觉得你是比较的见过文艺界世面来的,我就不懂你如何会做出那样离奇的搭题——怎么我评了一首诗的字句之不妥,你就下相差不可衡量的时空的断语,说我全在'污辱沫若的人格':真是旧戏台上所谓'这是那里说起呀'!"进而居高临下地开导对方:"我们的对象,只是艺术,我们若然决心为艺术牺牲,那里还有心意与工夫从事无谓的纠缠,纵容嫉忌鄙陋倔强等等应受铲灭的根性,盲干损人不利己的勾当,耗费可宝的脑力与文才,学着老妈子与洋车夫的谰骂。"

徐志摩确实是一个没有城府的人,在振振有词为自己辩护的时候,并没意识到他随意而发的"假诗"之论,已经深深地触痛了郭沫若的神经。这里有必要对这首诗做些说明,此诗题为"重过旧居",作于1921年10月5日。郭沫若于1921年3月底丢开学业回国开创文学事业,三个月后归来,居处已变,其间唯利是图的日本房东对他的眷属下了逐客令,安娜不得不另觅住处,从博多湾边的租屋,迁到另一处背海的房子。旧居临海,上下两层,房间虽不宽

敞，四周的景色却异常优美，能看到博多湾大海和十里松原。曾在
这里小住过的田汉在给宗白华的信中这样写道："我现在沫若的家里
的楼上。楼上有房子两间——我坐在前一间，开窗子便望见博多湾。
湾前有一带远山，湾上有五六家矮屋。眼瞥着小鸟翩翩的飞⋯⋯"
可以想见这是一个非常富有诗意的居处。郭沫若在这里住了两年多，
《女神》的众多诗篇都诞生于此地。一日郭沫若携儿出去理发，绕道
在旧居缠绵徘徊，往事袭来，不禁"泪浪滔滔"起来，这就是这首
诗的由来。全诗共八节，前四节这样写道——

> 别离了三阅月的旧居，
> 依然寂立在博多湾上，
> 心怦怦地直向门前，
> 门外休息着两三梓匠。
>
> 这是我许多思索的摇篮，
> 这是我许多诗歌的产床。
> 我忘不了那净朗的楼头，
> 我忘不了那楼头的眺望。
>
> 我忘不了博多湾里的明波，
> 我忘不了志贺岛上的夕阳，
> 我忘不了十里松原的幽闲，
> 我忘不了网屋町上的鱼网。
>
> 我和你别离了百日有奇，

又来在你的门前来往；

我禁不住泪浪滔滔，

我禁不住我的情涛激涨。

　　郭沫若 1921 年 10 月 6 日致郁达夫的信中，对此事有更具体的叙述，伤感之情溢于言表："我的住居离海岸不远。网屋町本是福冈市外的一所渔村。但是一方面却与市街的延长相连接。村之南北两端都是松原。日本人呼为千代松原，《武备志》中称为十里松原的便是。海在村之西，村上有两条街道，成丁字形，南头一条，东西走，与海岸线成垂直。我自上前年以来，两年之间即住在这条街道的西端，面北的一栋房子里，楼前后都有窗，可望南北两端的松原，可望西边的海水。我如今却已迁徙了，在四月中我回了上海以后，现在的住居在与海岸成平行的一条街道之中部，背海，又无楼，我看不见博多湾中变幻无常的海色，我看不见十里松原永恒不易的青翠，我是何等的不满意，对于往日的旧居何等景慕哟！""我每到无聊过甚的时候，便走到海边上来访访我的这些旧友。他们总肯十分地安慰我。"

　　由此可见，郭沫若的"泪浪滔滔"并不像徐志摩说的那样没有"相当的缘由"，倒是徐志摩自己有点"站着说话不腰疼"。看来，徐志摩对郭沫若当时的生存处境并不了解，少一点同情的理解，这也是养尊处优、优越感堂堂的富家子弟容易犯的毛病。而且，即使从诗学的角度，"泪浪滔滔"也不值得指责，尽管《重过旧居》不是什么杰作。假如这也成为问题，那么李白的"白发三千丈""黄河之水天上来"也都不能成立。身为艺术同行的徐志摩做出这样的酷评，是令人感到意外的，我们只能用"一叶障目"来解释，其实还是他的贵族趣味在作怪。

其实，在当时郭沫若的诗作中，类似"泪浪滔滔"的表达有很多，比如"吾爱泪泛澜"（《寻死》），"泪落无分晓""泪流达宵晓"（《夜哭》），"蕴泪望长空"（《春寒》），"我禁不住我泪湖里的波涛汹涌"（《读〈少年中国〉感怀》），"五百年来的眼泪倾泻如瀑""五百年来的眼泪淋漓如烛"（《凤凰涅槃》）……其时，郭沫若身心正处极度焦虑的状态，故国的沉沦，小日本的压迫，耳疾造成的对医学的厌倦，前途的迷茫，偷尝禁果带来的后果（指良心的谴责与巨大家累），爱的摧残（指婚姻使爱情变成坟墓），所有这些交迫，使郭沫若如坠地狱之中。在这种狼狈的状况下，何以解忧？唯有眼泪。幸好郭沫若有特别发达的泪腺（这一点徐志摩正是说对了），使苦闷与焦虑得到释放，发而为诗，当然就是"泪浪滔滔"了。此时，眼泪不仅具有排毒、净化身心的功能，甚至上升到了"涅槃"的境界。在 1920 年 3 月 30 日致宗白华的信中，郭沫若录了一首读《浮士德》感想的诗，题目就叫"泪之祈祷"，其中这样写道——

　　狱中的葛泪卿（Gretchen）！
　　狱中的玛尔瓜泪达 (Margareta)！
　　要你才知道我心中的凄怆，
　　要你才知道我心中的悔痛。
　　你从前流过的眼泪儿……
　　流到我眼里来了。

　　流罢！……流罢！……
　　温泉一样的眼泪呀！……

你快如庐山底瀑布一样倾泻着罢！

你快如黄河扬子江一样奔流着罢！

你快如洪水一样，海洋一样，泛滥着罢！

泪呀！……泪呀！……

玛瑙一样的……红葡萄酒一样的……泪呀！

你快把我有生以来的污秽洗净了罢！……

你快把我心坎中贯穿着的利剑荡去了罢！……

你快把我全身中焚烧着的烈火浇熄了罢！……

泪呀！……泪呀！……

请你把我溺死了罢……溺死了罢……

　　这首诗与郭沫若的代表作《凤凰涅槃》异曲同工，表达了一种"想把一切束缚都摆脱干净"的心情，眼泪在这里成了"涅槃"的重要媒介，作用与意义之大自不待言。1922年7月10日致成仿吾的信中，郭沫若这样写道："仿吾，我读你的诗时总要流眼泪，我想你读我这两节诗，定也会要流眼泪的了。我们的眼泪异地同流，纵使世界恶浊到万分，我们同是住在'泪的天国'里，我也不觉得寂寞……"这时眼泪的价值已被抬高到无以复加的程度。不妨说，正是这种趋于极端的纵情，迎合了当时的时代氛围与社会心理的需要，将郭沫若推到了中国诗坛首席诗人的位置。当时的中国人郁积了太多的压抑和苦闷，需要一位郭沫若那样的诗人，替自己释放压抑的能量，舒展焦虑的神经。然而，如此神圣的眼泪现在竟成了徐志摩讽刺调侃的对象，是可忍，孰不可忍？

　　细考这场由眼泪引发的笔墨官司，可以给人丰富的启示。徐志摩对"泪浪滔滔"的质疑，令人想起梁实秋对中国现代文学"浪漫趋势"的批判，明眼人不难看出，梁实秋矛头所向，实际上就是创造社诸公，如离家不到百里，便描写自己如何如何地流浪，割破一块手指，便叙述自己如何如何地自杀未遂之类，与郭沫若、郁达夫笔下的描写颇为吻合。若干年后，新月派与创造社的冲突，正是以此为开端的，基本上可以归结为海归的"留日派"与"留欧派"的冲突，反映了留欧/美的东方绅士与留日的革命浪子之间，不同的艺术观念与审美趣味的对立差异，而其背后又各有不同的思想资源与文化背景。

稍做比较就可发现，留日文学作品的"含泪量"远远高于留欧/美文学作品，这应当不难解释：日本是一个资源匮乏、生存环境严峻、风景优美的岛国，文化风土中有着悲情与伤感的因子，感性大于理性，正如加藤周一在《日本的泪与叹息》一文中指出的那样：日本人喜欢沉迷于感伤的世界，日本是一个被眼泪浸泡的国度，这种感伤倾向的背后，是一种非理性的虚无。留日学子受这种文化风土的潜移默化，变得伤感、激进、躁动，是极其自然的；而在融合了古希腊与基督教文明的欧美大陆，文化思想中有着根深蒂固的理性精神，中国学子受到它的影响，变得理智、冷静、保守，也是极其自然的。唯其如此，留日学子中多出革命家、文学家，留欧/美学子中多出科学家、思想家。从这个角度来看，这场由"泪浪滔滔"生发的笔墨官司，绝不仅仅是徐、郭之间个人的事，而是显示了"全盘西化"历史处境下不同留学背景的中国学子审美价值取向上的差异。

具体到个人，情况比较复杂。从艺术谱系讲，郭沫若与徐志摩都属于欧洲的浪漫主义诗学，按理说彼此应当投机才是，然而事实并不如此。从表面上看，郭沫若与徐志摩都倾倒于浪漫主义，但却有完全不同的文化背景和吸取的方式。徐志摩是在英国的康桥，浪漫主义的发祥地,原汤原汁地亲炙浪漫主义,郭沫若却是隔着大洋,在"读西洋书,受东洋罪"的不平和焦虑中与浪漫主义发生共鸣;如果说前者是出于单纯的崇拜之心虔诚地模仿的话,后者则是借他人酒杯浇自己胸中块垒,是为我所用地现成套用。唯其如此,同样的浪漫主义,到了郭沫若手里,变成一览无遗的宣泄;到了徐志摩手里,则成了五彩缤纷的呈现。这种差异随着时光推移越来越大,郭沫若最后走向标语口号式的"革命文学",徐志摩则躲进了浪漫主义的象牙之塔。

其实就个人气质而言,徐志摩比郭沫若更感性、更浪漫、更小资,按理讲其作品应当更富含泪水才是,然而事实并非如此。纵观徐志摩的全部创作,即便是与陆小曼结婚后,生活陷于泥塘,艺术灵性趋于迟钝,精神上苦闷不堪时,诗文中泪水也没有任何增加的迹象,也就是说,徐志摩的艺术理性始终不曾昏迷过。读一读作于1929年5月29日的那首《生活》,就可知道徐志摩在艺术上的严格,达到"惜泪如金"的程度,全诗这样写道——

阴沉,黑暗,毒蛇似的蜿蜒,
生活逼成了一条甬道:
一度陷入,你只可向前,
手扪索着冷壁粘潮,

在妖魔的脏腑内挣扎,
头顶不见一线的天光,
这魂魄,在恐怖的压迫下,
除了消灭更有什么愿望?

可以想象，同样的主题落到郭沫若手里，将会生发出多少滔天泪浪，然而在徐志摩笔下，却是如此的干净利索。这无疑应归功于"康桥"的绅士风度的熏陶和艺术至上的信仰。的确，徐志摩无论情感多浮、思想多杂，在对艺术的虔诚上，却是从来不含糊的。在《诗人与诗》中，徐志摩这样夫子自道："诗是极高尚纯粹的东西，不要太容易去作，更不要为发表而作。我们得到一种诗的实质，先要溶化在心里；直至忍无可忍，觉得几乎要迸出我心腔的时候，才把他写出。那才算一首真正的诗。"1931年8月徐志摩为自己编的最后一本诗集《猛虎集》作序，回顾了自己的创作历程之后，诚恳地希望人们不要对他更多地责备："我再也没有别的话，我只要你们记得有一种天教歌唱的鸟不到呕血不住口，它的歌里有它独自知道的别一个世界的愉快，也有它独自知道的伤痛的鲜明；诗人也是一种痴鸟，他把他的柔软的心窝紧抵着蔷薇的花刺，口里不住地唱着星月的光辉与人类的希望，非到他的心血滴出来把白花染成大红花不住口。他的痛苦与快乐是浑成的一片。"

徐志摩的这种"为艺术而艺术"的执着，在郭沫若身上是不存在的。对于郭沫若那样的文化英雄，艺术究竟不过是一件道具，或为自我扩张的载体，或为救世济民的工具，本身并没有独立的价值。唯其如此，当文学事业受挫后，郭沫若很快转向革命，曾经那么神圣不可侵犯的"个性""自我"，如今心甘情愿地被"革命"收编，文艺由"自我表现"的道具变成宣传革命的"喇叭"。在1924年8月9日致成仿吾的信中，郭沫若这样写道——

我现在对于文艺上的见解也全盘变了。我觉得一切歧俩上的主义都不能成为问题，所可成为问题的只是昨日的文艺，今日的文艺和明日的文艺。昨日的文艺是不自觉的得占生活优先权的贵族们的文艺，如象太戈尔的诗，杜尔斯泰的小说，不怕他们就在讲仁说爱，我觉得他们只好象在布施饿鬼。今日的文艺，是我们现在走在革命途上的文艺，是我们被压迫者的呼号，是生命穷促的喊叫，是斗志的咒文，是革命予期的欢喜。这今日的文艺便是革命的文艺，我认为是过渡的现象，但是是不能避免的现象。明日的文艺又是甚么呢？芳坞哟，这是你几时说过的超脱时代性和局部性的文艺。但这要在社会主义实现后，才能实现呢。在社会主义实现后的文艺，文艺上的天才们得遂其自由完全的发展，那时的社会一切阶级都没有，一切生活的烦苦除去自然的生理的之外都没有了，那时的人才能还其本来，文艺才能以纯真的人性为其对象，这才有真正的纯文艺出现。在现在而谈纯文艺是只有在年青人的春梦里，有钱人的饱暖里，玛啡中毒者的迷魂阵里，酒精中毒者的酩酊里，饿得快要断气者的幻觉里了！

　　历史的尘埃落定，上述宏论的虚幻性已经得到证实。这说明，激进主义与虚无主义只有一步之遥，极端的激进主义必然导致文化上的虚无主义，其造成的危害甚于保守主义。具体到郭沫若，还有一点值得点破：郭沫若由夸张的"个性主义"转向标语口号式的"革命文学"，是有一条内在的线索可循的，那就是对艺术本体的漠视。郭沫若高度推崇西方浪漫主义诗学，认为诗是"写"出来的，不是"做"出来的，这种将"写"与"做"人为地对立，扬"写"抑"做"的主张，在特殊的历史背景下有它积极的意义，却包含很大的片面性；无条件地肯定，势必为艺术上的粗制滥造，乃至"假、大、空"开启方便之门。真正的艺术创作，从来都是"写"与"做"

通力合作的结果，因为它受艺术本体的制约，而艺术的本体，则是艺术的主体与艺术的客体平衡互动的结晶。郭沫若后来迅速转向，除了生活的压迫、时代潮流的裹挟之外，个人的气质与禀赋也是一个重要因素。郭沫若有一段自我剖白，对于我们理解其人不无启示性——

我是一个偏于主观的人，我的朋友每向我如是说，我自己也承认。我自己觉得我的想象力实在比我的观察力强。我自幼便嗜好文学，所以我便借文学来以鸣我的存在，在文学之中更借了诗歌的这只芦笛。

我又是一个冲动性的人，我的朋友每向我如是说，我自己也承认。我回顾我所走过了的半生行路，都是一任我自己的冲动在那里奔驰；我便作起诗来，也任我一己的冲动在那里跳跃。我在一有冲动的时候，就好像一匹奔马，我在冲动窒息了的时候，又好像一只死了的河豚。所以我这种人意志是薄弱的，要叫我胜劳耐剧，做些伟大的事业出来，我没有那种野心，我也没有那种能力。(《论国内的评坛及我对于创作上的态度》)

这种"冲动性"的气质和艺术理性的缺乏，决定了郭沫若在文学创作上行之不远。作为一个早熟的人文奇才，郭沫若的真正过人之处，其实并不在艺术，而在雄辩——那种建立在超常的记忆、分析、归纳能力之上的雄辩才能，唯其如此，他才能够在中国古代史研究、甲骨文研究上取得如此巨大的成就，而且是自学成才。不妨说，甚至连郭沫若的诗才，也是借助这种雄辩而得到最大限度的发挥，在中国现代文坛造成振聋发聩的轰动效应。可以说，是"冲动"与"雄辩"的结合，造就了郭沫若这位超级文化英雄。然而郭沫若诗质的单薄，由此造成的艺术底蕴的不足，宏阔的气势下内部的空疏，也是无法掩盖的。因此，徐志摩尽管表面上曾对郭沫若的诗表示恭维，什么"华族潜灵，斐然竟露"，推他为中国新诗的"第一"（参见徐志摩1923 年 3 月 21 日致成仿吾的信），内心未必真的服气。

文学史的事实证明，诗人艺术天赋的大小，往往决定他对艺术虔诚的程度，郭沫若是一个绝顶聪明的人，对此亦有自知之明，在1920 年 7 月 26 日致陈建雷的信中，就坦率地对自己的"文学上的天资"表示怀疑，觉得自己"好像无甚伟大的天禀"。然而，郭沫若别具更大的才赋与抱负，顺应时代潮流，告别严酷的艺术之神，投身一个伟大的黄金预约，对他来说是一种顺理成章的选择。反观徐志摩，却是一位纯粹的诗人，他的诗魂与诗艺，不容他背叛艺术之神，另觅出路。从这个角度看，徐志摩与郭沫若的这场笔墨官司是很难避免的。他们是两股道上跑的车。

自卑与超越
——留学生写作中的『弱国子民』心态

谈论中国现代"留学生文学",一个最绕不过去的题目,就是"弱国子民"的屈辱,我们的脑海里,立刻就会浮现《沉沦》的主人公孤独惨淡的身影,《藤野先生》里那一幕令人心悸的"幻灯"事件,《行路难》里携儿带妻、无家可归的中国学子,《洗衣歌》里闻一多的壮怀激烈,《二马》中老舍对英国鬼子的以牙还牙……真可谓血泪斑斑,罄竹难书。

正是这种不平之气,奠定了中国现代留学生写作的情感基调。学者赵园认为:五四时期的留学生写作,其独特的价值,在于先觉的知识者的反帝热情:"五四运动以彻底的反帝反封建为主要特征,而五四文学作品,题旨几乎集中于'反封'。因而可以说,'反帝'的倾向,主要由这一部分作品体现了。"(《中国现代小说中的"留学生"形象》)这是从政治的层面,对早期留学生写作的一种概括,简洁明了。

但是如果从文化的层面考察,事情就不是那么简单,"反帝"与"崇洋",经常是你中有我、我中有你地纠缠,犹如一个硬币的两面,其成分和配方因人而异，因时而异，因地而异，清一色的"反帝"或者清一色的"崇洋"，其实并不存在。客观地看，中国学子留洋的历史，既是一部受屈辱的历史，同时也是一部开眼界、求新知的历史，这就决定了"反帝"与"崇洋"之间有着一种复杂的互动关系。因此，笼统地谈论"弱国子民"的问题，并没有太大的意义。事实上，"弱国子民"的表现方式和程度，不仅因人而异，因国而异，因地而异，因性别而异，因所学专业而异，即使是同一个人，在不同的时空背景下，其反应也呈现微妙的差异；而且，它极容易与其他性质的问题相纠缠、混淆，需要做细心的梳理。

具体分析起来，海外学子的"弱国子民"心态由三种压力造成：第一，种族歧视；第二，"现代性"压迫；第三，文化差异。它们各有不同的内涵，又紧密缠绕，呈现复杂的互动状态。由于根深蒂固的"大中华"心态与文化上的自尊，加上实际存在的严重的种族歧视现象，第一种压力总是处于最显的位置，对它的反应也往往最强烈、最直接，而且非理性。然而，由于中国与西方现代国家巨大的时代差异，第二种压力应当说更具实质性内容，西方社会高度发达的物质文明、机械文明，注重实利的人际关系和紧张激烈的生存竞争，对于来自东方农业文明古国、诗书传家的中国学子来说，是一种更实际的压迫，这种"现代性"压迫，极容易同"种族歧视"纠缠到一起，成为"爱国主义"和文化民族主义的酵母。第三种压力最有弹性：它无处不在，无所不包，犹如水和空气，如果在正常的国际秩序和良性的民族关系中，它不见得造成负面的作用，反之，则必然成为冲突的借口和导火线，具体到当时海外中国学子，在"种族歧视"与"现代性"压迫的双重刺激下，文化上的差异注定成为"弱国子民"心态的有机组成部分。

　　一般来讲，那些思想开放、性格开朗、外语能力强的中国学子，不太受"弱国子民"心态的困扰，比如丁文江、胡适、蒋梦麟、陈衡哲等，而那些思想保守、性格内向、外语能力低下者，则较容易沉湎于此情结，如梅光迪；同样，学习理工科的中国学子受放之四海而皆准的科学精神的熏陶，比较容易超越种族、国家，以理性的态度面对种族歧视现象，而习文科者，尤其习文学者，具有发达的感性与丰沛的情感，比较容易陷于"弱国子民"的激愤与焦虑之中。

　　同样，"弱国子民"心态也因性别的不同而呈现重要的差异，一个明显的现象是，在 20 世纪中国留学生写作中，"弱国子民"的郁闷与不平之气，几乎都是发自男性学子，而在女性学子的笔下，很少有类似的宣泄。这个现象应当不难解释：西方本是"女士优先"的社会，由于中国女子心性的温柔隐忍和在异域实际生存处境的相对优越，她们在国外感受到的种族歧视和生存压力远远小于男性学子。此外，还有一个向来为人忽略的方面：中国男性学子在异域备受"性苦闷"的折磨，这在郁达夫、郭沫若、张资平、老舍、张闻天等人的异域写作中都有相应的表现，这无疑也是"弱国子民"情感的重要刺激性因素。然而，这种"性苦闷"在女性学子笔下几乎是看不到的，她们的写作显得更加理性而从容。风调雨顺的异域生活，使她们能够以比较正常的眼光观察异域社会，中锋用笔，写出浮躁不定的男性中国学子不容易看到的另一种"真实"。

一

　　从"弱国子民"心态反应的强度看，首推留日文学，其次是留美文学，再次是留英文学，最后是留法文学。文学上的这种反映，完全符合历史的实际。就"弱国子民"的心理内涵而言，留日文学与留欧 / 美文学又有差异，前者集中于种族歧视，后者是种族歧视、现代性压迫和文化差异三者俱全，互相作用。

这个现象应当不难解释：中国学子在"一衣带水"、"同文同种"、现代化尚不充分的东瀛，感受不到太多的现代性压迫与文化上的差异，故在这方面也没有多少反抗的表现，反而表现出某种亲和力。郭沫若在《女神》中受着惠特曼的鼓舞，纵情讴歌现代工业文明，将大气污染之源的烟筒，比喻成"黑色的牡丹""二十世纪的名花""近代文明的严母"；郁达夫尽管沉迷于 19 世纪的西方浪漫主义文学艺术，却又很大程度上偏离了西方浪漫主义反抗伪饰的现代商业文明，回归自然的"反现代性"方向，使其作品成为"弱国子民"逃避现实、满足"众人皆醉我独醒"名士风度的精神庇护所。

按理讲，一种压力比起三种压力来，痛苦应当小些，中国学子的反应却反而更加强烈，这是为什么？

郭沫若给宗白华的信，颇能说明问题："我们在日本留学，读的是西洋书，受的是东洋罪。"所谓"东洋罪"，就是日本式的种族歧视。表现在《留东外史》里，就是颟顸自负的日本下级军官在萍水相逢的中国留学生面前口出狂言，鼓吹吞并中国的理论；在鲁迅笔下，就是中国学子的智力和人格尊严受到日本同学的歧视和伤害，就是中国学子在日本同学"万岁"的欢呼声中，忍看麻木的中国人围观给俄军当间谍的同胞被日本军人砍头的幻灯镜头；在郭沫若的《行路难》里，就是中国学子的基本生存权——住，受到威胁，势利的日本房东不仅不肯租房子给中国学子，还恶意地以"支那人"相辱；在郁达夫笔下，就是性的歧视，爱的伤害。

细究起来，这种日本式的种族歧视之所以难忍，在于它有一种在中国学子看来等而下之的性质。所谓"东洋罪"，是相对于"西洋罪"而言的，"东洋"不如"西洋"先进，是早已被历史证明了的事实，无论是立志"脱亚入欧"的日本人，还是追求"全盘西化"的中国人，都不否认这一点。留东学子没有机会亲炙原汤原汁的西洋文明，看在路近费省，退而求其次，通过东洋二道贩子学习西洋，心里已是不甘。由此可见，一种植根于现代性的"历史世故"，隐含在这种"东洋罪"与"西洋罪"的等级区分中。

更有甚者，这种"东洋罪"里另有一层令人心酸的屈辱，那就是，"泱泱大国"的中国现在不得不低下头，向曾经喝自己奶水长大的"小日本"学艺，而这位当初谦恭有加的徒弟，如今趾高气扬，不把昔日的恩师放在眼里，一副"是可取而代之"的劲头，这种欺师背主的行为，深深地冒犯了根深蒂固的中国传统伦理，如何叫中国学子心理平衡？难怪《行路难》的主人公爱牟受到日本房东"支那人"的侮辱时，激愤之火，犹如火山爆发般地宣泄出来：

日本人哟！日本人哟！你忘恩负义的日本人哟！我们中国究竟何负于你们，你们要这样把我们轻视？你们单在说这"支那人"三字的时候便已经表现了你们极端的恶意。你们说"支"字的时候故意要把鼻头皱起来，你们说"那"字的时候要把鼻音拉作一个长顿。啊，你们究竟意识到这"支那"二字的起源吗？在"秦"朝的时候，你们还是蛮子，你们或者还在南洋吃椰子呢？

啊，你忘恩负义的日本人！你要知道我假冒你们的名字并不是羡慕你们的文明；我假冒你们的名字是防你们的暗算呢！你们的帝国主义是成功了，可是你们的良心是死了。你们动辄爱说我们"误解"了你们，你们动辄爱说他人对于你们的正当防御是"不逞"。

啊！你们夜郎自大的日本人哟！你们的精神究竟有多少深刻，值得别人"误解"吗？司马昭之心，路人皆见，你们别要把别人当成愚人呢！你们改悔了罢！你们改悔了罢！不怕我娶的是你们日本女儿，你们如不改悔时我始终是排斥你们的，便是我的女人也始终是排斥你们的！（《行路难》）

日本人欺软怕硬、自私排外的"岛国根性"，与中国人"泱泱大国"的历史记忆，决定了这种"东洋罪"不可救药的性质，胡适有一首诗，叫《你莫忘记》，诗中愤怒的老人控诉国家的黑暗无道，告诫儿子莫要忘记一家的灾难，最后几句是："你莫忘记：你老子临死时只指望快快亡国；亡给'哥萨克'，亡给'普鲁斯'——都可以，——总该不至——如此！……"省略号里的那个国家，可以心照不宣。由此可见，中国人宁遭"西洋罪"，也不愿受"东洋气"。

然而，"西洋罪"也罢，"东洋罪"也罢，充其量只是五十步与一百步之差。平心而论，比起"东洋罪"来，"西洋罪"另有一种难忍的尴尬与苦痛，生活方式上的巨大差异，文化上难以逾越的鸿沟，时代的严重错位，再加上西洋人特有的傲慢与偏见，中国学子面临的困境，就无须形容了，其情形，正如闻一多在留美家书中痛陈的那样："且美利加非我能久留之地也，一个有思想之中国青年留居美国之滋味，非笔墨所能形容。俟后年年底我归家度岁时当与家人围炉絮语，痛哭流涕，以泄余之积愤。""我堂堂华胄，有五千年之政教、礼俗、文学、美术，除了不娴制造机械以为杀人掠财之用，我有何者多后于彼哉，而竟为彼所藐视，蹂躏，是可忍孰不可忍！"在他的眼里中，这是一个缺乏文化底蕴、铜臭气十足的国家，一片弱肉强食的机械的丛林，还是在赴美国的远洋轮上，闻一多就开始了对美国的妖魔式想象，如《孤雁》里描写的那样——

啊！那里是鹰的领土——

那鸷悍的霸王啊！

他的锐利的指爪，

已撕破了自然的面目，

建筑起财力的窝巢。

那里只有钢筋铁骨的机械，

喝醉了弱者的鲜血，

吐出那罪恶的黑烟，

涂污我太空，闭熄了日月，

教你飞来不知方向，

息去又没地藏身啊！

这不啻是一曲现代版的"苏武牧羊"，朴素的反帝情感中，交织着对西方现代工业社会的恐惧和对东方田园乌托邦的逃逸。这并不奇怪，来自东方农业文明古国，出身于书香门第、西学背景不足的中国学子（尤其是人文科学的学子），是很容易掉入这个"反现代性"庇护体的。闻一多说，在清华时，梁实秋与他谈话，"常愁到了美国有一天定碾死在汽车轮下"。事实上，闻一多的留美同学中，真有两位遭受了这种厄运。这种对"现代性"的恐惧和厌恶，在留美学子身上表现得格外强烈，不能不归于美国这个新兴的资本主义暴发户，其畸形的机械文明，给中国学子造成了巨大的心理压迫。

性情温和的梁实秋写过一篇怒发冲冠的小说《公理》，可以印证这种恐惧。小说叙述三个中国学子在一个春假的午后驾车到丹佛游玩，吃中国饭，过思乡瘾；孰料节外生枝，在路上不小心与另一辆汽车相撞；傲慢的警察不问青红皂白，判中国学子违规，中国学子据理力争，无济于事，驾车的中国学子最终遭到监禁；无助无奈中，中国学子只好主动认罚款，救出同伴，铩羽而归。作者这样描写大都市丹佛——

丹佛是美国西部内地的第一大城，夜间灯火辉煌，像是中国城市在元宵节时候那般热闹。几十层的高楼缀满了灿烂的电灯，远远望过去，恰似密丛的火树。蚂蚁一般的行人，摩肩接踵的络绎于途。无数的汽车仿佛穿梭式的在街心驰过。啊！繁华的世界！啊！城市的文明啊！

他们到了丹佛的时候，正是万家灯火、市声如沸的时候。鲁和只觉得头上昏昏然，如同堕入一个魔鬼的窟穴，心里战兢兢的不安，觉得到处都是埋伏着杀机，偶一不慎就足以断送了他的性灵，——死在电车底下，死在汽车底下，死在叫嚣的街头，死在随便什么地方……

这段文字，将中国学子面对巨兽式的美国现代大都市时惶惶不安、毫无把握的心理，展现得淋漓尽致，这种下意识的反应，比起小说结尾那些慷慨激昂的抗议，往往能给人留下更深刻、更久远的印象。梁实秋写这篇小说时到美国只有半年，住在风景宜人的小城科罗拉多泉，不要说对高度"现代化"的美国大都市毫无经验和充分的心理准备，对西方文化的了解也只限于书本上的一些概念，中国人对"蛮夷"的传统恐惧，尚未从他们心里完全去除。梁实秋日后这样回忆刚到达美国的西雅图，中国学子各奔东西、在旅馆里等车的情形——

寝室里有一张大床，但是光溜溜的没有被褥，我们几个就在床上闷坐，离乡背井，心里很是酸楚。时已夜晚，寒气袭人。突然间孙清波冲入室内，大声说：

"我方才到街上走了一趟，我发现满街上全是黄发碧眼的人，没有一个黄脸的中国人了！"

赵毓恒听了之后，哀从中来，哇的一声大哭，趴在床上抽噎。孙清波回头就走。我看了赵毓恒哭的样子，也觉得有一股之凄凉之感。二十几岁的人，不算是小孩子，但是初到异乡异地，那份感受是够刺激的。午夜过后，有人喊我们出发去搭车，在车站看见黑人车侍提着煤油灯摇摇晃晃的喊着："全都上车啊！全都上车啊！"（《雅舍小品三集》）

这种"现代性"压迫，不只表现在西方资本主义世界畸形的机械文明上，同样表现在奢华的物质文明上。与普通的中国人相比，那批享用庚子赔款留洋的中国学子绝对称得上贵族，然而与富得流油的美国人比起来，他们不能不显出寒碜。最主要的是，美国社会赤裸裸的金钱崇拜风气与势利，使他们感到压抑。这方面，有养家之累的朱湘深有体会，在给家人的信中，他一再抱怨"在国外实在过得十分不舒服"，其中这样描写自己的生活处境——

他们美国富强了，一天到晚没有事干，就在外貌上讲究。身服是一毫气味不许有，我从中国带来的衣裳都是穿了太久不曾洗过，所以有气味。我这一年来穿它们上课，有时候真是等于从前那些罪犯活受罪……剪发别人大半是每礼拜一次，我却办不了，我是半个月一次。他们美国人真坏，头发不给你剪去很多，你因为碍于情面，又不好向他们讲。不过无论怎样，我是每月只能剪两次，不能再多了。他们用香水洗发，是加一倍价钱，那就成了一块半美金；你如其不让他们洗，他们就故意多留些头发在你头上不替你揥去。我气得没有法，索性把头发剪成个陆军式，自己洗来，方便得很。这还有一个好处，就是省了发油一笔钱。他们美国人每早晨头发上用一种膏子或是淡油，既费时间又费金钱，我索性不留头发到爽快，虽然很少人这样作，我也管不了那么多。胡子是无法可想，一定要每天剃一次。他们美国人有许多胡子硬得真叫人吃惊，说是刀子用一次就扔掉了，一天至少刮两次。衣裳我是交给中国洗衣店里，这样比外国店便宜一半，我洗衣算是很省，但每月还是要两块多美金，夏天每月至少三块。从前我自己也试洗过些零件衣裳，既洗得不干净，又每次都出一身汗，衣裳更容易脏，更容易出气味；并且万一被人看见，那真是最丢脸的事情。

　　……还有吃饭，上街买菜，拿着一个大纸包，有时一对大纸包，给外国人看见实在丢人。最令人又气又伤心的，是菜店伙计对他们本国人说一声多谢，有时对中国人却偏不响。我本来不要他说什么多谢，我听到又不多长一块肉，不过对旁人说，对中国人却不说，这岂不是明明看不起中国人？我从上海出洋，身边什么东西也不全。别人都是一套齐全，大箱大件。我个人倒不顾这些，不过到了外国一切就不同了，一切方面我都应当替本国顾全面子才是。不必作奢华，却总要不让别人看作叫化子。实说，叫化子本没有犯罪，一个人只要人格高，学问好，穷并不要紧。不过美国人十分势利，只看外表。这倒不要紧，我又不是要去他家里招亲。不过外国人总想出方法来教你下不去，或是撽鼻子吐气，或是冷嘲热讽，法门不一而尽。你说教人难受不难受？（《海外寄霓君》）

种族的差异，文化的鸿沟，时代的错位，种种因素加在一起，必然使中国学子在异域患上严重的水土不服症，一切焦虑都容易通过"弱国子民"的情感管道宣泄出来，使"弱国子民"成为一个内涵极为复杂的载体。

二

中国学子"弱国子民"的怨火首先是冲洋鬼子烧去的，然后是冲腐败无能的政府烧去的，当这一切都没有结果时，这把怨火便烧向自身，表现为不可救药的精神自虐。这种精神自虐就个体而言，表现为自卑导致的颓废；就群体而言，表现为对作为"类"的中国人丧失信心，对中国文化因绝望而产生强烈的破坏性冲动。郭沫若的"天狗"，闻一多的"死水"，老舍的"猫城"的隐喻，其实都是这种文化自虐心理的曲折表现。

这种精神自虐的核心，是人种的焦虑。谭嗣同当年就这样说："观中国人之体貌，亦有劫象焉。试以拟之西人，则见其委靡，见其猥鄙，见其野悍，或瘠而黄，或肥而弛，或萎而伛偻，其光明秀伟有威仪者，千万不得一二！"陈独秀则认为，这是中国从来不重视全身的训练教育，"后脑"与"前脑"功能失调的结果。他这样写道："所以未受教育的人，身体还壮实一点，惟有那班书酸子，一天只知道咿咿唔唔摇头摆脑地读书，走到人前，痴痴呆呆的歪着头，弓着背，勾着腰，斜着肩膀，面孔又黄又瘦，耳目手脚，无一件灵动中用。这种人虽有手脚耳目，却比那些跛聋盲哑残废无用的人，好得多少呢？"然后，他以西方人做参照："西洋教育，全身皆有训练，不单独注重脑部。既有体操发展全身的力量，又有图画和各种游戏，练习耳目手脚的活动能力。所以他们无论男女老幼，做起事来，走起路来，莫不精神夺人，仪表堂堂。教他们眼里如何能看得起我们可厌的中国人呢？"（《新青年》第3卷第5号）

晚年的梁实秋曾回忆："珂泉大学行毕业礼时，照例是毕业生一男一女的排成一双一双的纵队走向讲台领取毕业文凭，这一年我们中国学生毕业的有六个，美国女生没有一个愿意和我们成双作对的排在一起，结果是学校当局苦心安排让我们六个黑发黄脸的中国人自行排成三对走在行列的前端。我们心里的滋味当然不好受，但是暗中愤慨的是一多。虽然他不在毕业之列，但是他看到了这个难堪的场面，他的受了伤的心又加上一处创伤。"（《谈闻一多》）美国姑娘不愿意和中国学子成对并排，理由肯定有许多，人种相貌上的原因，恐怕是最直接的。种族歧视，首先总是落实在身体外貌上。头高马大、碧眼金发的白种人瞧不起黄脸黑发、身材矮小的中国人，不是什么奇怪的事，就像没见过世面的中国人视洋人为不会屈腿的怪物一样。真正令人悲哀的在于，在遭受歧视的过程中，被歧视者不自觉地接受了歧视者的价值评判，因此而陷于自卑的虚无。

事实上，在中国学子的自卑中，体格的自卑占了相当的分量。年轻的傅雷几乎是在赴法国的轮船上，就开始了令人沮丧的观察。身材魁梧的学眼镜学的俄国青年，卢森堡公园里打木球的异国中年男子，在寒风里做水中游戏的幼童，都成了他自惭形秽的感慨对象。在《法行通讯》中傅雷这样写道："在他们，原没有什么童年老年的分别的。暮气沉沉的我们，真怯弱得可耻了！……文弱清秀，原是中国人形容温文尔雅的风度的言辞，但手无缚鸡之力的文人，终究造成了可怜的老大的病夫！"这与洋人蔑视中国人的"东亚病夫"论调不谋而合。同样的观察，在李劼人自传体小说《同情》中，上升到了"优生学"的高度。据李劼人的观察：法国人从中年到老年，不论上等人还是下等人，在气象、举动上绝没有中国的上等人与下等人差距那么大，大凡上年纪的人，"都带一种高超、华贵、尊严、恺悌的气度；内阁总理和一个作苦工的工人站在一处，除了衣饰的差别外，你在面貌、神情上简直看不出总理高于工人的在哪里，工人不及总理的在哪里。而且男子越到老年越美，气度雍容，体魄坚实，鲜红的面孔，雪白的须发，眼睛澄明如春星，声音圆润如宏钟，不管是有学问的，无学问的，见了总令人生一种敬爱的感情"。李劼人进而这样追究——

　　法国人何以壮美到这步？淑种学（即优生学）是很可留心的，不过这种淑种学不是人为的，也不是在学校中学得的，完全是自然的；法国男子之对于女子也有着眼在轻盈上的，但是矫健的轻盈，不是病态的衰弱，其实大部分喜欢的都是充实强壮的美；至于女子对于男子的标准更是注意在雄武、厚重、魁伟各种优壮的美质上。把中国那般翩翩欲倒的裙屐少年放在法国待配地方听女子的选择，我敢断言有一百个，一百个都是落第的，然而这般弱不胜衣的秀士，正是我们少年姑娘们所心许的佳婿。你们看，再加上一般喜欢病态美人，和一般喜欢身体尚未成熟的少女的男性，我们将来的后嗣，真不愁人人都可进化到"气息大一点儿便可吹倒的林姑娘"了。

　　甚至连闻一多这样民族情感炽烈、事事要替中国争面子的人，私下也认为："白种人的脸像是原版初刻，脸上的五官清清楚楚，条理分明，我们黄种人的脸像是翻版的次数太多，失之于漫漶。"（《梁实秋自传》）

　　一个人的眼光一旦被自卑遮蔽，就分不清彼此真正的高低和长短，无条件地崇仰对方，贬低自己，得出"月亮也是西方的圆"的结论。这方面徐志摩最具典型性。在他笔下，英国的"康桥"被描绘成无与伦比的人间天堂，开启"灵性"的福地，而他甘愿做康河"柔波"里的"一条水草"；与英国女作家凯瑟琳·曼斯菲尔德二十来分钟的谈话，被他称作"不死的二十分钟"，甚至连曼斯菲尔德小姐受肺结核折磨的古怪的嗓音，在徐志摩听来都像是非凡的"奇迹"，曼斯菲尔德的形象，成了美的最高化身。这也可以从徐志摩对罗素的顶礼膜拜中看出。为了成为罗素的门生，徐志摩放弃了在哥伦比亚大学攻读博士学位的机会，远渡大西洋去英国，可惜未果。在剑桥大学游学期间，徐志摩千方百计地接近罗素，讨好罗素，罗素喜得贵子，徐志摩抓住机会发起组织庆贺会，还按中国的传统习俗，准备了红蛋、寿面，祝福罗素的儿子满月。徐志摩这样赞美罗素无与伦比的智慧："听罗素谈话正比是看德国烟火，种种眩目的神奇，不可思议地在半空中爆发，一胎孕一胎的，一彩绾一彩的，不由你不讶异，不由你不欢喜。"与此形成触目惊心对比的，是徐志摩对中国文化肆无忌惮地贬损。1922年秋，刚从英国回来的徐志摩在清华文学社做题为"艺术与人生"的讲演，危言耸听地宣称：中国文明是没有灵魂的文明，中国是一个由"体质上的弱者、理智上的残废、道德上的懦夫以及精神上的乞丐"组成的国家，在这样一个国度里，"人们几乎体验不到音乐的激情、理智上的振奋、高尚的爱的悲喜或宗教上、美学上极乐的瞬间"，它是"一潭死水，带着污泥的脏黑，成群结队虫蝇在它上方嗡嗡营营，在四周拥挤嘈杂，只有陈腐和僵死才是它的口味"。

　　当然岂止是徐志摩，这种对西方文化及其名人的崇拜，在留学生中是一种普遍的风气。留法诗人梁宗岱这样谈论瓦雷里对他的意义："如果我的思想有相当的严密，如果我今日敢对于诗以及其他文艺问题发表意见，都不得不感激他。我和他会面，正当到欧后两年，就是说，正当兴奋的高潮消退，我整个人浸在徘徊观望和疑虑中的时候；我找不出留欧有什么意义，直到他的诗，接着便是他本人，在我的意识和情感的天边出现。'像一个夜行人在黑暗中彷徨，摸索'，我从柏林写信给他说：'忽然在一道悠长的闪电中站住了，举目四顾，认定他旅程的方向：这样便是我和你的相遇。'"傅雷在1934年3月3日给罗曼·罗兰的信中这样写道："曩者，年方弱冠，极感苦闷，贾舟赴法，迅即笃夏朵勃里昂，卢梭与拉马丁辈之作品。其时颇受浪漫派文学感染，神经亦复衰弱，不知如何遣此人生。无论漫游瑞士，抑小住比国修院，均未能平复狂躁之情绪。偶读尊作《贝多芬传》，读罢不禁嚎啕大哭，如受神光烛照，顿获新生之力，自此奇迹般突然振起。此实余性灵生活中之大事。"甚至留法诗人李金发的笔名，都是缪斯女神梦中启迪的结果，他后来这样回忆："记得是1922年的夏天，在巴黎。因手中无富裕钱，不能避暑于海边，只有逛画院，看博物馆，看小说……日看小说，夜看小说，直到神经衰弱还不知。满天星斗，几乎晕倒下去……那天大热大泻，昏昏迷迷，老是梦见一个白衣金发的女神，领着我遨游空中，自己好象身轻如羽，两脚一拔，即在空中前进数丈。"（《异国情调》）所有这些，在令人感动的同时，又让人感到某种不安，中国学子对西洋文化的"一边倒"，似乎已经到了理所当然的程度，甚至连那些比较理性的人都是如此。比如，留法女学子苏雪林这样比较西湖与来梦湖："若以人物来比喻来梦和西子两湖，西子，淡抹浓装，固有其自然之美，可是气象太小，来梦清超旷远，气象万千，相对之余，理想中凭空得来一个西方美人的印象，她长裙飘风，轩轩霞举，一种高亢英爽的气概，横溢眉宇间，使人心折，使人意消，决非小家碧玉徒以娇柔见长者可比。"（《棘心》）苏雪林的眼光确实不凡，只是比错了对象，西子湖与来梦湖并不具有可比性，如果一定要比，应当与太湖、洞庭湖之类的比，方能说明问题。在郑振铎笔下，也有类似的比较，在他眼中，法国的皇宫远远超过中国："我看过清宫，我游过中海，南海，哪一个房子有布置得如此的华美名贵，如此的和谐绚丽？中国的帝王，哪一个是知道享受物质的荣华的？秦始皇，陈后主，唐明皇，只有这几个人是知道，然而他们是终于'烟销灰灭'了，他们的苦心经营的成绩，是随之而变为颓垣废瓦了，而且为儒者们引以为后世之大戒了！'俭朴'的提倡，使我们的艺术文化，天天向后退！"（《欧行日记》）这种有欠公正的中西文化比较，在留学生写作中比比皆是，说明中国学子在西方文化潜移默化的熏陶中，已经自觉地接受了西方的价值标准。在这种标准之下，中国文化的一切都显出破绽，甚至连它的看家本事都成了令人遗憾的缺点。比如李劼人这样比较中法园林名胜："要我具体的把薄罗腻森林之美写出来，我没有这种艺术。而且也去题太远，现在我只能笼统说一句：无论游玩我们中国的什么名胜，什么名园，诚然也有令我们极其惬意的地方，但是也有感觉不足之处，常常觉得'这里再修理一下，那里再种点花树，便更好了'。可是在薄罗腻森林中就不然，总觉得处处都合人意，处处都熨帖入微，处处都有令人驻足欣赏的价值，除了这三句，我实在不能再赞一词。"（《正是前年今日》）作者激赏西方园林的圆满充实之美，忘记了中国园林的空灵残缺之美，让人想起胡适在欣赏西洋话剧《哈姆雷特》时，对中国的戏剧艺术的贬低，他这样批评京剧《空城计》的表演："岂有兵临城下尚缓步高唱之理?"所有这些，都意味中国人的"全盘西化"已经取得了相当成果，西方中心主义的思维方式已经不自觉地左右了他们的头脑。

三

　　然而，对于有着"泱泱大国"文化背景的中国学子来说，自卑总是伴随自大的反弹；尤其是在自尊心受到伤害的时候，他们总是以牙还牙，甚至实行文化上的"逆歧视"，比如郭沫若痛斥日本人是忘恩负义的"蛮子"，日语是全世界最"无条理、无美观、无独立性"的文字，闻一多称美国同学为"洋竖子""年轻的老腐败"，老舍对英国传教士的妖魔化，不一而足。五千年的文明历史，光辉灿烂的古代文物，给寄人篱下的中国学子提供了现成的自卫武器，情急之下，他们总是求助这个法宝，以捍卫自己的尊严。据梁实秋回忆：在珂泉读书时，一个美国学生在校刊上登了一首题为"The Sphinx"的诗，内容说中国人的面孔活像狮身人面像一样的怪物，毫无表情，神秘莫测；闻一多和他读了这首诗，认为这是对中国的挑衅，两人各写了一首诗予以反击。闻一多那一首历数了中国足以睥睨一世的历代宝藏和祖宗的丰功伟绩。两首诗同时在下一期刊物上发表出来，引起全校师生的注意，"尤其是闻一多那首功力雄厚、辞藻丰赡，不能不使美国小子们叹服"。这首诗显然就是闻一多的《我是中国人》，其中这样写道——

　　伟大的民族！伟大的民族！
　　五岳一般的庄严正肃，

广漠的太平洋底度量，
春云底柔和，秋风底豪放！

伟大的民族！伟大的民族！
我们是东方文化的鼻祖，
我的生命是世界底生命，
我是中国人，我是支那人！

然而，炫耀远古的辉煌和祖先的伟大，能证明什么呢？鲁迅在《阿Q正传》中，早已对这种没出息的举动做过辛辣的嘲讽；而最主要的是，当闻一多面对现实的中国时，"迸着血泪"喊出的一声仍然是："这不是我的中华，不对，不对！"他看到的，是"噩梦""恐怖""悬崖"。远古的辉煌，结果不得不成为今日的黑暗与困顿的反衬，成为现实无情的反讽。"弱国子民"的超越之道，在这里受到阻碍。

然而，这份沉痛的感情，到了理性坚定的学子笔下，可以化作悲壮动人的诗篇，犹如洪钟大吕，久久叩击我们的心扉，如鲁迅的《自题小像》（1903）："灵台无计逃神矢，风雨如磐暗故园。寄意寒星荃不察，我以我血荐轩辕。"留法学子李健吾只身一人赴意大利游历，在威尼斯圣马可教堂前的海滨广场上，面对纵情欢乐的欧洲人，发出这样的感叹："只有我一个人，荷着种族的重负，国家的耻辱，孤寂的情绪，相思的苦味，在人群里面，独自徘徊着。"（《意大利游简》）

从艺术的角度看，"弱国子民"的超越之道可以有两条：一条是苦难升华，另一条是乌托邦扩张。前者属于宗教的范畴，由于中国文化强大的世俗性，这条路不易打通。比如闻一多的《洗衣歌》，本是一个极好的题材，受制于强烈的民族情感，使这首诗最终流于"怨"，变成一阕中国式的哀怨曲，而缺乏一种普世的人道主义悲悯；后者属于神话范畴，更容易为来自"泛神"的东方古国的中国学子接受，尤其是当它与先进的乌托邦革命理想结合到一起时。

成功地将"弱国子民"的自卑情结神圣化、乌托邦化的，是诗人郭沫若。在《凤凰涅槃》里，作者开宗明义这样题记："天方国古有神鸟名'菲尼克司'（Phoenix），满五百岁后，集香木自焚，复从死灰中更生，鲜美异常，不再死。"郭沫若借用这样一个包含着强烈的原始宗教精神的远古神话，表达一种最先进的、破坏的、革命的理想，应当说非常合适。在这首诗中，茫茫的宇宙，被形容成一个"冷酷如铁""黑暗如漆""腥秽如血"的所在，"生在这样个阴秽的世界当中，便是把金刚石的宝刀也会生锈"，它是"脓血污秽着的屠场""悲哀充塞着的囚牢""群鬼叫号着的坟墓""群魔跳梁着的地狱"；一对洁身自好的凤凰，就要在熊熊的香火中，自焚永生。值得注意的是，诗人笔下的"宇宙"并没有具体的所指，它所涵盖的，显然是包括中国在内的整个世界。毁坏这样一个不可救药的旧世界，迎接一个"芬芳""华美""欢乐""和谐""自由""生动""悠久"的新世界，对于"弱国子民"中国人来说，无疑有着特别的意义。中国人长期压抑的情感与梦想，通过这种乌托邦式的自我扩张，得到了有效的宣泄和假想的满足。

将郭沫若的诗集《女神》与他的自传体小说《流浪三部曲》《行路难》等做互文的阅读，是一件十分有意义的事，从中可以发现两个不同的郭沫若：前者是一个天马行空、半人半神的英雄，后者就是一个穷愁潦倒、怨泪滚滚的凡夫；两者貌似不同，实质一致。其实，正是作为一个"支那人"的压抑与困顿，刺激出一个"立在地球边上放号"的豪放诗人，诗人在这种气吞山河的"天狗"式的狂想中，实现了自我超越。然而比较起来，后一个郭沫若显得更加实在，更加人性化。从他身上，人们可以领略一个"弱国子民"的天才在东瀛异国他乡挣扎反抗的真实的心路历程，其心灵的激荡，自卑与优越的较量，也达到登峰造极的程度。爱牟在日本留学，既为贫穷所困，也为"支那人"身份所扰，更为祖国的黑暗落后所绝望，几种因素相鼓相荡，把他推向困境的极致，演绎出无数令人同情、令人感慨的人生细节：为了租到房子，他西装革履草帽，甚至不惜冒充日本人，却被房东比猎犬还厉害的眼睛一下识破，由此引发一场关于"支那人"的内心风暴；在漂流途中的二等车厢里，爱牟偏偏遇上一个与自己同样一家五口却衣冠楚楚、温文尔雅的上流阶级家庭，先是后悔坐错了二等车厢，接着强做矜持，保持平静的面容，以表示他的精神超越一切物质之上，发现这一切无济于事之后，便时而移动座位，时而开窗，时而指着窗外景色对孩子说明，以此掩饰内心的骚乱，偏偏这时，毫无眼色的夫人从包裹里拿出铝制小锅，给一家人开饭，把他弄得无地自容，情急之中，只好取出一本德文小说，故意低低地念出声来，以显示自己比对方更有文化教养；还有，在上海流浪期间，爱牟接到四川一家医院的聘书和一千两大洋的汇票，经过一番权衡，爱牟拒绝了这一机会，为发泄对金钱社会的仇恨，退回之前，他将汇款扔在地下狠踩一通……落魄中的郭沫若，神经是如此的敏感，如此的脆弱。然而，在经历过种种挫折打击与自虐性的精神折磨之后，他并没有倒下去，而是更加亢奋地站立起来，正如《行路难》的结尾，一反黯淡伤感的基调，以象征的笔法描绘川上江的激流——

楼外的川上江中的溪水不分昼夜地流。流到平坦处汇成一个小小的深潭，但还是不断地流。流到走不通的路径上来又激起暴怒的湍鸣，张牙喷沫地作狮子奋迅。走通了，又稍稍遇着平坦处了，依然还是在流。过了一个急湍，又是一个深潭；过了一个深潭，又是一个急湍。它为甚么要这样奔波呢？它那昼夜不停地吼声是甚么意义呢？它不是在追求坦途，达到大海吗？它在追求坦途的时候总不得不奔流，它在奔流的时候总不会没有坦途。啊啊，奔流哟，奔流哟！一时的停留是不可贪恋的，崎岖的道路是不能回避的。把头去冲，把血去冲，把全身的力量去冲，把全灵魂的抵挡去冲。崔巍的高山是可以冲断的呢，无理的长堤是可以冲决的呢。带着一切的支流一道去冲，受着一切的雨露一道去冲，混着一切的沙泥一道去冲，养着一切的鳞介一道去冲。任人们在你身上濯襟，任人们在你身上濯足，任人们在你身上布网，任人们在你身上通航，你不要踌蹰，你不要介意。太阳是灼热的，但只能蒸损你的皮肤；冰霜是严烈的，但不能冻结你的肺腑。你看那滔滔的扬子江，你看那滚滚的尼罗河！你看那蜜西西比！你看那莱茵！它们终于各自努力着达到了坦途，浩浩荡荡地流向了汪洋的大海了！太平洋上的高歌，在欢迎着一切努力猛进的流水。流罢，流罢，泾水不和渭水争清，黄河不同长江比浊，大海里面一切都是清流，一切都有净化的时候。流罢，流罢，大海虽远，但总有流到的一天！

其实，时代已经为郭沫若铺好了超越之道，或者说，郭沫若身上的浪漫诗人气质和特殊的人生轨迹，一定会把他引向这条超越之路。作为一位叛逆精神十足的"匪徒"，郭沫若以拥抱宇宙、吞吐大荒的气魄，在神圣的"凤凰涅槃"仪式中，在乌托邦式的精神遨游中，轻而易举地消弭了中国与西方之间的巨大差距，超越了无法直面的黑暗的现实，一身轻松地甩掉了那个"陈腐了的旧皮囊"，甚至连同自身的"罪恶"一起得到了清洗，可谓一举两得。

郭沫若与闻一多都是激情横溢、想象丰沛的诗人，他们的差别在于：一个缅怀过去，执着中国传统文化，带有鲜明的"反现代性"倾向；一个面向未来，拥抱世界，表现出强烈的"超现代性"。在当时的潮流下，郭沫若的价值取向显然更具历史进步性，"弱国子民"的超越之道，当然只能在他这一边。是的，对于饱受压抑与屈辱的中国学子来说，要想真正摆脱自卑，首先必须在精神上占据一个制高点，确立一种认识上的优越感，而西方最进步的思想家，适时地送来了革命的法宝，从无政府主义到社会主义、共产主义，宣扬的都是破旧立新、世界大同的真理。狭隘的民族斗争，已被纳入放之四海而皆准的阶级斗争中；黄白之争、中西之战，已经失去了意义，公理与强权、正义与邪恶、压迫与被压迫的斗争，才真正具有革命性的意义，才是推动人类历史进步的真正动力。马克思、恩格斯在《共产党宣言》里庄严地写下："全世界无产者联合起来"；列宁也高瞻远瞩地宣布："帝国主义是资本主义的最高阶段"，俄国十月革命的胜利，雄辩地证实了这个预言；中国伟人毛泽东也指出：中国革命已经成为世界革命的一部分。所有这一切不能不使人相信：灾难深重的中国一旦融入世界革命的大熔炉，必将获得永恒的新生。

有了这个法宝，中国人"弱国子民"的心病有了根治的希望。在张闻天、巴金、蒋光慈等人的异域题材写作中，已看不到郁达夫式的哀怨，闻一多式的激愤，老舍式的以牙还牙，代之以心胸开阔的国际主义情怀。尤其是巴金的异域文学写作，彻底打破了种族藩篱，自觉地以"世界公民"一员的身份，观察和表达自己的喜怒哀乐。在《复仇·序言》里，巴金郑重声明：他写这些作品是"为了人类的受苦而哭，也为了自己的痛苦而哭"。在这个集子里，欧洲人的生活尽收作者笔底，其中有"被战争夺去了爱儿的法国老妇，有为恋爱所苦恼的意大利的贫乐师，有为自己的爱妻和同胞复仇的犹太青年，有薄命的法国女子，有波兰的女革命家，有监牢中的俄国囚徒"。身为中国人的巴金，以法国人、俄国人的身份和视角进行叙述，进入故事，而不觉得有什么隔阂和障碍，这与他"人类主义"的信仰、"世界公民"的自我感觉和"无政府主义"的知识背景是分不开的。在这种条件下，"弱国子民"的痛苦和屈辱完全被"人类的苦难"所吸收，转化成"为人类而奋斗"的巨大能量。

如果说巴金的"无政府主义"式写作轻易地消弭了中西之间的精神距离与文化差异，加入了"光明与黑暗"二元大搏斗的国际大合唱的话，那么张闻天的"社会主义"革命理想为落后的中国和腐朽的美国开出更具体的药方。在《旅途》中，中国学子王钧凯初到美国，面对喧嚣的物质机械文明，没有一丝惶恐，完全是一副居高临下的审视者的目光——

美国的文明！机械又是机械，速率又是速率。一般忙忙碌碌的人，在街道上驾着汽车、坐着电车或是用着一双健全的腿，来来往往地跑。他们进饭馆出饭馆，进公事房出公事房，进戏院出戏院，坐着自己驾的汽车到处地跑，回家洗澡然后像木头一般睡下一直到天明。哈哈，这就是西方的文明吗？钧凯一个人在旧金山马克街上踱来踱去时默默地这样想，他的面上露出轻蔑的微笑。

美国的戏院、性感明星、交响乐队、爵士乐、通俗读物、豪华的建筑，都成了中国学子批判的对象。在王钧凯高傲的心灵面前，美国的一切都黯然失色，甚至连美丽活泼的美国妙龄少女，他的"粉丝"，也不能打动他。面对热爱东方文化、富有正义感的同事克拉先生及其家人对中国人的"人道主义"同情，中国学子的反应雍容大度，不卑不亢，成竹在胸："我很喜欢你们能够有这样广大的心胸，但是我觉得中国人的受人轻视有许多地方也是自取其咎，不能完全责备人家的。我想一个人不要受人家的轻视只有立起来努力做一个人的时候；一个国家也是如此，它不愿受别国的轻视只有努力自成一个真正国家的时候。"中国学子的这种自信，当然是建立在超前的"社会主义"理想之上的。

有意思的是，小说中还出现了跨国的"革命加爱情"故事，中国学子拒绝了美丽单纯的中产阶级少女克拉小姐的爱，却与思想激进的艺术青年玛格莱一见钟情，两人相约同赴中国投身革命事业。"革命"成为他们"爱"的纽带。一个极容易演绎为"弱国子民"性压抑、爱饥渴的题材，在张闻天的笔下，被提升到一个罕见的理想高度。而张闻天所憧憬的革命理想国，在留俄学子蒋光慈笔下变成了现实，那就是新生的苏维埃共和国。在《莫斯科吟》里，诗人这样写道：

朋友们！
莫相信人类的历史永远是污秽的，
它总有会变成雪花般漂亮而洁白的一日。
我昨夜梦入水晶宫里，得到一个确实的消息；
人类已经探得了光明的路口，
现在正向那无灰尘的国土进行呢。

朋友们！莫回顾那生活之过去的灰色黑影，

那灰色黑影真教我羞辱万分！

我今晨立在朝霞云端，

放眼一看：

好了！好了！

人类正初穿着鲜艳的红色衣襟。

十月革命，

如大炮一般，

轰冬一声，

吓倒了野狼恶虎，

惊慌了牛鬼蛇神，

十月革命，

又如通天火柱一般，

后面燃烧着过去的残物，

前面照耀着将来的新途径。

哎！十月革命，我将我的心灵贡献给你罢，

人类因你出世而重生。

　　蒋光慈的留俄诗篇，表现了另一种精神风貌。也许因为是身处世界革命圣地莫斯科，种族歧视、现代性压迫、文化差异这一类在当时的留学生写作中经常涉及的内容，在他笔下几乎看不到。作者关注的，是光明与黑暗的搏斗，被压迫者的反抗，是革命的爱情，爱情的革命，是未来共产主义的极乐园。这位以"东亚革命的歌者"自许的作家，这样表达自己对"诗人"的看法："我以为诗人之伟大与否，以其如何表现人生及对于人类的同情心之如何而定。我们读歌德、拜伦、海涅、惠德曼诸诗人的作品，总是觉得他们有无限的伟大；但是一读苏东坡、袁才子诸诗人的作品，则除去吟风弄月和醇酒妇人而外，便没有什么伟大的感觉了。"唯其如此，诗人以"用你的全身，全心，全意识——高歌革命"为己任，其热切的目光，期盼着一个呼之欲出的理想国，就像《昨夜里梦入天国》描绘的那样——

昨夜里梦入天国，
那天国位于将来岭之巅。
它真给了我深刻而美丽的印象啊！
今日醒来，不由得我长思而永念：

男的，女的，老的，幼的，没有贵贱；
我，你，他，我们，你们，他们，打成一片；
什么悲哀哪，怨恨哪，斗争哪……
在此邦连点影儿也不见。

也没都市，也没乡村，都是花园。
人们群住在广大美丽的自然间。
要听音乐罢，这工作房外是音乐馆；

要去歌舞罢，那住室前面便是演剧院。
鸟儿喧喧，赞美春光的灿烂，
一声声引得我的心魄入迷。
这些人们真是幸福而有趣啊！

他们时时同鸟儿合唱着幽妙曲。

花儿香薰薰的，草儿青滴滴的，
人们活泼泼地沉醉于诗境里；
欢乐就是生活，生活就是欢乐啊！
谁个还知道死、亡、劳、苦是什么东西呢？

啊！此邦简直是天上非人间！
人间何时才能成为天上呢？
我的心灵已染遍人间的痛迹了，
愿长此逗留此邦而不去！

时过境迁，人们终于发现，这种"弱国子民"的自我超越带有明显的凌虚蹈空的性质，如果以现实主义的艺术标准衡量它们，显然难得要领。然而，重要的并不在于这些作品表达了什么，而是它为什么这样表达。对于一个灾难深重、长期受西方列强欺辱，已经无法从"现实"和"过去"中获得超越的民族来说，将希望转向人类共同的美好的未来，是非常合乎逻辑的，出现这种"面向未来"的写作，也完全可以理解。在这道美丽的彩虹面前，中国学子的精神得到了的真正的超越。然而，这种凌虚蹈空的写作，往往难经艺术的检验，道理很简单：艺术与现实，毕竟不能离得太远，离现实太远，意味着不自然，而任何不自然的东西，都有违艺术的本性；这种空想式的写作，与前述的阴暗惨淡的自叙传式的写作，正好构成 20 世纪留学生写作的互补的两极。

东风与西风
——留日派与留欧/美派之争

中国现代的文化思想，是清末民初的留学生从西方拿来的，具体说来，是留日学子与留欧/美学子共同努力的结果。提起留日学子，人们脑子里涌现的，是邹容、陈天华、陈独秀这样的革命家和鲁迅、郭沫若那样的文学家；提起留欧/美学子，人们首先想到的，是严复、胡适这样的思想家和詹天佑、丁文江这样的科学家。两拨人马，在风云际会的 20 世纪中国历史上，发挥着不同的作用，扮演了不同的角色。

同是炎黄子孙，留洋以后产生这样的差异，是一件值得玩味的事。一般来讲，中国学子到了东瀛后，政治上趋于激进，情感生活上趋于放纵，而到了欧美后则相反，政治上趋于保守，情感生活上趋于禁欲。这是什么原因呢？前一方面比较好解释：在东瀛岛国，来自"泱泱大国"的中国学子受到忘恩负义的、暴发户的"小日本"的压迫和刺激，变得躁动突进，而在拥有悠久的理性传统、现代文化发源地的欧美，中国学子受其熏陶而变得冷静理智。至于后一方面，前者好理解：东瀛发达的"人情世界"和宽松的两性风俗，早为中国学子的放纵搭好了平台；后者则有点令人费解：在"个人主义""两性解放"的原产地，中国学子不仅没有学会放纵，反而变得保守严谨。追究起来，西方理性精神的熏陶固然不可忽略，而中西文化差异所造成的障碍，更是一个潜在性的因素。这一扬一抑，造成了中国学子的道学气。

文学家与科学家，革命家与思想家，在精神气质、思想风貌上自有鲜明的差异，就其大端而言，革命和文学，离不开激情与冲动，科学和思想，离不开理性与冷静。留日文学与留欧／美文学，由此可以划出一道美学上的分水岭。

有一种观点认为："留日的中国学生一般都将文学艺术视为改造社会和改良国民的有力武器，极少有人以消闲的眼光看待文学的本质和作用。"而留学欧美的中国学子则表现出了"纯文学"的倾向："与当时欧美社会相对稳定和文学比较独立的社会环境一拍即合，所以，他们留学之后热衷的一般是文学的内在和自身的价值。他们的文学观多少都带有'贵族化'的味道。很少企望借助文学达到非文学的社会或政治目的。"（程麻《留学生文学现象的跨文化意义》）这种区分笼统而皮相，并不完全符合实际。事实上，在留日文学中，政治上的激进与艺术上的唯美，往往紧密结合在一起，在革命的强烈冲动之下，形成一种挥之不去的颓废与伤感。同样，在留欧／美文学中，严格地说并不存在什么纯文学，"贵族化"的味道是有一点，但那也只是士绅淑女性情的自然流露，谈不上对文学"自身价值"的绝对追求；在以文学"启蒙"的努力上，留欧／美文学并不在留日文学之下，写作上的理念化倾向，也甚于留日文学。

一

在《桌子的跳舞》中，郭沫若这样写道："中国文坛大半是日本留学生建筑成的。创造社的主要作家是日本留学生，语丝派的也是一样。"进而指出："中国的新文艺深受了日本的洗礼。而日本文坛的毒害也就尽量的流到中国来了。譬如极狭隘，极狭隘的个人生活描写，极渺小，极渺小的抒情文字的游戏，甚至对于狭邪游的风流三昧……一切日本资产阶级文坛的病毒，都尽量的流到中国来了。"

郭沫若指出日本文坛的种种"病毒"及其对中国新文艺的消极影响，不无道理，但它是否属于"日本资产阶级"，则值得斟酌。郭沫若写这番话时，政治上已经转向，开始用马克思主义的"阶级论"考量一切事物，难免削足适履。从现象上看，留日学子确实深受"日本资产阶级文坛"的"毒害"，然而更深层地看，不如说是受了生成这个"文坛"的土壤——以"人情世界"著称的东瀛文化风土的潜移默化，才更加确切。"大中华"意识根深蒂固的中国学子，其实并不把"日本资产阶级"放在眼里，他们身在东瀛，眼向欧美，用郭沫若的话说，就是："我们在日本留学，读的是西洋书，受的是东洋罪。"然而不知不觉中，热衷于"西洋书"的中国学子已然"东洋化"。这是没有办法的事情，近朱者赤，近墨者黑，谁也逃不出这个规律。看来，西方"个性解放"的潮流与东瀛"人情世界"的联手，才是中国学子"中毒"的真正原因。

一个值得注意的现象是：几乎所有留日作家留学时代所学专业均非文学，鲁迅、郭沫若、陶晶孙学的是医学，周作人学的是海军，郁达夫先是学医学，后学经济，成仿吾学兵造学，张资平学地质，向恺然（不肖生）学的是政治经济学，最后除一个陶晶孙，他们都放弃了专业，专门从事文学。如此普遍的改行从文现象，在同时期的留欧、留美学子中是很少看到的，不能不使人产生这样的疑问：日本是不是一个特别适合文学产生的国度？

　　留日作家的写作动机虽然因人而异，格调也大相径庭，却有一种艺术上的共同倾向，就是滥情、颓废、走极端。无论是郭沫若笔下天狗吞月式的自我扩张，还是郁达夫笔下无条件的"弱国子民"性苦闷，抑或是《留东外史》里衮衮诸公的疯狂的堕落，都逸出了正常的宣泄。这种倾向推究起来，不外乎两股力量造成：第一，"小日本"的种族压迫；第二，东瀛岛国格外发达的"人情世界"。如果说前者激发了中国学子的不平之气，促使他们义无反顾地"反帝"的话，那么后者则诱发了中国学子人性的弱点，使其放纵，失去把持。两股力量相鼓相荡，造就一个纵情的文学世界。

　　以往的留日文学研究一般集中于政治层面上的"反帝"，而对日本的文化风土，尤其是日本独特的"人情世界"与留日作家之间的关系缺乏关注，对于留日文学的颓废倾向，也习惯从"弱国子民"的苦闷这一角度做同情的理解，或者着眼于中国传统文化的负面做批判性的阐发，衡量的尺度是直线性的"进步观"。这不失为一种思考的角度，但由于对日本文化"本土性"的隔膜，对中日两国文化的"同中之异"缺乏识察，不免流于空洞粗疏，看不到中日两国的文化思想在西风东渐的背景下复杂的互动。其实，留日文学中的"反帝"与留欧／美文学中的"反帝"，有着微妙的差异。后者发生于中国与异文异种、文明程度远高于自己的欧美各国之间，"反帝"中不免夹杂着"崇洋"，"崇洋"中又有无法打破的文化坚壁；前者是发生在两个一衣带水、同文同种、历史上曾长期维持着"主属"和"册封"关系的国家之间，另有一种复杂的况味，而"小日本"忘恩负义、背师杀主的恶劣行为，更引起中国学子的反感。然而，政治层面上的对立并不意味着文化上失去亲和力，事情毋宁说刚好相反，中国学子来到日本这个亚洲唯一摆脱殖民地悲惨命运的、黄种人自己当家的世界强国，比一比自家的落后与困顿，自然会产生敬佩之情；而东瀛列岛上保留至今的汉唐文化遗韵及其古朴大方、颇具艺术情调的生活方式，也容易使中国学子产生文化情感上的共鸣，尤其是东瀛原始风情十足的两性文化和魅力十足的"人情世界"，对于长期受封建道学束缚的中国学子来说，更具一种不可抵挡的诱惑力。

　　一个无法否认的事实是：留日作家无论政治上怎样激烈地"排日"，几乎没有不青睐日本女人的。《留东外史》里尽管充斥着对日本女子的歧视和偏见，把她们形容得又淫又贱，透过这种蔑视，日本女子的魅力还是顽强地散发了出来。在陶晶孙笔下，东瀛女子的温柔优雅、善解人意，美妙到匪夷所思的地步，而中国女子反倒是个个飞扬跋扈、面目可骇，成了她们的反面陪衬。在滕固的《石像的复活》里，即使是一个聋哑的日本少女，也有不俗的魅力，让性格呆板的中国学子神魂颠倒，直至发疯。甚至连郭沫若这样最不把日本放在眼里的文化英雄，在小说《喀尔美萝姑娘》里也使出浑身解数，对一位街头卖糖少女使人迷狂的"幻美"，做了极具夸饰的描写，一位学工科的中国学子，就在这种"幻美"的诱惑下，放弃了家庭、学业乃至祖国，最后跃进了大海。特别需要强调的是，这位中国学子并没有任何"沉沦"的理由：领着优厚的官费在日本读书，家有贤妻爱女陪伴，既没有性的苦闷，又没有孤独的折磨，如果一定要追究，那只好归咎于那双美丽的眼睛和浓密的睫毛！当那扇纸窗徐徐拉开，卖糖少女露出半个脸时，中国学子就被彻底俘虏了，郭沫若以他特有的夸饰，情欲横溢地写出卖糖少女娇柔妩媚的姿态，笔墨之大胆、赤裸，可谓空前。小说这样结尾："太阳已是落海的时候，从水平线上高不过五六丈光景的云层中洒下半轮辐射的光线来——啊，那是她的睫毛！她的睫毛！玫瑰色的红霞令我想起她的羞色，我吃紧得不能忍耐。苍海的白波在向我招手，我拘着那冰冷的手腕，去追求那醉人的处女红，去追求那睫毛美。"

　　然而，把这一切全然归于日本女子的魔力，是不公平的，也是不科学的。外因通过内因起作用，东瀛"人情世界"之所以对中国学子有如此大的诱惑力，归根结底，恐怕还得从中国学子自身找原因。历史悠久的封建道学的影响，使得中国学子的心理不够健全。按照周作人的说法："中国大多数读书人几乎都是色情狂的，差不多看见女字便会眼角挂落，现出兽相，这正是讲道学的结果。"(《"半春"》)——这未尝不是作者自己的经验之谈。据周作人晚年的回忆：1906 年秋他第一次到日本，刚进房间，就被下女乾荣子的一双光脚吸引，陷于兴奋与迷乱。赤足这种再平常不过的东瀛日常生活景观，竟能对中国学子产生这么大的震撼，以至于铭记终生，足以说明问题的深刻性。中国文化与日本文化的微妙差异，中国人对日本文化宿命性的误读，极具象征地包含在周作人的这第一瞥中。

　　这方面最具典型性的，要数郁达夫。郁达夫的留日小说，几乎篇篇涉及"弱国子民 / 性苦闷"的主题，几乎都与死亡有关，主人公不是酒后冻毙街头，就是绝望中投海自杀，或者病魔缠身，生死难卜。然而，细读下来则可发现：东瀛岛国开放的两性风俗和发达的情色文化，是这种苦闷的根源。可怜的中国学子，在这张天网之下，无处躲藏，仿佛遭遇鬼打墙一般。在《沉沦》里，"忧郁症"缠身的中国学子先是偷看房东少女洗浴，后来在野地里无意中窥听少男少女野合，然后昏昏憬憬撞进一家兼做皮肉生意的酒店，清白的身体遭到了破坏，之后痛不欲生，投进了大海，临终前还对"祖国"发出"你快强大起来吧"的呼唤。郁达夫写小说一向不讲结构，率性而为，其实这些小说于散漫中仍有一种情节上的因果关系，承担这种"结构功能"的，不是别的，正是主人公的"性苦闷"与东瀛色情风土的互相牵引。

张资平在小说《绿霉火腿》里写道：性格迂阔的书呆子伯强到东京游学，受风气影响，变得不规矩起来，开始对下女动手动脚，而他这样做，是因为"看见许多同住的都在大庭广众之下不客气地这样做。就连来访他的同乡看见下女到房里来时，也同样地摸着她的颊和她说笑。所以伯强也照样做了一回，看见下女并不发恼，也不抗拒，只是笑；于是他大胆起来，常常摸下女的手和颊"。头脑冬烘的书呆子尚且如此，其他人就可想而知了。这方面，《留东外史》提供了很多的证词，如第十四章周撰在浅草嫖妓时就对徒弟连成生说："到这浅草来的女人，不要问她卖不卖，只看你要不要。莫说是下女，便是她日本华族的小姐，只要她自己肯到这里来，你和她讲价钱就是，决不要问她肯不肯。这浅草，是日本淫卖国精神团聚之处。淫卖国三个字的美名，就以这里为发祥之地。你试留神看街上往来的女子，哪个不是骚风凛凛，淫气腾腾？"根据中国浪子的"嫖经"，日本女子的特性，一言以蔽之，就是"不肯太给人下不去"。东瀛女子的温柔顺从，竟成为中国学子堕落的渊薮！

公平地说，这些描写绝非空穴来风。独特的岛国风土与生态环境，使日本的两性风尚别具一格，直到近代仍保留着母系社会浓郁的遗风，赤足、裸身、混浴等习俗，构成了东瀛岛国特有的原始风情。相关资料显示：在日本，那种源自古代"歌垣"（即青年男女云集山野彻夜对歌求爱的活动）的自由交际、野合的风俗一直延续到大正年间（神岛二郎《日本人的结婚观》）；与此相应的是，日本拥有世界上最发达的色情业和准色情业，艺妓作为日本的"国粹"，以高雅的形式给人提供身心俱足的服务。正是这样的文化风土，孕育了日本"好色"的美学传统。尽管在日语里，"好色"与"色情"有区别，正如日本学家叶渭渠指出的那样："日语的'好色'是一种选择女性对象的行为，不完全是汉语的色情意思。因为'色情'是将性扭曲，将性工具化、机械化和非人性化，而'好色'是包含肉体的、精神的与美的结合，灵与肉两方面的一致性的内容，好色文学以恋爱情趣作为重要内容，即通过歌表达恋爱情趣，以探求人情与世相的风俗，把握人生的深层内涵。"（《日本古代文学思潮史》）在现实生活中，"好色"与"色情"却是彼此交织、难以分清的，中国的正人君子读不下去的色情描写，在日本的文学作品中司空见惯。一般来讲，它只有格调上的高低，没有道德上的好坏，对社会也不会产生"诲淫"的作用。这种文学上的人之常情，到了有"色情狂"倾向的中国学子眼里，却另有一番滋味。《留东外史》里写道，中国浪子从日本的色情小说里学到不少"吊膀子"的经验，周撰从小杉天外的《拳》里得到这样的启发："节子以一个有名博士的夫人，多贺子一个堂堂侯爵的夫人，都为着新庄政男的年少貌美，宁牺牲自己的名誉财产，极力与他勾搭，可见日本女子好色，较男子尤甚。想到此处，益自信以自己这般面孔，在日本吊膀子，决不至失败，不觉快活起来。"甚至《留东外史》的写作，都得力于《拳》的示范，其中不少故事情节就直接取自这部小说。

由此可见，东瀛的"人情世界"及其文化风土，深刻地影响了留日文学的写作。甚至留日作家对"浪漫派"文学的一面倒，亦与此有关。西方近代的"浪漫派"与东方美学具有天然的亲和力。留日作家尽管以"读西洋书，受东洋罪"自许，在审美趣味上，却不能不更受"东洋"的同化，对脚底下的东西合流的"浪漫"潮流缺乏抗衡的力量。郁达夫在《雪夜》里的一番表白，应当具有相当的代表性："两性解放的新时代，早就在东京的上流社会——尤其是智识阶级，学生群众——里到来了。当时的名女优像衣川孔雀，森川律子辈的妖艳的照相，化装之前的半裸体的照相，妇女画报上淑女名姝的记载，东京闻人的姬妾的艳闻，等等，凡足以挑动青年心理的一切对象与事件，在这一个世纪末的过渡时代里，来得特别的多，特别的杂。伊孛生的问题剧，爱伦凯的恋爱与结婚，自然主义派文人的丑恶暴露论，富于刺激性的社会主义两性观，凡这些问题，一时竟如潮水似的杀到了东京，而我这一个灵魂洁白，生性孤傲，感情脆弱，主意不坚的异乡游子，便成了这洪潮上的泡沫，两重三重地受到了推挤，涡旋，淹没，与消沉。"留日文学"虚无""伤感"的倾向远远超过留欧/美文学，原因恐怕就在这儿。

二

与特征鲜明的留日文学相比，留欧/美文学不能不显得多元斑驳，难以一概而论。尽管从留学生的成分看，留欧/美学子比起鱼龙混杂的留日学子来要纯粹得多。他们大多来自上层士绅官宦家庭，不少人有教会或"洋务"的背景，出国前已经受西方知识的教育，并且熟练地掌握了外语。对西方文明的崇拜和"反帝"的激情，在他们身上微妙地并存，其表现的方式虽因人而异，在对西方文化的选择和认同上，也因个人的出身背景、性情乃至师从的不同而呈多元化，不存在留日作家那样对西方的"浪漫派"一面倒的现象，但西方文化风土的熏染，使他们获得一种共同的思维方式和心理习惯，在多元和复杂中显出一种共性，那就是：崇尚理性。

　　然而，留欧 / 美文学的"尚理"，就像留日文学的"纵情"一样，也是一把双刃剑，一方面给写作带来一种纯正的理性之美，另一方面却使文学写作异化，变成理念的说教。这种现象的形成，有它的必然性。

　　《留西外史》（陈登恪著）里有这样一个细节：以伟人自居的无聊政客马大吉，趁女佣给自己打扫房间的机会，以五十法郎相诱，企图行不轨，不料遭到死命抵抗，事发后，马大吉受到众人强烈谴责，并且立刻被房东驱逐。可笑又可恨的是，马大吉对自己的丑行不仅毫无愧意，反而指责同公寓的"中国人"袖手旁观，不来仗义帮一点子忙，对受害的女佣——那位法国乡下姑娘更是没有一点歉意，还说"自己倒霉，遇见这个不识抬举的东西"。

　　这与留日小说《绿霉火腿》里中国学子任意调戏日本下女的细节形成鲜明对比，东西方两性文化的差异，在这里得到形象的演示。其实，重要的，并不是马大吉的非行和女佣的反抗，而是周围的人们对此事的反应，也就是说，抵抗马大吉的，不只是法国乡下姑娘，背后更有崇尚平等、自由、个性的社会风尚和尊重女性的两性道德，也就是说，马大吉冒犯的，绝不仅仅是法国女佣一人，而是整个西方社会的伦理道德。

　　马大吉的丑行虽然令人不齿，其对西方社会文化低级的误读，却可引出深刻的话题。一般来讲，"弱国子民"的中国学子来到欧美这样的文明国家，注定要承受这样三重压力：种族歧视、"现代性"压迫和文化差异。从文学创作的角度看，前两种压力并不妨碍写作，有时反而会成为写作的动力；只有第三种压力，才是致命的，它釜底抽薪，使艺术创作变得不可能，这就是许多作家移居国外后再也写不出东西的真正原因，理由很简单：找不到感觉。

人们或许会质疑：留学欧美的中国学子中，精通西方文化的大有人在，像胡适、徐志摩、林语堂，他们在西方社会如鱼得水、游刃有余的姿态，简直与黄头发蓝眼睛的老外没有什么差别，种族、时代和文化差异之类，对他们来说似乎并不是什么问题。其实，这些都属表面，欧美留学生的西学教养即使再高，"全盘西化"即使再彻底，归根结底，仍然是属于意识层面的东西，无法穿透精神深处的生命直觉和情感密码。中国学子都是在文化人格基本塑定的年龄负笈欧美，这对于他们理性地理解西方文化，固然带来极大的便利，但对于感性地体验西方文化，却造成了根本的障碍。文化这种东西，绝不是光靠理性就能领悟的，正如旅美作家小楂在她小说中写的那样："归根到底，文化是'泡'出来的。在这个缓慢自然的过程中，你所有的毛孔都得浸到水里。文化不仅有奶血之分，而且许多东西根本学不来。巧妇难为无米炊。"（《丛林下的冰河》）这一点，留英学子费孝通说得很中肯："文化的深处时常并不在典章制度之中，而是在人们洒扫应对的日常起居之间。一举手，一投足，看是那样自然，不加做作，可是事实上却全没有任意之处，可说是都受着一套从小潜移默化中得来的价值体系所控制。在什么场合之下，应当怎样举止，文化替我们早就安排好，不必我们临时考虑，犹豫取决的。愈是基本的价值，我们就愈是不假思索。行为时最不经意的，也就是最深入的文化表现。""对于别的文化最不容易了解的是他们的感情生活。我们可以很快地学会开汽车，可是我们就很不容易了解他们对于时间、机械等感情的内容；结果，我们买了他们的汽车来兜风，我们的司机可以关了油门下坡，把车翻在山沟里。同样地，我们可以很快学会擦口红，在中国电影中，可以有接吻的镜头，可是我很怀疑在中国的男女间是否有人真的懂得西洋式的恋爱。这必然

是学习西洋文化的最后的一课。也许只有真的全盘西化之后，这一课才学得会。"（《初访美国》）

费孝通所说的"感情生活"，属于文化心理的最深层，靠半路出家的出国留学或者移民，是培养不起来的。中国人与西洋人无论怎样相处，中国人对西方的事情无论怎样的"通"，在情感上总归隔一层。季羡林回忆留德时代的一件事，很能说明问题：在德国至波兰的列车上，七个中国学子占据了一节车厢，一路谈笑风生，热闹非凡，快到华沙时，上来了一位美丽的波兰姑娘，中国学子一下子鸦雀无声——"倘若在国内的话，七个男人同一个孤身的女孩子坐在一起，我们即使再道学，恐怕也会说一两句带着暗示的话，让女孩子红上一阵脸，我们好来欣赏娇羞含怒然而却又带笑的态度。然而现在却轮到我们红脸了。女孩子坦然地坐在那里，脸上挂着一丝微笑，把我们七个异邦的青年男子轮流看了一遍，似乎想要说话的样子。但我们都仿佛变成在老师跟前背不出书来的小学生，低了头，没有一个敢说些什么。终于还是女孩子先开了口。"（WALA）中国学子的这种第一反应，透露了丰富的文化心理信息，说到底，还是那种宿命性的文化差异在起作用。

与留日文学相同，异域恋情也是留欧／美文学热衷的题材。这很好理解：青春年少的中国学子来到海外，无法回避的一个大问题，就是"爱"的需求。由于"弱国子民"的种族身份和文化心理上无形的隔离，也由于留学生两性比例的严重失衡，多数学子不免陷于性压抑的困扰，文学作为"苦闷的象征"，自然要反映这一切。令人诧异的是：在"两性解放""浪漫主义"原产地的欧洲，中国学子在爱情描写上表现得相当保守，充满道学气，无论是陈衡哲笔下的瓦德与洛绮思的小资学者之爱（《洛绮思的问题》），还是张闻天笔下的中国学子王钧凯与美国激进少女玛格莱的国际版革命加爱情（《旅途》），抑或是巴金笔下的无政府主义亡命客的跨国恋爱，徐讦笔下的天马行空式的跨国浪漫爱情，都锁定在头脑之内，只有"灵"与"智"的馨香，而无"肉"与"情"的气息。即使是那些暴露人性下限、展玩"人性恶"的作品，也没有多少实质性的描写，显得力不从心。留法学子陈登恪曾模仿不肖生的《留东外史》，写了一部《留西外史》，结果完全失败，根本没有《留东外史》的那份邪劲儿和挥洒自如的笔墨，连"小巫见大巫"都够不上，对法国风尘社会的描绘也是蜻蜓点水，没有几分真实的氛围；徐霞村的《L君的话》写中国学子在巴黎"打野鸡"的故事，这本来是宣泄情欲、迎合小市民猎奇心理的绝好题目，到了作者笔下，却成了演绎知识者与无产者差异的题目，"打野鸡"本身，却虎头蛇尾，不了了之。

　　这种现象似乎很费解，仔细想一想，也就没什么奇怪：在文化风土迥异、种族壁垒森严的异国他乡，"爱"找不到宣泄的对象，中国学子的原始生命激情只有转向"升华"一途。何况中国文化中，本来就有"存天理，灭人欲"的强大机制和"发乎情，止乎礼"的传统，正好可以在枯寂单调的异域生活中发挥作用，以保持坐怀不乱的心境。李劫人在《同情》里写道：中国学子在异国的单身生活引起法国友人的极大惊奇，简直不亚于发现新大陆，中国学子不得已，只好以谎言相欺，内心却对法国人"远于眼者远于心"的浅薄爱情产生反感，更加认同"两情若是久长时，又岂在朝朝暮暮"的中国式古典爱情，坚信"可以用高尚的正当欲望来压制情欲"，"高洁的恋爱原可以保存在肉情以外"。

　　这种"升华"的方式因人而异，艺术效果也大不一样。在陈衡哲笔下，它表现为柏拉图式的精神恋爱。在《洛绮思的问题》中，哲学博士洛绮思因为学问和事业的"野心",翻悔了与导师瓦德的婚约。瓦德因为对洛绮思真诚的爱不得不接受这个残酷的事变,他这样对洛绮思说:"洛绮思,我的爱你,我的崇拜你,便是为着你是一个非常的女子;若是为了我的缘故,致使你的希望不能达到,那是万万不能忍受的。你应该知道我并不是那样自私的人。若能于你有益,我是什么痛苦都肯领受,什么牺牲都能担当⋯⋯"洛绮思这样回复瓦德:"我当感谢你所给我的自由。我现在的生命,真如大海中的一叶轻舟,天涯水角,任我纵棹了。但是,朋友啊!在这样的情景中间,错落的岛屿,闪烁的明星,也是极欢迎的伴侣呵!我愿你能像北极星一样,永远在我的生命的大洋上照耀着,引导着,陪伴着⋯⋯"瓦德后来随俗与另一位普通女子结婚,这不仅没有妨碍他们之间的感情,反而把感情提升到没有一丝"杂质"的境界。在《一支扣针的故事》里,西克太太因"母爱"牺牲了"情爱",同时又升华了这种爱。这两篇小说让人想起英国女作家艾米莉·勃郎特的《简·爱》,其格调如出一辙。

　　这种"升华"在男性学子的写作中,更多地表现为爱附丽于国家、民族,或者革命,原始情欲消融于崇高的理想,情感服从于超人的意志。在老舍的《二马》里,"弱国子民"的马威暗恋上了美丽活泼、种族偏见严重的房东女儿玛力,结果一败涂地,然而马威并没有因此而颓废——像《沉沦》的主人公那样,而是化痛苦为力量,他效仿洋人洗冷水澡、长跑,练就了一副强壮的体魄,还在决斗中将傲慢无礼的英国小子保罗击倒在地,使玛力对他刮目相看。不像郁达夫将"性苦闷"无条件地归结于"弱国子民",极其夸张地喊出"知识我不要,名誉我也不要,我所要求的就是异性的爱情!"的啼血之鸣,老舍将这种苦闷转换为自强不息、报效祖国的动力——

爱情是何等厉害的东西，性命，财产，都可以牺牲了，为一个女人牺牲了。然而，就是爱情也可以用坚强的意志战胜过去。生命是复杂的，是多方面的；除了爱情，还有志愿，责任，事业……有福气的人可以由爱情的满足而达到履行他的责任，成全他的事业。没福气的人只好承认自己的恶运，回过头来看看自己的志愿，责任，事业。爱情是神圣的，不错，志愿，责任，事业也都是神圣的！因为不能亲一口樱桃小口，而把神圣的志愿，责任，事业全抛弃了，把金子做的生命虚掷了；这个人是小说中的英雄，而是社会上的罪人。

他心中忘不了玛力，可是他也看出来了，他要是为她颓丧起来，他们父子就非饿死不可！对于他的祖国是丝毫责任不能尽的！马威不是个孩子，他是个新青年，新青年最高的目的是为国家社会做点事。这个责任比什么都重要！为老中国丧了命，比为一个美女死了，要高上千万倍！为爱情牺牲只是在诗料上增加了一朵小花，为国家死是在中国史上加上极光明的一页！

马威明白了这个！

仿佛还嫌不够，作者另外请出一位高人李子荣，充当马威的恋爱导师。李子荣不仅有一副铁打的身子，更有一套金刚不坏的把持功夫，他这样教导马威："在叫人家看不起的时候，不用乱想人家的姑娘！""因为没有英国青年男女爱中国人的，因为中国人现在是给全世界的人作笑话骂的！"真是快刀斩乱麻，一举杜绝了中国学子与白种姑娘恋爱的可能，为莘莘学子的禁欲主义，从理论上奠定了悲壮的基础。不过反过来想一想，因为胸中无爱的丘壑，"升华"起来才容易。要知道，伦敦时代的老舍，过的是一种清教徒式的生活。

　　与这种"道学气"配套的，是知性的写作方法。在生活经验不足、艺术感觉不到位的情况下，选择这种写作方法，未尝不是明智的做法，至少可以避短。这种先天不足的知性写作，必然倚重"说理"。在《二马》里，毫无国际恋爱经验的老舍写起老北京父子与伦敦房东母女的恋爱故事来，目的是为了"比较英国人与中国人不同"。作者不惜用大量笔墨介绍中英文化的差异，使这部小说变得非驴非马。甚至连徐志摩那样感情丰沛、才华横溢的诗人，也不得不落此窠臼，在描写异域生活时，经常借用外国人之口大段地讲故事发议论，在《巴黎的鳞爪》里，那位快乐的法国穷画家以三寸不烂之舌，对女性的裸体美和裸体艺术理论做了淋漓尽致的发挥，明眼人一看就知道，其中多半是徐志摩先生的代劳；在描写"我"与巴黎女郎萍水相逢的奇遇中，作者故技重演，让女郎讲述了自己两次不幸的跨国婚姻经历，一个破碎的东方梦，然而这些讲述并不能给人留下多少深刻的印象。

　　真正将这种知性写作发展为一种独特的艺术风格的，是被誉为"鬼才"的徐訏。凭借丰富的哲学、心理学修养，多元的文化背景和天马行空的想象力，徐超越了民族国家，在自由开阔的跨国时空背景下，上演了一场又一场寓言式的异域浪漫剧，演绎着自己的人性理想，说理的艺术功能，也被发挥到极致。《吉布赛的诱惑》通过中国学子与法国时装少女颇具传奇色彩的跨国恋爱故事，宣扬了这样一个主题：东方家庭化社会与西方商品化社会，都不符合健康的人性，只有吉卜赛人的自然宗教与原始的爱，才使人性得到升华。那位满口人生哲理、先知式的吉卜赛女郎罗拉，显然不是一个真实的存在，而是一个分泌思想的美丽道具："吉布赛的生活是专门为培养永生的爱情的，而我们也终于将生活献给爱神。我们看不见人世的权力与虚荣，我们只看见蓝天与明月。我们忘却了人类所创造的不同的哲学与宗教，我们只听见每个人的爱与情感的韵律。我们再不是社会偶像的奴隶，我们成了上帝的儿女。"这无疑是一则美妙而空幻的现代启示录。到《荒谬的英法海峡》，这个梦幻得到了具体的设计，那是一个由海盗开创的理想国，一个远离尘世喧嚣的海岛，上面黄、白、黑诸色人种杂居，没有阶级，没有官僚，没有货币，没有商店，人人安居乐业，个个幸福美满……仰仗丰沛的才思，作者慷慨地挥霍自己的智力，游刃有余地驾驭着读者。然而，生活并非由"理"构成，就像艺术的本质总是与"理"隔一层那样。徐訏的小说可以给人智性的满足，却无法给人情感上的震撼与回味。

从积极的意义上看，这种"说理"的倾向中包含了"打破砂锅问（璺）到底"的不惮烦的精神，显示了西方理性精神对中国学子潜移默化的影响。在自传体长篇小说《棘心》里，苏雪林以女性少有的锋利透彻的文字，对中西文化冲突中惨痛的心路历程，做了惊心动魄的揭示。东西方文化的根本差异，西方宗教精神的真谛，现代人性的复杂性，在她都有真切的感悟，尤其是对"灵与肉"冲突的切身体验，更见深邃，其中这样写道："人性生来有许多弱点，灵魂常受肉体和一切私欲偏情的牵累，而陷溺于罪恶之中。人若想完成自己的高尚的人格，谋性灵的解放和向上，须用坚强的意志，将私欲偏情压服下去。起初自不免矫强，自不免有许多战斗，但持之勿失，至于日久，习惯成为自然，德性自达于潭粹的地步，所谓炉火纯青之候是也。"

这无疑是西方文化给中国学子的一份珍贵的馈赠，虽有待于凝结成掷地有声的艺术品，却为中国现代文学输入了一种可贵的素质。值得一提的是，中国女学子在这方面更有超拔的表现，这与她们的生存处境和艺术天赋有关。在"女士优先"的西方社会，中国女学子承受的压力和焦虑远远小于中国男学子，更容易以一种平常的心态观察异域生活，做恰如其分的描写。冰心的《我的房东》《相片》，陈衡哲的《一支扣针的故事》《洛绮思的问题》等作品，是其中的佼佼者，这些作品格局虽不大，却能在静思默察、精雕细镂中，忠实地传达异域生活的细节和氛围，散发着一种晶莹剔透的"理性"之美。这种看似平淡、内涵饱满的中庸之美，在风雷激荡、热血沸腾的时代，往往得不到欣赏，甚至被视为保守、陈旧；随着社会进入到比较正常的阶段，它的价值越来越显示出来。冰心的《相片》，描写一个美国女传教士与中国孤儿相依为命的母女之情，揭示了丰富的人性／文化内涵：相濡以沫的亲情下女传教士自私暗淡的心理与中国少女默默的隐忍，中西方文化的差异及其各自拥有的同化力，美国传教士的傲慢与偏见，中国学子在异国他乡的孤独……所有这些，催人遐想、发人深思。小说中，文静内向的淑贞与教会青年天锡在美国初次相遇，碰撞出心灵的火花，血气方刚的天锡十分反感美国传教士的傲慢与偏见，淑贞对此深有同感，却不一味附和，其中这样写道——

　　天锡换了一口气，又说："真的，还有时候教会里开会欢送到华布道的人，行者起立致词，凄恻激昂，送者也表示着万分的钦服与怜悯，似乎这些行者都是谪逐放流，充军到蛮荒瘴疠之地似的！——国外布道是个牺牲，我也承认，不过外国人在中国，比中国人在外国是舒服多了，至少是物质方面，您说是不是？"淑贞点了点头，又微微的笑着，整了整衣服，站了起来，温柔地说："说的也是，不过从我看来，人家的起意总是不坏，有些事情，也是我们觉得自己是异乡的弱国人，自己先气馁，心怯，甚至于对人家的好意，也有时生出不正常的反感，倘或能平心静气呢，静默的接受着这些刺激，带到故国去，也许能鼓励我们做出一点事情，使将来的青年人，在国际的接触上，能够因着光荣的祖国，而都做个心理健全的人……您说呢？"

如此通达的看法，只能出自正常、健康的心灵，也只有在这种纯正的眼光之下，现实才会敞开丰富的"真实"，艺术的"理性"之美，才会闪闪发光，作品也才会获得恒久的价值。可惜的是，限于历史条件，这种珠玉之作在留欧／美文学中并不多见。

三

综观中国现代文艺思潮史上的是是非非，"留日派"与"欧美派"之争占了大半。自从 1919 年李大钊与胡适就"问题与主义"展开争论之后，两派的冲突逐步升级，纷争不断，粗略回顾就可举出以下几次：1922 年胡适与创造社由翻译引起的一场笔战，1923 年胡适与鲁迅等"整理国故"的争论，1925 年梁实秋对现代中国文学"浪漫趋势"的批判，1925 年语丝派与现代评论派的摩擦，1923 年郭沫若与徐志摩由"泪浪滔滔"引发的冲突，1928 年创造社与新月派的冲突，1928 年鲁迅、郁达夫就卢梭问题对梁实秋的批判，1934 年苏雪林对郁达夫、张资平的抨击，1929 年鲁迅与梁实秋关于文学阶级性的笔战，1949 年郭沫若对朱光潜、萧乾的批判……

时过境迁，现在可以看得比较清楚，"留日派"与"欧美派"的这些冲突，是不同的"进步"理念驱使下对救国／文化领导权的争夺。留日作家由"浪漫"到"革命"，表现出激进的跳跃和破旧立新的强烈冲动，留欧／美作家在对西方文化的多元选择中，看重理智清明的"现实主义",更多地表现了循序渐进的理性精神。从社会发展的角度看,后者显然更具历史的长远性与合理性,而从艺术的角度看,前者则更符合人性解放的需要。历史的悖论,就这样被无情地推到中国知识分子面前:鱼与熊掌不可兼得。

五四新文化运动发轫之际,"留日派"与"欧美派"曾有一段短暂的蜜月,其时,两拨人马遥相呼应,携手作战,延续了数千年的封建旧文化堡垒在他们的合力打击下轰然倒塌。然而,即使这个时候,他们也已经表现出明显的差异。比较胡适的《文学改良刍议》和陈独秀的《文学革命论》,前者的绅士风度与后者的造反派脾气,宛如目前。前者态度温和,理由充足,没有居高临下的霸气,文章结尾还谦虚地表示:"远在异国,既无读书之暇晷,又不得就国中先生长者质疑问难,其所主张容有矫枉过正之处。"后者则不然,一上来就将"革命"绝对化,打出惊世骇俗的旗号:"推倒雕琢的阿谀的贵族文学,建设平易的抒情的国民文学;推倒陈腐的铺张的古典文学,建设新鲜的立诚的写实文学;推倒迂晦的艰涩的山林文学,建设明了的通俗的社会文学。"文学的新旧更替,变成了你死我活的斗争,毫无通融妥协的余地,历史进化的复杂程序被简单化、庸俗化。明代文坛的大家前后七子及八家文派的归方刘姚被称为"十八妖魔",文章最后还声称:"有不顾迂腐之毁誉,明目张胆以与十八妖魔宣战者乎。予愿拖四十二门大炮,为之前驱。"

"留日派"与"欧美派"的这种原始的差异性,在急速推进的历史潮流中,迅速地演变成进步与保守,革命与反动的对立。由于中国特殊的国情,历史的天平偏向于前者。在这场冲突中,"留日派"占据着道义上的制高点,以历史的代言人自居,表现出不可一世、横扫一切的气势,其领袖人物郭沫若可以对他认定的反动人物进行肆无忌惮的攻击，比如他这样丑化胡适："博士先生，老实不客气地向你说一句话，尤其你老先生也就是那病源中的一个微菌。你是中国的封建势力和外国的资本主义的私生子。中国没有封建势力，没有外来的资本主义，不会有你那样的一种博士存在。要举实证吗？好的，譬如拥戴你的一群徒子徒孙，那便是你一门的封建势力，替你捧场的英美政府，那便是我们所说的帝国主义者。你便是跨在这两个肩头上的人。没有这两个跨足地，像你那样的学者，无论在新旧的那一方面，中国虽不兴，实在是车载斗量的！"（《创造十年》）面对"留日派"咄咄逼人的攻势，"欧美派"则凭借丰厚的专业知识和严密的学理予以反击，1926 年，梁实秋发表《现代中国文学之浪漫的趋势》，对新文学运动"浪漫的混乱"做了清算，文章虽然没有具体的指陈，明眼人却可看出，此文正是冲创造社诸公去的，其中这样写道：

　　新文学家大半都是多情的人。其实情不在多，而在有无节制。许多近人的作品，无论是散文，或是韵文，无论其为记述，或是描写，到处情感横溢。情感不但是做了文学原料，简直的就是文学。在抒情诗里，当然是作者自诉衷肠，其表情的方法则多疏放不羁，写的时候，既是叫嚣不堪，读的时候亦必为之气喘交迫。见着雨，喊他是泪；见着云，喊他是船；见着蝴蝶，喊他作姊姊；见着花，喊他作情人。这就是罗斯金所谓的"悲伤的虚幻"，而其虚幻还不只是"悲伤的"，且是"号啕的"……浪漫主义者对于自己的生活往往不必要的伤感，愈把自己的过去的生活说得悲惨，自己心里愈觉得痛快舒畅。离家不到百里，便在描写自己如何如何的流浪；割破一块手指，便可叙述自己如何如何的自杀未遂；晚饭迟到半小时，便可记录自己如何如何的绝粒。

颓废主义的文学即耽于声色肉欲的文学，把文学拘锁到色相的区域以内，以激发自己和别人的冲动为能事。他们自己也许承认是伤感的，但有时实是不道德的（我的意思是说，不伦理的）。他们自己也许承认是自然的，但是有时实是卑下的。凡不流于颓废的，往往又趋于别一极端，陷于假理想主义。假理想主义者，即是在浓烈的情感之下，精神错乱，一方面顾不得现世的事实，一方面又体会不到超物质的实在界，发为文学乃如疯人的狂语，乃如梦呓，如空中楼阁。

此文立论中正，学理严密，但缺乏一种"同情的理解"，也没有注意到"留日"这一事实与"浪漫的混乱"的因果关系。梁实秋的"不偏不倚"姿态，后来受到鲁迅的痛击，书生的学理，到底经不住艺术大师高超的偏锋出击，到头来只有变成"资本家的乏走狗"，成为历史的反派角色。

然而"欧美派"的绅士风度，不仅来自西方文化风土的熏陶，与回国之后优越的生活条件同样是分不开的。一般来讲，留欧/美学子学成回国后的待遇普遍高于留日学生，并且占据着文化学术的要津。因为这个缘故，他们与官方权力与主流意识形态的距离无形中也更接近。据1945年联大学生所编《联大八年》的纪念册统计，联大一百七十九位教授中，九十七位留美，三十八位留欧陆，十八位留英，留日的只有三位。由于崇洋媚欧的"历史世故"和留日学生鱼龙混杂的实际情形，当时社会上对留日学生普遍怀有轻视的态度，其情形正如钱锺书在小说《猫》里写的那样："一向中国人对日本文明的态度是不得已而求其次，因为西洋太远，只能把日本偷工减料的文明来将就。"推而论之，中国人对于留日学生，当然也只能是那种"不得已而求其次"的态度。留日学子回国后许多人贫困潦倒，前途暗淡，这种边缘化的命运无疑是激发他们"革命"的重要因素之一。徐志摩有一则日记，记录 1923 年 10 月 11 日晚偕胡适、朱经农去民厚里 121 号拜访郭沫若的情景，主人一家狼狈不堪的生活场面，主客之间无法沟通的尴尬，颇具象征性地展示了留日学子与留欧/美学子学成归国后截然不同的生活境遇、两者之间的对立与不可调和的矛盾，不妨摘抄如下——

　　与适之经农，步行去民厚里一二一号访沫若，久觅始得其居。沫若自应门，手抱褓褓儿，跣足，敞服，状殊憔悴，然广额宽颐，怡和可识。入门有客在，中有田汉，亦抱小儿，转顾间已出门引去，仅记其面狭长。沫若居至隘，陈设亦杂，小孩羼杂其间，倾跌须父抚慰，涕泗亦须父揩拭，皆不能说华语；厨下木屐声卓卓可闻，大约即其日妇。坐定寒暄已，仿吾亦下楼，殊不话谈，适之虽勉寻话端发济枯窘，而主客间似有冰结，移时不涣。沫若时含笑睇视，不识何意。经农竟噤不吐一字，实亦无从端启。五时半辞出，适之亦甚讶此会之窘，云上次有达夫时，其居亦稍整洁，谈话亦较融洽。然以四手而维持一日刊，一月刊，一季刊，其情况必不甚愉适，且其生计亦不裕，或竟窘，无怪其以狂叛自居。

　　历史伟人毛泽东说过一句名言："不是东风压倒西风，就是西风压倒东风"，道出了那个时代严酷的历史现实。在一定意义上可以说，"留日派"与"欧美派"分别代表了"东风"与"西风"。留学文化背景的差异，在二元对立的历史条件下，必定化作不可调和的冲突的酵母，留欧／美学子绅士式的优越感，注定要激怒潦倒不得志的留日学子，留日学子的滥情与伤感，也注定会成为留欧／美学子嘲弄与调侃的材料。小小的摩擦和误会，往往演化为旷日持久的笔墨官司，成为中国现代文学史的花絮，徐志摩一句讥讽郭沫若"泪浪滔滔"的话，可以引起郭沫若的震怒、与之绝交和创造社诸公疾风暴雨般的反击；苏雪林对创造社的酷评，也证实着留欧／美学子理性有限，如在《多角恋爱小说家张资平》中，苏抨击张资平"气量褊狭无容人之量，略受刺激必起反感"，认为郭沫若、郁达夫也有此病："他们说话本粗鄙直率，毫无蕴藉之致，骂人时更如村妇骂街，令人胸中作三日恶。这几个创造社巨头似乎都带有岛国人的器小，凶横，犷野，蠢俗，自私，自大的气质，难道习俗果足以移人么？"

这没办法，严酷的时代，不容艺术家的"公平"，正如李健吾所言："我们如今站在一个漩涡里。时代和政治不容我们具有艺术家的公平（不是人的公平）。我们处在一个神人共怒的时代，情感比理智旺，热比冷容易。我们正义的感觉加强我们的情感，却没有增进一个艺术家所需要的平静的心境。"（《八月的乡村——萧军先生作》）这番话不仅适合"留日派"，一定程度上也适合"欧美派"。在漫长的时间里，"留日派"与"欧美派"碰碰磕磕，冲折摩擦，但从客观的结果看，却是一个融合、互补的过程，日后蔚为大观的"革命现实主义"加"革命浪漫主义"文学，就是在此基础上产生的。

『假洋鬼子』的沉浮

——中国现代文学中的留学生形象

　　中国现代文学史上有一道值得玩味的风景——"假洋鬼子"，自从鲁迅在《阿Q正传》里刻画过那个手持文明棍、两腿笔直、东洋速成的钱大少爷，这个称呼就不胫而走，成为某一类中国人不光彩的共名。

　　作为中国留学生的一个特殊的代称，"假洋鬼子"含有极大的杀伤力，几乎就是"汉奸"的同义语。学者赵园有一段话，说明了事态的严重性："若是有那么一位研究中国的外国学者，我很可能会对他说：你不妨由这里入手了解中国，尤其中国现代知识分子特有的道德情感。他们可以宽容小知识分子的庸懦、软弱（比如老舍的作品），却不能容赦哪怕一丁点儿洋奴文人的思想品性。他们几乎是'幸灾乐祸地'看这种人在自己笔下出尽'洋相'，为捉弄这些人物，不惜使用与题材不大相称的夸张笔调。他们似乎有着一种由这类现象中看出喜剧性、讽刺性的共同本能，一种不待训练而后有的'职业敏感'。读懂了这一类作品，你就读懂了中国现代知识者的一种典型的心理特征。正是这种心理，使得某些上流文人的集团，在知识界中处于孤立的境地；使得太事摹仿的穆时英一流的作品，连同作者本人一起成为同时代作家的讽刺材料。'没有中国人味儿'，在特定历史环境中，几乎成了'没有人味儿'的另一种说法。既然'没有中国人味儿'，就人人得而鄙视之，轻蔑之，人人以为不合于中国人为人的道德。"（《中国现代小说中的"留学生"形象》）

然而，在西风东渐的历史背景下，"假洋鬼子"别有一番意味，那就是对"真洋鬼子"的敬畏与认同，好比看不上假冒的洋货而青睐真洋品一样。这突出表现在西化的知识精英对"西崽"的蔑视上；此时，"打假"的立场已经发生质的变化，事情于是变得扑朔迷离起来，"假洋鬼子"成了一个"剪不断、理还乱"的悖论。

时过境迁，随着东西方冷战终结，中国改革开放时代到来，莘莘学子潮水般地涌向国外，外资外企大规模地涌向中国，中国人的生活方式迅速地现代化，持续百年的"假洋鬼子"骚动趋于平息，作为一种公式化、小丑式的留学生形象也淡出文学创作，甚至连"假洋鬼子"这个称呼也由蔑视变成一种调侃。这标志着先进的西方文化对古老的中国文化事实上的胜利，"全盘西化"有了实质性的进展。

抚今追昔，令人不胜感慨。当年底层民众的一声"假洋鬼子"之骂，歪打正着，竟说中了事情的真相。从中国现代文化嬗变的角度看，事情确实如此：现代的中国人，既不是古代的中国人，也不是现代的西方人，不是"假洋鬼子"又是什么？现代的中国文化，既不是古代的中国文化，又不是近代的西方文化，不是"假洋鬼子"文化又是什么？这听起来有些煞风景，却是无法否定的事实；这是西方强势文化全球扩张之下中国文化必然的命运。

"假洋鬼子"作为一个否定性的称谓，内涵十分复杂：其中既有中国人对异域妖魔式的想象，有"非我族类"的义和团式的排外，有"大中华"的妄自尊大，又有对真洋鬼子的敬畏，甚至还有对无法变成真洋鬼子的绝望。因此，无论从历史的角度还是从逻辑的角度，"假洋鬼子"都是一个充满悖论的存在。梳理中国现代文学史上留学生形象的嬗变，亦是一件有意义的工作。

一

从文化风尚史的角度看，晚清几十年是"假洋鬼子"的黑暗时期。鸦片战争惨败，古老的中华帝国被迫向西方列强开放门户，史无前例的一种人类——买办，应运而生。然而，在华尊夷卑观念根深蒂固的中国，作为西方强势文化的派生物，西方势力的代理，他们注定是一个受排斥的异类，且不说朝廷官员、文人士夫，也不说蒙昧的民众，即使是那些思想开明的维新人士，对他们也是蔑视有加，比如主张维新的官员冯桂芬就这样议论从事买办活动的"通事"："今之习于夷者曰通事，其人率皆市井佻达，游闲不齿乡里，无所得衣食者始为之；其质鲁，其识浅，其心术又鄙，声色货利之外不知其他，且其能不过略通夷语，间识夷字，仅知货目数名与俚浅文理而已；安望其留心学问乎？"（《采西学议》）其实不只是买办，凡是与洋鬼子沾边的人在当时都受到国人的排斥，留学生作为其中特殊的一员，自然无法避免这种命运。晚清官派留美幼童的中途撤回及其回国后的暗淡经历，容闳、王韬、严复这些留学先驱者坎坷的人生经历，无不证明了这一点。历史为他们提供的空间非常有限。

这种局面到了清朝末年有所改变。这与当时发生的三件历史大事有关：一是甲午战争，二是八国联军攻占北京，三是科举废除，留学狂潮勃兴；中国历史的走向从此发生根本性的变化。也正是在这个时候，留学生形象开始进入到文学作品中。

清末小说中的留学生形形色色，给人留下光怪陆离的印象；其中叱咤风云的英雄伟人与蝇营狗苟的投机分子，互相缠绕。前者在《新中国未来记》中有突出的描写，小说以科幻兼武侠的写作路子，描写 2062 年正月，已是世界强国的中国在南京举行维新五十年庆典，各国的总统、皇帝、皇后、使节亲临祝贺；孔子的后裔、中国教育会长、当年的留日海归孔觉民登台演讲，回顾中国近六十年维新派艰苦创业、缔造新中华的历史。小说第三回讲述立宪党创始人、"大中华民族国"第二任大总统黄克强当年遵从父命，与同窗好友李去病甲午次年同赴英伦勤工俭学，不到一年，就考上英国的牛津大学，一个学政治、法律，一个学物理、哲学；三年后毕业，正值国内戊戌政变，六君子殉国，李去病急于回国革命，黄克强却主张从长计议，继续深造，于是两人分头赴德、法，一个进柏林大学，一个进巴黎大学；学成之后，两人坐火车从彼得堡回国，途经山海关，耳闻目睹国土沦陷、人民沉迷、当道昏聩的现状，悲愤难抑，围绕着如何救国，展开辩论；李去病是激进的革命派，主张共和政体，黄克强是稳健的改良派，主张君主立宪；最后黄说服了李。

《新中国未来记》是一部未完成之作，其中最精彩的，要数第三回黄、李围绕着革命与改良而展开的长达四十七个回合的辩驳，荡气回肠，柳暗花明，令人想起《三国演义》中的舌战群儒。其时梁启超正亡命日本，尚未游历西洋，对黄、李留欧生涯的描写，无非是想当然。不过这并不要紧，重要的是小说中的留学生，有史以来第一次被描绘成叱咤风云的英雄豪杰，被抬举到无以复加的地步。作者当时的思维方式，尚未摆脱"中体西用""西学中源"的框框，笔下的人物散发着"大中华"的余臭。十八年后梁启超在《清代学术概论》中这样写道:"晚清西洋思想之运动,最大不幸者一事焉。盖西洋留学生殆全体未尝参加此运动,运动之原动力及其中坚,乃在不通西洋语言文字之人。坐此为能力所限,而稗贩、破碎、笼统、肤浅、错误诸弊,皆不能免;故运动垂二十年,卒不能得以健实之基础,旋起旋落,为社会所轻。"这番话表达了作者对西洋留学生一如既往的推崇,也证明当年作者笔下的留欧精英带有空想的成分。

相比于《新中国未来记》的壮怀激烈,李伯元的《文明小史》不能不显得犬儒主义。这部小说连载于《绣像小说》半月刊,从1903年5月至1905年7月整整持续两年又两个月。这段时间,正是清政府自上而下推行新政废除科举留学狂潮勃兴之际,小说几乎同步地记录了这段历史;其中出现的人物,有留学生、买办、西崽、洋务官员、教民。作者对他们的态度,从人物的命名即可看出:贾葛民(假革命)、贾平泉(假平权)、贾子猷(假自由)、康伯图(买办)、辛名池(新名词)……作者以漫画的笔法,毫不留情地讽刺嘲弄。小说第十六回写江苏吴江贾氏三兄弟第一次到上海开眼界,在茶楼里看到怪异的一幕——

只见上来一个人高大身材,瘦黑面孔穿了一身外国衣裳,远看像是黑呢的,近看变成染黑了的麻线织的,头上还戴了一顶草编的外国帽子,脚上穿了一双红不红、黄不黄的皮鞋,手里拿着一根棍子。这人刚刚走到半楼梯,就听得旁边桌上有个人起身招呼他道:"元帅,这里坐!元帅,这里坐!"那来的人,一见楼上有人招呼他,便举手把草帽一摘,擎在手里,朝那招呼他的人点了点头。谁知探掉帽子,露出头顶,却把头发挽了一个髻,同外国人的短头发到底两样。他们师徒父子见了，才恍然这位洋装朋友，原是中国人改变的。

后来才知道，这位"元帅"是从东洋"速成"回来，专打野鸡的下三烂。这种不三不四的人物在小说中有不少，既可笑，又可恨，时髦而怪诞的外衣，包裹着一个腐败的灵魂，小说第十八回，以"新学家"自诩的郭子问怂恿姚文通吸鸦片，还大放厥词："论理呢，我们这新学家就抽不得这种烟，因为这烟原是害人的。起先兄弟也想戒掉，后来想到为人在世，总得有点自由之乐，我的吃烟就是我的自由权，虽父母亦不能干预的。文翁！刚才康周二公叫你吃牛肉，他那话很有道理，凡人一饮一食，只要自己有利益，那里管得许多顾忌？你祖先不吃，怎么能够禁住你也不吃？你倘若不吃，便是你自己放弃你的自由权，新学家所最不取的。"

小说第十七回里，贾氏三兄弟来到一家专营西学译作的书坊，新出的畅销书《男女交合大改良》《传种新问题》令他们赞叹不已。通过书坊老板之口，他们得知翻译此书的一个叫董和文，一个叫辛名池，都是大名鼎鼎的留日才俊，尤其是辛名池，更是了不得——

他改翻译的本事，是第一等明公。单是那些外国书上的字眼，他肚子里就很不少。他都分门别类地抄起来，等到用着的时候拿出来对付用。但是他这本书，我们虽然知道，他却从来不肯给人看。这也难怪他，都是他一番辛苦集成的，怎么能够轻易叫别人家看了学乖呢？所以往往一本书被翻译翻了出来，白话不像白话，文理不成文理，只要经他的手，勾来勾去，不通的地方改的改，删的删，然后取出他那本秘本来，一个一个字地推敲。他常说，翻译翻出来的东西，譬如一块未曾煮熟的生肉一般，等到经他手删改之后，赛如生肉已经煮熟了。然而不下油盐酱醋各式作料，仍旧是淡而无味。他说他那本书，就是做书的作料，其中油盐酱醋，色色俱有。

　　这里触及一个重要的文化现象，就是鲁迅指出的"酱缸文化"：西方的东西一到中国，就会被负面地吸收，化作旧文化的一部分。无怪贾氏一兄弟恍然大悟地说："他那本书，我知道了，大约就同我们做（八股）文章用的《文章触机》，不相上下。"辛先生那本貌似高深、奇货可居的《翻译津梁》，其实是西方文化的巧妙杀手；外来的思想一经它处理，就会变质，成为中国旧有思想的注释。正如学者王德威指出的那样："这本新的秘笈提供了另一套字库和措辞法，只要对新的东西，不管哪个范畴，哪个场合都一律适用。这本秘笈告诉我们外国的事物并不格外稀奇，其实可以方便地'拿来'就用，而新学亦只是像旧学一样，又是一套之乎者也的八股。移植知识的工作，只不过是重新命名而已——查到了准确的字典，把事物安上正确的名称，就大功告成了。'现代'和西方思想来到了中国，却被转化成其消费者固有思想的最新版本。"（《想象中国的方式》）

　　然而，囿于保守的政治立场和狭隘的文化性格，李伯元在不遗余力抨击数典忘祖的"假外国人"的时候，将那些西化的知识精英也一起打落水中，比如劳航芥。按书中的交代：劳十二岁就到陆师学堂读书，后不满学校的教育，自费到日本留学，从先进小学校一直读到有名的早稻田大学，攻读法律，读了两年又嫌日本大学程度低，又跑到美国进了一所大学继续深造，毕业后到香港挂牌开业，成为第一个中国人的律师。照此看来，劳应当是与容闳、严复同一级别的现代文化精英，然而在李伯元笔下，他却被彻底丑化，成了一个毫无操守、崇洋媚外、品德恶劣的小人——

一到上海，就搬到礼查饭店，住了一间每天五块钱的房间，为的是场面阔绰些，好叫人看不出他的底蕴。他自己又想，我是在香港住久的人了，香港乃是英国的属地，诸事文明，断非中国腐败可比，因此又不得不自己看高自己，把中国那些旧同胞竟当作土芥一般。每逢见了人，倘是白种，你看他那副胁肩谄笑的样子，真是描也描他不出，倘是黄种，除日本人同欧洲人一样接待外，如是中国人，无论你是谁，只要是拖辫子的，你瞧他那副倨傲的样子，比谁都大。

然而，作者偏偏让他遇上一个"生性就不喜欢外国人"、有民族气节的妓女张媛媛，由此反衬出他没有操守。一开始张媛媛误将劳当作外国人，反应十分冷淡，劳亮明了真相，还是不行，张媛媛不喜欢这身"假外国人"的打扮。为了博得美人欢心，劳立即改装，卖了一条假辫子装上，再穿上长袍马褂，转眼又变成了他所鄙视的中国人。

劳航芥来到了风气未开的内地安徽，犹如珍奇动物进了闹市，成了围观的对象。他飞扬跋扈，欺压民众，住旅店时不见了手表，就一口咬定被盗，连讹带诈，向店主强索二百大洋，旅店几乎因此而破产。后来手表找到，也不声明，将钱归还店主。劳的恶行，终于得到回报。第五十回，劳航芥到一家戏院解闷，因不懂装懂乱鼓掌，惊扰了邻座，听到人家骂他是"杂种""外国狗"，不觉大怒，出手就打；看见外国人打了中国人，群情激愤，无赖们纷纷上来打抱不平，将劳打得头昏耳鸣，四肢发软。作者这样写他的狼狈相:"其时棍子也丢了,帽也被人踏扁了,衣裳也撕破了,劳航芥一概顾不得了,急急如丧家之犬,茫茫如漏网之鱼,一口气跑回公馆。"——这是何等痛快的宣泄!

同样,对劳航芥擅长的西学,李伯元也是贬损有加。劳航芥精通英语,作者偏偏让他碰上德国人、法国人,还有俄国人,让他英雄无用武之地,狼狈不堪。粗鲁无文、好赶时髦的黄抚台不知道洋文还有那么多的名堂,只觉得花重金雇了一个只懂一国外语的洋务顾问,实在吃亏,结果就把他晾了起来。无趣之下,劳只好自己递出辞呈,一走了之。

李伯元让劳航芥在中国到处碰壁,洋相百出,无疑是他"中体西用"文化信念的一种想象性的胜利。然而,作为西风东渐产物的留学生,天性的愚贤,教养的高下,决定了他们分成两类:一类是中西合璧的精英,另一类是中西合污的泡沫;但在《文明小史》中,前者几乎缺席,后者比比皆是。这种严重的失衡,反映了作者及晚清保守士人的文化心态,恰好暴露了"中体西用"的危机。

二

从清末到民初,中国的文化思想经历了由"中体西用"到"全盘西化"的转折,其标志就是五四新文化运动。这场运动有几点值得注意:第一,它是在辛亥革命形式上胜利,实质上失败,社会政治危机不断加剧这样一种背景下发生的;这场运动把变革的对象,从过去的器物、制度,转移到中国的文化、中国人的精神上来,参照的样板是西方的民主与科学。第二,新文化运动的领袖是清一色的海归精英,无论在人数上,还是在西化的程度上,都远远超过他们的前辈，他们学贯中西，通古知今，由他们来充当旧文化的掘墓人，新文化的开创者，最合适不过。第三，鉴于中国传统文化强大的惰性，新文化运动的领袖采取了"全盘西化"的策略：鲁迅将中国几千年的历史一言锁定为"吃人"，劝青年人多读外国书，不读或少读中国书，将中国的改良和进步完全寄希望于"世界人道主义的胜利"，甚至主张："与其崇拜孔丘关羽，还不如崇拜达尔文、易卜生；与其牺牲于瘟将军五道神，还不如牺牲于 Apollo。"（《随感录四十六》）胡适提倡"全盘西化"，认为中国百事不如外国："不但物质机械上不如人，不但政治制度上不如人，并且道德不如人，文学不如人，音乐不如人，艺术不如人，身体不如人。"（《我自己的思想》）陈独秀在为中国设计的现代化工程中，甚至连西方人的"兽性"都是中国人必须学习的一条；在他看来：一个民族是否强大，取决于人性与兽性的同时发展，白种人所以能"殖民事业遍于大地"，日本所以能称霸亚洲，都是得益这种"兽性"；而中国的青年，"手无缚鸡之力，心无一夫之雄"，当然不足以与"世界文明之猛兽"抗衡，除了老老实实地效仿西人，培养兽性，别无他法。（《今日之教育方针》）

事情到了这个程度，中国人对"假洋鬼子"的态度和立场不能不发生某种重大的变化，既然"全盘西化"已被视为救国的不二法门，令人担忧的当然就不再是"以夷变夏"，而是能不能真正的"以夷变夏"；如果说此前对"假洋鬼子"抨击是站在"大中华"的立场的话，那么如今对"假洋鬼子"的批判，就是站在"西方"的立场，以"真洋鬼子"为榜样。

然而，具有讽刺意味的是，正当五四精英们全力引进西方文化、启蒙中国民众的时候，他们却宿命性地成了中国民众眼中的异类。

愚昧的民众没有能力区分中西合璧的精英与中西合污的渣滓，一律视为"假洋鬼子"——里通外国的"汉奸"；而在客观结果上，由于根深蒂固的民族劣根性，他们往往与后者更容易沆瀣一气，并且为后者所利用，成为围攻西化精英的帮凶，致使西化精英陷于孤立的境地。这一切，在鲁迅的小说中有深刻的表现。

"假洋鬼子"一词首出鲁迅的自叙传小说《头发的故事》（1920），记述一位名叫 N 的前辈先生在双十节那天对"我"发的牢骚，其中谈到清朝末年的剪辫之祸——

我出去留学，便剪掉了辫子，这并没有别的奥妙，只为他太不便当罢了。不料有几位辫子盘在头顶上的同学便很厌恶我；监督也大怒，说要停了我的官费，送回中国去。

不几天，这位监督却自己已被人剪去辫子逃走了。去剪的人们里面，一个便是做《革命军》的邹容，这人也因此不能再留学，回到上海来，后来死在西牢里。你也早已忘却了罢？

过了几年，我的家景大不如前了，非谋点事做便要受饿，只得也回到中国来。我一到上海，便买定一条假辫子，那时是二元的市价，带着回家。我的母亲倒也不说什么，然而旁人一见面，便都首先研究这辫子，待到知道是假，就一声冷笑，将我拟为杀头的罪名；我一位本家，还预备去告官，但后来因为恐怕革命党的造反或者要成功，这才中止了。

我想，假的倒不如真的直截爽快，我便索性废了假辫子，穿着西装在街上走。

一路走去，一路便是笑骂的声音，有的还跟在后面骂："这冒失鬼！""假洋鬼子！"

在这日暮途穷的时候，我的手里才添出一支手杖来，拼命的打了几回，他们渐渐的不骂了。只是走到没有打过的生地方还是骂。

这件事很使我悲哀，至今还时时记得哩。我在留学的时候，曾经看见日报上登载一个游历南洋和中国的本多博士的事；这位博士是不懂中国和马来语的，人问他，你不懂话，怎么走路呢？他拿起手杖来说，这便是他们的话，他们都懂！我因此气愤了好几天，谁知道我竟不知不觉的自己也做了，而且那些人都懂了。……

宣统初年，我在本地的中学做监学，同事是避之惟恐不远，官僚是防之惟恐不严，我终日如坐在冰窖子里，如站在刑场旁边，其实并非别的，只因为缺少了一条辫子！

这是中国现代文学史上第一篇站在西化知识精英的立场上，描写民众与海归留学生冲突的小说，抨击了民众的愚昧无知，抒发了海归精英的悲愤之情；类似 N 这样的人物，在此前的中国文学中并不存在，其孤独决绝的身影，折射着西方知识精英的光彩。在后来发表的《孤独者》里，鲁迅进一步发展了这个主题：留日海归魏连殳，因思想异端、特立独行而不容于 S 城，甚至连本家的人都将他"当作一个外国人看待"，视他为一个"吃洋教"的异类；在封建保守势力的迫害下，他丧失了最起码的生存条件，最后只有以灵魂的麻痹，进而肉体的死亡求得彻底的解脱，读了令人悚然。

然而，鲁迅抨击的对象其实并不限于愚昧的民众。在《阿Q正传》中，又出现了"假洋鬼子"的纷扰，不过此番指涉的，不是 N 那样的西化精英，而是纨绔子弟钱大少爷。这次，鲁迅左右开弓，在批判愚昧麻木的阿Q的同时，锋芒指向钱洋鬼子。

《阿Q正传》中，钱大少爷一共出现过三次。第一次，是革命风暴逼近未庄之前，阿Q与他在路上撞见——

远远的走来了一个人，他的对头又到了。这也是阿Q最讨厌的一个人，就是钱太爷的大儿子。他先前跑上城里去进洋学堂，不知怎么又跑到东洋去了，半年之后他回到家里来，腿也直了，辫子也不见了，他的母亲大哭了十几场，他的老婆跳了三回井。后来，他的母亲到处说，"这辫子是被坏人灌醉了酒剪去的。本来可以做大官，现在只好等留长再说了。"然而阿Q不肯信，偏称他"假洋鬼子"，也叫作"里通外国的人"，一见他，一定在肚子里暗暗的咒骂。

阿Q尤其"深恶而痛绝之"的，是他的一条假辫子。辫子而至于假，就是没有了做人的资格；他的老婆不跳第四回井，也不是好女人。

鲁迅是一位严谨的现实主义作家，既然是阿Q眼里的"假洋鬼子"，他就严格地尊重阿Q的心理与性格逻辑，收敛自己的好恶。即使这样，读者仍不难从字里行间读出鲁迅对钱大少爷的厌恶：跑东洋半年就回来，可见不是正经求学，充其量只是在"速成班"混过几天；腿也直了，辫子也不见了，并且挂起洋棍，这些外表的变化，说明钱大少爷会赶时髦。鲁迅的高明在于，通过阿Q的眼光，既揭示了中国民众"非我族类"的排外心态和对现代文明的蒙昧，又画出了"假洋鬼子"的外部特征，可谓一石二鸟。

第二次，革命风声刮到未庄，赵秀才闻风而动，主动与钱大少爷联手革命——

那还是上午的事。赵秀才消息灵，一知道革命党已在夜间进城，便将辫子盘在顶上，一早去拜访那历来也不相能的钱洋鬼子。这是"咸与维新"时候了，所以他们便谈得很投机，立刻成了情投意合的同志，也相约去革命。他们想而又想，才想出静修庵里有一块"皇帝万岁万万岁"的龙牌，是应该赶紧革掉的，于是又立刻同到庵里去革命。因为老尼姑来阻挡，说了三句话，他们便将伊当作满政府，在头上很给了不少的棍子和栗凿。尼姑待他们走后，定了神来检点，龙牌固然已经碎在地上了，而且又不见了观音娘娘座前的一个宣德炉。

这次是直接描写，不动声色的文字包含巨大的杀伤力，让人看到了辛亥革命过程中触目惊心的另一幕：乡村的土豪劣绅与"新党"勾结，随心所欲地糟蹋革命。这里鲁迅只用一个细节：砸毁龙牌，抢走宣德炉，揭露了钱、赵联手的这场"革命"的本质，可谓寸铁杀人。

第三次，钱大少爷控制了未庄的局面，成了革命首领，而阿Q想要革命却苦无门路，无奈中，只好去找钱洋鬼子"商量"——

钱府的大门正开着，阿Q便怯怯的躄进去。他一到里面，很吃了惊，只见假洋鬼子正站在院子的中央，一身乌黑的大约是洋衣，身上也挂着一块银桃子，手里是阿Q曾经领教过的棍子，已经留到一尺多长的辫子都拆开了披在肩背上，蓬头散发的像一个刘海仙。对面挺直的站着赵白眼和三个闲人，正在必恭必敬的听说话。

阿Q轻轻的走近了，站在赵白眼的背后，心里想招呼，却不知道怎么说才好：叫他假洋鬼子固然是不行的了，洋人也不妥，革命党也不妥，或者就应该叫洋先生了罢。

洋先生却没有见他，因为白着眼睛讲得正起劲：

"我是性急的，所以我们见面，我总是说：洪哥！我们动手罢！他却总说道 No!——这是洋话，你们不懂的。否则早已成功了。然而这正是他做事小心的地方。他再三再四地请我上湖北，我还没有肯。谁愿意在这小县城里做事情。……"

这是一幅绝妙的讽刺图，令人喷饭！时髦的"假洋鬼子"露出了江湖术士的真面目，所谓"革命"的闹剧性，由此得到清楚的揭示。

鲁迅对假洋鬼子的抨击，有自己独特的背景。特殊的人生经验和童年的精神创伤，使他对中国传统文化的黑暗面有着特殊的敏感和憎恨，因此对"全盘西化"持一种冷静的态度。在《随感录四十三》里，鲁迅由《泼克》杂志上的模仿西方的讽刺画，抒发感慨："可怜外国事物，一到中国，便如落在黑色染缸里似的，无不失了颜色。美术也是其一；学了体格还未匀称的裸体画，便画猥亵画；学了明暗还未分明的静物画，只能画招牌。皮毛改新，心思仍旧，结果便是如此。"这对一贯主张"拿来主义"的鲁迅，无疑是莫大的讽刺；唯其如此，鲁迅对钱大少爷这种文化渣滓才特别厌恶；他对假洋鬼子的抨击，也基本上锁定在这个视野中。

其实，在鲁迅的眼中，钱大少爷与阿 Q 不过是一枚硬币的两面，如果说阿 Q 身上积淀了中国人固有的劣根性的话，那么钱大少爷身上除了中国人固有的劣根性，还加上西方文化的泡沫。出于人道主义的情怀，鲁迅对被侮辱被损害的阿 Q 寄予更多的怜悯，哀其不幸，怒其不争，而对钱大少爷这种挟洋自利、骑在民众头上作威作福的社会渣滓，则毫无同情可言。显然，鲁迅是以西化精英的孤傲姿态，对中国人的不可救药的"国民性"做彻底批判的，而在鲁迅看来：中西合污的假洋鬼子，正是这种"国民性"的派生物。

三

然而，就在五四新文化精英依据西方现代性的尺度努力改造中国时，他们却受到一次真正的重创。这次重创不是来自顽固的封建保守势力，而是来自新兴的无产阶级革命阵营。分析起来，两个因素导致了这个结果：第一，新文化精英为中国设计的蓝图虽然美好，但对于中国这样一个贫穷落后、已沦为西方列强的准殖民地、国运危在旦夕的国家来说，却是过于理想化，而其"全盘西化"的做法，又脱离了中国的国情，引起广大民众的抵抗，也是自然的；第二，十月革命的一声炮响，给中国送来了马克思主义，无产阶级革命在同样贫穷落后的俄国取得胜利，为中国示范了一条新的救国之路；随着真洋鬼子的世界裂变成两半，中国的革命阵营亦随之分化，产生了政治上更加激进、更具本土特色的一派，并且逐渐占据文化思想的主流。在迅速崛起的中国无产阶级及其文化代言人面前，五四的精英们显得底气不足，无力回应这新一轮的历史狂潮。原因很简单：历史进步的最新砝码已经不在他们的手中，按照最新的革命真理，他们已落后于时代；确切地说，他们已成了历史进步的障碍、革命的对象，若不及时转向，缴械投降，等待他们的，只有被扫进历史垃圾箱的可悲命运。

马克思的无产阶级革命理论与中国的现实结合，产生了具有中国特色的阶级斗争理论，"假洋鬼子"由此有了明确的定性。在《中国社会各阶级的分析》中，毛泽东这样论述："在经济落后的半殖民地的中国，地主阶级和买办阶级完全是国际资产阶级的附庸，其生存和发展，是附属于帝国主义的。这些阶级代表中国最落后的和最反动的生产关系，阻碍中国生产力的发展。他们和中国革命的目的完全不相容。特别是大地主阶级和大买办阶级，他们始终站在帝国主义一边，是极端的反革命派。"这里所说的"买办阶级"，大致可以包括"假洋鬼子"族群，留学生也是其中一分子。在《唯心历史观的破产》里，毛泽东在驳斥美国的"中国通"艾奇逊的近代中国史观时，这样论述——

艾奇逊所说的"西方的影响"是什么呢？就是马克思恩格斯在《共产党宣言》（一八四八年）中所说的西方资产阶级按照自己的面貌用恐怖的方法改造世界。在这个影响或改造过程中，西方资产阶级需要买办和熟习西方习惯的奴才，不得不允许中国这一类国家开办学校和派遣留学生，给中国"介绍了许多新思想进来"。随着也就产生了中国这类国家的民族资产阶级和无产阶级。同时并使农民破产，造成了广大的半无产阶级。这样，西方资产阶级就在东方造成了两类人，一类是少数人，这就是为帝国主义服务的洋奴；一类是多数人，这就是反抗帝国主义的工人阶级、农民阶级、城市小资产阶级、民族资产阶级和从这些阶级出身的知识分子，所有这些，都是帝国主义替自己造成的掘墓人，革命就是从这些人发生的。不是什么西方思想的输入引起了"骚动和不安"，而是帝国主义的侵略引起了反抗。

联系毛泽东的另一个论断："帝国主义文化和半封建文化是非常亲热的两兄弟，它们结成文化上的反动同盟，反对中国的新文化。"意思就更清楚了：作为西方资产阶级在中国的文化代理，到了无产阶级革命的时代，为了维护本阶级的利益，他们必然与中国的"半封建文化"结盟，反对中国的无产阶级新文化，阻挠历史的前进。

这是一种简单而明快的分析，却道出一个基本事实：就阶级性质而言，这批留洋的西化精英，不是出自大地主、大资本家的家庭，就是受惠于帝国主义别有目的的施舍（如退回庚子赔款兴办清华学校）。这就是说，留学这个事实本身，就是封建特权、资本特权与帝国主义奴化策略的产物。留英学子费孝通曾现身说法，分析"留学"与"科举"的异同——

三十年代，我在大学里念书时，周围所接触的青年中，可以说都把留学作为最理想的出路。这种思想正反映了当时半封建、半殖民地旧中国青年们的苦闷，毕业就是失业的威胁越来越严重，单靠一张大学的文凭，到社会上去，生活职业都没有保障。要向上爬到生活比较优裕和稳定的阶层里去，出了大学的门还得更上一层楼，那就是到外国去跑一趟。不管你在外国出过多少洋相，跑一趟回来，别人也就刮目相视，身价十倍了。甚至当时流行着一种说法，女学生找对象的公式是"中学找大学，大学找留学"。留学已多少成了变相的科举。有些大学生着了迷，搞得颠颠倒倒，这些形象对于读过《儒林外史》的人似乎是很熟悉的。

但是以留学和科举相比还是有点不同，封建时代有资格大做其金榜题名美梦的人范围似乎广一些，至少传统剧目里足够反映出状元公这个人物在群众的想象中也并不是那么高不可攀的；熬得过十年寒窗，百衲的青衫也会换成光彩夺目的紫袍。留学却没有这么容易。这是个资本主义的玩艺儿，讲投资，比成本。最便宜的也是留东洋，一年也得五六百块白洋，要留西洋就得五六千。如果要取得个洋博士学位，至少也得两三年，没有千把万把白洋，只好望洋兴叹了。

留学要花钱，钱从哪里来？这是有"官费""自费""公费"等等的不同。初期，清朝政府要培养人才，派留学生出洋，但是当时社会上有地位的人还很多不愿离开父母之邦，入鬼子之国，更少愿意自己掏腰包送子弟出洋的。因此，留学生的费用全部得由官家负责，此之为官费生。但是，留学回来的人，官运亨通，洋翰林比土翰林吃香。学而优则仕，原是当时知识分子的守则；留学回来有官可当，群焉趋之。官费留学的机会逐渐就被达官贵人所把持，用来培养他们自己的子弟，扶植自己的势力，和这些有权选派留学生的权贵没有关系的就沾不着官费之光。沾不着光而又有钱的人家，要送子弟出洋，就只有自己出钱，此之为自费生。

除了政府遣派的官费生和自己家里出钱留学的自费生之外，还有一条既没有钱又靠不上势的青年可以得到留学机会的路子，这是一条帝国主义安排下的路子。帝国主义者拿钱出来收买中国的青年，为了要培养为它服务的工具。但是它不能太明目张胆地这样做，必须找一条好名义来掩盖这个阴谋，所以这条路子的花样多，走得也比较曲折。其中最重要的是美帝利用"退回庚子赔款"的名义建立起来的"清华学校"……它是采取公开考试的办法来招生的，因而使得许多原来在钱和势上都不足以走上留学道路的青年有了留学的机会，使他们也可以大做其留学美梦。（《留英记》）

"假洋鬼子"的这次升级后果重大，将那批具有西方留学背景、崇拜西方文化的知识分子置于极其不利的地位。始终关注中国本土问题，未曾出洋留学过的毛泽东对海归留学生向来不信任，早在

1920 年给友人周世钊的信中这样写道："我觉得求学实在没有'必要在什么地方'的理，'出洋'两字，在好些人只是一种'迷'。中国出过洋的总不下几万乃至几十万，好的实在很少。多数呢？仍旧是'糊涂'，仍旧是'莫名其妙'，这便是一个具体的证据。"后来受留苏的"二十八个半布尔什维克"之一的王明的排斥打击，进一步加重毛泽东的这种反感。各种因素的作用，使毛泽东对海归留学生始终没有好感，甚至对同属革命阵营的海归左翼都不耐烦。在他看来，中国革命屡走弯路，马克思主义的普遍真理迟迟不能与中国革命的具体实践相结合，就是因为这班人自作聪明。在《改造我们的学习》里，毛泽东这样论述——

对于自己的历史一点不懂，或懂得甚少，不以为耻，反以为荣。特别重要的是中国共产党的历史和鸦片战争以来的中国近百年史，真正懂得的很少。近百年的经济史，近百年的政治史，近百年的军事史，近百年的文化史，简直还没有人认真动手去研究。有些人对于自己的东西既无知识，于是剩下了希腊和外国故事，也是可怜得很，从外国故纸堆中零星地检来的。

几十年来，很多留学生都犯过这种毛病。他们从欧美日本回来，只知生吞活剥地谈外国。他们起了留声机的作用，忘记了自己认识新鲜事物和创造新鲜事物的责任。这种毛病，也传染给了共产党。

如此的历史潮流与时代氛围，不可能不影响中国作家对留学生的想象与认识。于是，五四新文学中的那种意气风发的西式绅士淑女不见了，代之以一批颓废无聊、虚荣自私、可怜可笑且可恨的"多余者"形象：叶圣陶的《招魂》写一位"风度翩翩，头发胶得发亮，西服笔挺"，号称是莎士比亚研究家却迷狂于"招魂术"的留美学子；萧乾的《鹏程》揭露教会学校奴化教育下被扭曲的灵魂，因巴结教会权势者有方，鲜廉寡耻、丧尽天良的志翔踏上了留洋镀金之途；王西彦的《病人》刻画一位沉湎于西方的浪漫主义乌托邦，骨子里空虚不堪，找不到人生意义的"都市生活厌倦者"；甚至连冰心那样趣味纯正的女作家，也偏锋出击，写下了《我们太太的客厅》，对一位学贯中西的交际花太太及其崇拜者们做了犀利的讽刺……

这方面最具杀伤力的当推钱锺书，他以自己特有的刻薄与机智，给留学海归画出了滑稽可笑的画像。《围城》里写道：方鸿渐在英、法、德诸国游学多年，除学得一张油嘴，别无长技，回国后洋相出尽；方鸿渐的全部聪明都在一张嘴上，拾洋人牙慧，逗小聪明，是他的拿手好戏，可骨子里仍是陈腐的中国名士派头，一点实际的本事都没有；而最具讽刺意味的是，至少在他那个圈子，方鸿渐是最有资格嘲笑别人的一个，相比之下，苏文纨、诸慎明、曹元郎之流，就更等而下之了。通过方鸿渐之口，作者还对留学生在国人面前招摇充大做了辛辣的嘲讽："出洋好比出痘子，出痧子，非出不可。……痘出过了，我们就把这一回事忘了"，"若是念念不忘是留学生，到处挂着牛津、剑桥的幌子，就像甘心出天花变成麻子，还得意自己的脸像好文章加了密圈"。在《猫》里，一批海归京城文化名流，拜倒在一位同是海归的名媛石榴裙下，定期在她的沙龙聚会，夸夸其谈，言不及义，争风吃醋，丑态百出，直至酿出婚变的闹剧，而此时，正是日本侵略中国，民族危机迫在眉睫之际。

比起钱锺书犬儒主义式的嘲弄，老舍的"打假"显得格外认真严肃，也更具时代特色。如果说此前中国作家对"假洋鬼子"的抨击主要着眼于"中西合污"的话，那么到了老舍笔下，则明确地表现为"封资合流"。

在《牺牲》里，老舍刻画了一个数典忘祖、被西方资本主义毒化的毛博士："像个半生不熟的什么东西——他既不是上海的小流氓，也不是美国华侨的子孙；不像中国人，也不像外国人。他好像是没有根儿。"毛博士言必称美国，宣扬美国的生活方式，哀叹一个堂堂的哈佛博士身为中国人的"牺牲"。因为对一切都看不顺眼，一切都无法适应，毛博士只好将自己封闭在一个美国式的蜗居中，自怜自恋地打发日子——

他是"全份武装"地穿着洋装，该怎样的全就怎样了，例如手绢是在胸袋里披着，领带上别着个针，表链在背心的下部横着，皮鞋尖擦得很亮等等。可是衣裳至少也像穿过三年的，鞋底厚得很不自然，显然是曾经换过掌儿。他不是"穿"洋服呢，倒好像是为谁许下了愿，发誓洋装三年似的；手绢必放在这儿，领带的针必别在那儿，都是一种责任，一种宗教上的条律。他不使人觉到穿西服的洋味儿，而令人联想到孝子扶杖披麻的那股勉强劲儿。

毛博士眼里根本没有中国，在他看来：中国的菜，不卫生；中国的戏，野蛮；中国的澡堂，危险；中国人，脏；除了地毯，中国哪一样都不行。在毛博士的自我身份认同中，显然已经不把自己算作中国人。然而这并不意味着毛博士学到了美国文化哪怕一丁点儿的精华。对于毛博士来说，所谓"美国精神"，仅仅是家中有澡盆，客厅里有地毯，出门坐汽车，到处是电影院，男人都有女朋友，冬天屋里的温度在二十度以上；而美国人的乐观单纯、勇于进取的品

德，在毛博士身上看不到一点踪影。然而，这个言必称美国、处处
自外于中国人的哈佛博士，却有着中国人最恶劣的根性；中国人谦
逊隐忍、知足常乐的品格，在他身上荡然无存，中国人自私冷漠的
一面，却在他身上极度膨胀。所有这一切，使他成为一具怪诞的封
资合污的标本——

他梦想要作个美国人；及至来到钱上，他把中国固有的夫为妻
纲与美国的资产主义联合到一块。他自己便是他所恨恶的中国电影，
什么在举动上都学好莱坞的，而根本上是中国的，他是个自私自利
而好摹仿的猴子。设若他没上过美国，他一定不会这么样，他至少
在人情上带出点中国气来。他上过美国，自觉着他为中国当个国民
是非常冤屈的事。他可以依着自己的方便，在美国精神的装饰下，
作出一切。结婚，大概只有早睡觉的意义。

小说最后点破：这个从头到脚洋包装，言必称美国的哈佛博士，
其实是一个一毛不拔的性欲狂；最后被送进了疯人院。

如果说毛博士的婚姻是中国封建社会的"妻纲"与西方个人主
义"性解放"的混合的话，那么，《文博士》中的文博士攀附权贵，
就是腐朽的封建势力与时髦的买办资产阶级的联姻。正如文博士宣
称的那样："留学生就是现代的状元，妻财禄位，没问题！"与毛博
士自闭孤独、不融于中国社会不同，文博士是一个无孔不入的钻营
者，虽然一口一个轻蔑的"这就是你们的中国人"，却不妨碍他在中
国社会蝇营狗苟，飞黄腾达，其门径，就是投靠中国的封建官僚势
力，以"洋状元"的身份做交换的筹码，做地方富豪的驸马。这个
过程，文博士完成得极其自然，因为——

　　杨家的人那种生活使他羡慕，使他感到些异样的趣味，仿佛即使他什么也得不到，而只能作了杨家的女婿，他也甘心。杨家的生活不是他心目中的理想生活，但是他渺茫的想到，假使把这种生活舒舒服服的交给他，他楞愿意牺牲他的理想也无所不可。这种生活有种诱惑力，使人软化，甘心的软化。这种生活正是一个洋状元所应当随手拾得的，不费吹灰之力而得到一切的享受，像忽然得到一床锦绣的被褥，即使穿着洋服躺下也极舒服，而且洋服与这锦被绝没有什么冲突的地方。

而那位封建大家庭里长大的六姑娘，居然比文博士想象的要开明得多，"是现成的一个摩登女子，像一朵长在古旧花园中的洋花"。封建主义与资本主义，就这样门当户对地对接到一起。

　　老舍对毛博士、文博士不遗余力的抨击，让人想起毛泽东的那句名言："帝国主义文化和半封建文化是非常亲热的两兄弟。"然而历史的常识又告诉我们：封建主义与资本主义属于不同的历史范畴，封建阶级与资产阶级亦有质的差异，否则，就不会发生欧洲的文艺复兴运动和资产阶级大革命，也无法解释中国近代的资产阶级革命。然而，到了无产阶级革命的时代，无论封建主义，还是资本主义，都成了历史进步的障碍和打倒的对象。在这种背景下，其共有的保守性、反动性得到强调，本质上的差异性遭到忽略。社会底层出身、与八国联军有杀父之仇的老舍，对于无产阶级革命理论有天然的亲和力，给毛博士、文博士们打上了"封资合流"的印戳，是自然不过的事。

　　比起老舍剑拔弩张的讽刺，许地山的描写更加含蓄。《三博士》里，吴博士得意扬扬地向人卖弄自己的博士论文《麻雀牌与中国文化》，令人捧腹之余，不能不有所震惊——

　　凡是博士论文都是很高深很专门的。太普通和太浅近的，不说写，把题目一提出来，就通不过。近年来关于中国文化底论文很时兴，西方人厌弃了他们底文化，想得些中国文化去调和调和。我写底是一篇《麻雀牌与中国文化》。这题目重要极了。我要把麻雀牌在中国文化和世界文化的地位介绍出来。我从中国经书里引出很多的证明，如《诗经》里"谁谓雀无角，何以穿我屋"底"雀"便是麻雀底"雀"。为什么呢？真的雀哪里会有角呢？一定是麻雀牌才有八只角呀。"穿我屋"表示当时麻雀很流行，几乎家家都穿到底意思。可见那时候底生活很丰裕，像现在的美国一样。

　　凭如此荒谬可笑的东西，吴先生居然换得一纸洋博士的头衔，招摇于中国的教育界，如鱼得水。这就不单单是对中国的"假洋鬼子"的极大嘲弄，也是对西方的真洋鬼子的一次深刻的质疑。它暗示人们：这样的东西方文化交流，不过是一出闹剧；傲慢的西方人对中国文化的无知，正好为那些出洋镀金、混文凭的留学生提供了投机取巧的机会，后者迎合了西方人对中国文化浅薄错误的想象，由此进一步加深对中国文化的误读。

　　《无忧花》描写：交际花加多怜与留美时代的情人、如今在中国领事馆做事的西班牙男子邸力里亚沆瀣一气，参与一桩由市长策划的公款侵吞大案；事成之后，携巨款一起逃离战祸降临的中国。小说中写道：有夫之妇的加多怜，在自己家里与邸力里亚亲热，被仆人撞见后毫不惊慌，称自己是按外国风俗与邸先生"行洋礼"，还将仆人训斥一通。加多怜集东方女子妩媚与西方女子性感于一身，令西班牙男子不能自己，拜倒在自己的石榴裙下。无忧花，让人想起中国古代那些不知亡国恨的歌女，她却比歌女更没心肝，更没操守。加多怜的灵魂已被美国的享乐主义彻底毒化，为了在舞会上出一次风头，竟不惜耗费巨资，将一千余只萤火虫织进自己的霓裳羽衣。为了像洋人一样奢侈地生活，将祖传的老宅改造得不伦不类，祠堂成了游泳池，神龛成了首饰柜，神主被扫地出门，差一点当劈柴烧掉。屋子里的摆设，也是大杂烩："这里安排着几件魏、齐造像，那边是意、法底裸体雕刻。壁上挂底，一方面是香光、石庵底字画，一方面又是什么表现派后期印象派底油彩。一边挂着先人留下来底铁笛玉笙，一边却放着皮安奥（钢琴）与梵欧林（小提琴）。这就是她底客厅。客厅底东西厢房，一边是她底的卧房和装饰室，一边是客房，所有的设备都是现代化的。"为了表示对西方文明的崇拜，她还将祖传的姓名黄家兰改成"加多怜伊罗"，还振振有词地为自己辩护："现在不兴拜祖先了，那是迷信。"

东方半殖民地的无忧花，对于西方殖民帝国的小绅士，往往具有格外的魅力。为了采得这朵美丽之花，邸力里亚不遗余力，处处巴结讨好，甚至不惜违法，参与中国的公款侵吞大案。邸先生动之以情，晓之以理，竭力劝说加多怜与他一起私奔国外，享受人间快乐："至于社会那有什么可怕底？社会很有力量，象一个勇士一样。可是这勇士是瞎的，只要你不走到他跟前，使他摩着你，他看不见你，也不会伤害你。我们离开中国就是了。我们有了这么些钱，随便到阿根廷住也好，到意大利住也好，就是到我底故乡巴悉罗那住也无不可。我们就这么办吧。我知道你一定要喜欢巴悉罗那底蔚蓝天空，那是没有一个地方能够比得上底。我们可以买一只游艇，天天在地中海遨游，再没有比这事快乐了。"如此奢华的人生前景，加多怜岂有拒绝的道理？东西方两股欲望的浊流，就这样顺理成章地流到一起。

<h1 style="text-align:center">四</h1>

同样值得注意的，是老舍、许地山笔下的海归精英的形象，如《不成问题的问题》中的尤大兴，《铁牛与病鸭》中的王明远，《铁鱼的鳃》中的雷先生，《东野先生》中的东野梦鹿；他们与封资合污的毛博士、文博士之流形成了微妙的互补。从人物谱系的角度看，他们与《头发的故事》中的 N 先生，《新中国未来记》中的黄克强、李去病，《黄绣球》中的毕去柔，是属于同一个系列，都是中西合璧的中国现代文化精英。然而，时过境迁，在民粹主义成为压倒一切的历史潮流的背景之下，他们不仅失去了前辈叱咤风云的气概，也失去了前辈特立独行的孤傲，变得低调、隐忍、谦卑、平实，甚至土头土脑，正如老舍在《铁牛与病鸭》里描写的那样——

由他的谈吐举止上看，谁也看不出他曾留过洋，念过整本的洋书，他说话的时候永不夹杂着洋字。他看见洋餐就挠头，虽然请他吃，他也吃得不比别人少。不服洋服，不会跳舞，不因为街上脏而堵上鼻子，不必一定吃外国橘子。总而言之，他既不闹中国脾气，也不闹外国脾气。比如"火烧红莲寺"和"三剑客"，对他，并没有多少分别。除了"妞儿气"的片子，都不坏。

不难看出，老舍、许地山在描写自己钟爱的海归精英时，尽量地与"封""资"划清界限；其叙事策略，就是"去西方化"和"去绅士化"。首先，是将他们的留学背景尽量地淡化，回避描写留学对他们的影响，比如尤大兴的留洋背景，老舍在小说中只有一句简单的交代："是在美国学园艺的，毕业后便在母校作讲师。"至于他在美国的经历、从事过的活动、学位之类一概不提；而对王明远的留学经历，则连最简单的交代都省略了；雷先生的留学背景，许地山也只用"他是一个最早被派到外国学制大炮的官学生"一笔带过。一个有意思的现象是，在老舍、许地山笔下，正面的海归留学生形象都不冠"博士""留学生"头衔，因为这些名称已经明显地贬义化，只有那些封资合污的"洋奴"，才冠以"博士"：文博士、毛博士、牛博士、吴博士……

其次，是让他们放下架子，在穿着打扮、谈吐举止上尽量地本土化、工农化；当然，仅仅是外表上的本土化、工农化还不够，还要落实到行动上。尤大兴也好，王明远也好，在国外学的都是农业，这显然不是偶然的巧合。老舍这样描写王明远："他是学农的。这与他那个'和和平平的作点大事'颇有关系。他的态度大致是这样：无论政治上怎样革命，人反正得吃饭。农业改良是件大事。他不对人们用农学上的专名词；他研究的是农业，所以心中想的是农民，他的感情把研究室的工作与农民的生活联成一气。他不自居为学者。"而尤大兴，也是看准了"农业的重要，和中国的农业急应改善，想在一座农场里，或一间实验室中，把他的血汗献给国家"。他任劳任怨，将自己的本事毫无保留地传授给工人。雷先生则干脆将自己变成一名工人，深入殖民统治者的海军船坞，偷学潜艇技术；生活上则与下层劳动人民打成一片，没有一点知识分子的优越感。东野梦鹿为人低调，甘当一名小学教员，教书育人，生活趣味完全中国化，对西洋生活方式殊无兴趣，对留法归来、洋腔洋调、崇尚两性自由、激进躁动的革命者不以为然。

　　然而，这种煞费苦心的"去西方化""去绅士化"并不太成功，不经意间，"西方化""绅士化"的做派就从他们身上显露出来，给人欲盖弥彰之感。这是毫无办法的事情：这些海归精英当年在国外受过西方文化洗礼，西方文化的因子早已融化在他们的血液中，硬要去除，就像一个人试图拔着自己的头发离开地球一样难。

　　细细品读这些海归精英，就可发现：他们其实都是"东方道德，西方才艺"——未尝不是另一种意义上的"封资合流"。对于科学工作，他们都有一股子西方式的"打破砂锅问（璺）到底"的追求精神和献身精神。然而，这并不妨碍他们骨子里有一种中国传统的温柔敦厚、救世济民的气质。雷先生生活在一个与动荡时代极不相称的充满人情与人伦秩序的环境里，即使是在逃难途中，也与萍水相逢的底层民众相濡以沫，关照孤儿寡母；东野先生正直无私，安贫乐道，宠辱不惊，以当好一名小学教员为人生最高目标；尤大兴刚正严厉、一丝不苟的外表下，藏着一副仁厚的心肠和传统中国式的家庭责任。

　　耐人寻味的是，这些中西合璧的文化精英在现实生活中却是处处碰壁，无处容身。雷先生是中国最早派到国外学制大炮的留学生，回国后学无所用，只好改习潜艇，一人默默地从事没有回报的科学研究，全部资金就是节衣缩食省下来的薪水与亲人赞助的生活费；雷先生希望自己的发明能为国家采用，在民族自卫战中发挥作用，却得不到当局和社会的支持，最后在逃难途中与自己的发明——潜艇模型一起葬身海底。留日学子东野梦鹿一心一意教书育人，只知耕耘，不求回报，义务抚养黄花岗烈士的遗孤，最后却被愚昧无知的民众打伤致残，差点送命。尤大兴怀着报国的志愿，放弃了在美国的工作，回国投身抗日事业，得到的回报却是一连串的打击和失败；在裙带关系盛行、风气败坏、小人一手遮天的大后方农场里，他的一系列改革举措均遭挫败，在坏人陷害下，不得不辞去场长的职务，仓皇逃离。王明远任劳任怨，一心一意致力于农业科学研究，因不肯奉承上司，与恶势力同流合污，最后竟被解差。

这些人的悲惨遭遇，其深刻的悲剧性内涵不只表现在他们的救国理想得不到实现，更表现在他们与广大民众的充满悖论的关系上。作为民众的启蒙者和真正的救护者，他们不仅得不到民众的理解和支持，反而遭到他们的误解、敌意甚至无情的打击。对此，他们以殉道者的姿态坦然接受。东野先生这样开导留法归来、思想激进的妻子："一个救护时世的人，在智慧方面当走在人们的前头，在行为方面当为人们预备道路……一幅完美的锦，并不是千纬一经所能成，也不是能于一秒时间所能织就的。用这个就可以比方人间一切的造作，你要预备得有条有理，还要用相当的劳力，费相当的时间。你对于织造新社会的锦不要贪快，还不要生作者想，或生受用想。人间一切事物好像趋于一种公式，就是凡真作者在能创造使人民康乐的因，并不期望他能亲自受用他所成就的果。一个人倘要把他所知所信的强加别人去知去信去行，这便是独裁独断，不是共和合作。"他对愚昧无知的民众不愠不怒，充满悲悯之心，最后被打成伤残，也无怨无悔；尤大兴面对即将来临的围攻殴打，并无惧色，因为他相信："科学的方法与法律的生活，是建设新中国的必经的途径。假如他为这两件事而被打，好吧，他愿作个殉道者。"小说中有一个细节颇耐人寻味：在尤大兴遭到众人攻击的标语口号中，有一条是："打倒法西斯走狗！"令人想起二十多年后的"文革"。事实上，在中国这个保守落后、惰性沉重的国度，像尤大兴那样的西化精英，在民族矛盾尖锐、反帝激情高涨的时代，是极容易被打成"法西斯走狗"的，就像当年的容闳、王韬、严复、鲁迅等被愚昧的民众视为"里通外国"的"汉奸"一样。时光仿佛又回转到了过去。

老舍、许地山对封资合污的文化泡沫的偏锋出击，对海归精英的曲折歌颂，是在新的历史背景下对海归知识分子的一种二元对立的划分。问题在于：老舍、许地山在赞美后者时，远不像在抨击前者时那样明确肯定；他们可以将文博士、毛博士理直气壮地定义为"封资合流"，却无法以同样的思路为尤大兴、王明远那样的海归文化精英定位。这个历史性的难题，一直要到半个世纪之后才得到解决。而其笔下所呈现出的正不压邪的现实，透露出某种不祥的信息：民众一如既往地与权力者沆瀣一气，参与迫害海归精英；海归精英面对民众谦卑有加，曲意迎奉，丧失了独立的批判精神。这一切，预示着他们未来更加严酷的命运。作为一种特殊的文学形象，随着 1949 年中华人民共和国成立，他们从中国当代文学中彻底消失，直到"文革"结束、改革开放时代到来后才重新浮出水面。